U0665635

2010
扫黄打非大扫描

SAOHUANG DAFEI DASAOMIAO

◇ 全国"扫黄打非"工作小组办公室 编

人民出版社

责任编辑：宰艳红
责任校对：周　昕
封面设计：徐　晖
版式设计：汪　莹

图书在版编目（CIP）数据

2010 扫黄打非大扫描／全国"扫黄打非"工作小组办公室 编．
　—北京：人民出版社，2011.12
ISBN 978 — 7 — 01 — 010412 — 6

I. ① 2…　II. ①全…　III. ①文化市场 — 市场管理 — 中国 — 2010　IV. ① G124

中国版本图书馆 CIP 数据核字（2011）第 235223 号

2010 扫黄打非大扫描

2010 SAOHUANG DAFEI DASAOMIAO

全国"扫黄打非"工作小组办公室 编

人 民 出 版 社 出版发行
（100706　北京朝阳门内大街 166 号）

北京画中画印刷有限公司印刷　新华书店经销

2011 年 12 月第 1 版　2011 年 12 月北京第 1 次印刷
开本：710 毫米 ×1000 毫米 1/16　印张：26.5
字数：500 千字

ISBN 978 — 7 — 01 — 010412 — 6　定价：95.00 元

邮购地址 100706　北京朝阳门内大街 166 号
人民东方图书销售中心　电话（010）65250042　65289539

序　言

蒋建国

　　今天的新闻就是明天的历史。我们之所以将 2010 年主流媒体对"扫黄打非"的报道搜集整理后汇编成册，就是想借用新闻媒体的眼睛来看看"扫黄打非"工作一年来走过的路，以裨益今后。

　　2010 年，实施"护城河"、"南岭"、"天山"等联防工程，"网络扫黄"、"迎世博"、"迎亚运"、"打击侵犯知识产权和制售假冒伪劣商品"等专项行动，江苏无锡"12.02"手机网站传播淫秽物品牟利案、湖北荆州"8.24"网络传播淫秽色情信息案、河南新乡"9.03"非法印刷盗版图书案、江苏省南通"寻狐社区"网上传播淫秽色情动漫案等大案要案的查办，集中销毁非法出版物的庄严场面，"绿书签行动 2010"等主题活动……媒体对此均作了忠实的记录。正是由于诸多记者以高度的责任感投入到采访报道中，"扫黄打非"工作才能真实而生动地展现在大家眼前。言及此处，请允许我代表"扫黄打非"战线全体同志向媒体的记者朋友们表达由衷的谢意。

　　媒体的力量是强大的。作为政府职能部门，我们要懂得媒体的传播规律，善于借助媒体的力量，争取更多的理解、支持和参与，更好地推动工作。在2010年结束的"网络扫黄"专项行动中，正是由于媒体的口诛笔伐，才让人们深入了解到网络黄毒的莫大危害，才有了山西那名大学生幡然悔悟后给我们写来的那封长长的举报信。媒体对这封举报信的报道，又影响到了更多的青少年，他们不仅在沉迷色情信息的路上悬崖勒马，进而纷纷举报黄色网站，为这次专项行动建言献策。又如，"绿书签行动2010"通过互联网传递电子版"绿书签"，先后有超过3亿的网民表示接受"拒绝盗版，从我做起"这一理念。传播速度之快，影响范围之广，远远超越以往的宣传方式。当然，我们同时也要勇于接受媒体的舆论监督，用以查漏补缺，改进工作。

"扫黄打非"是一场保护人民群众文化权益的斗争，仅仅靠政府职能部门的作为是远远不够的，必须广泛发动群众，做到群策群力、群防群治。为此，必须更多地借助媒体，让广大群众真正了解我们为了什么、在做些什么和为什么这样做。正如毛泽东同志所说："群众知道了真理，有了共同的目的，就会齐心来做"。这样，我们就可以把"扫黄打非"变成一场人民战争，就能更好地净化社会文化环境，保护我们的群众、我们的孩子、我们的未来不被腐朽文化垃圾所毒害。

目　录

第三篇　专项行动

第四篇　重拳出击

第五篇　打牢基础

第六篇　成果显著

第一篇
决策部署

第二十三次全国"扫黄打非"工作电视电话会议在京召开

2010 年全国"扫黄打非"办公室主任会议在南京召开

2010 年全国"扫黄打非·天山工程"座谈会召开

"扫黄打非·南岭工程"正式启动

全国"扫黄打非"工作小组在京召开座谈会

"扫黄打非·护城河工程"2010 年工作会议在呼和浩特召开

打击互联网和手机媒体传播淫秽色情专项行动表彰会召开

第二十三次全国"扫黄打非"工作电视电话会议在京召开

刘云山出席全国"扫黄打非"
工作电视电话会议
强调坚持不懈开展"扫黄打非"
大力营造良好社会文化环境

资料来源:《人民日报》2010 年 1 月 16 日

本报北京 1 月 15 日电(记者张贺)1 月 15 日,第二十三次全国"扫黄打非"工作电视电话会议在京召开,部署 2010 年"扫黄打非"工作。中共中央政治局委员、中央书记处书记、中宣部部长、全国"扫黄打非"工作小组组长刘云山出席会议并讲话。他强调,"扫黄打非"工作要深入贯彻党的十七大和十七届三中、四中全会精神,坚持以邓小平理论和"三

▶《新闻联播》关于第二十三次全国"扫黄打非"工作电视电话会议的报道

▶《人民日报》关于第二十三次全国"扫黄打非"工作电视电话会议的报道

个代表"重要思想为指导，深入贯彻落实科学发展观，坚定不移地保护知识产权，坚决打击各类非法出版活动，坚决清除淫秽色情等文化垃圾，促进未成年人身心健康，促进社会主义文化繁荣发展，为全面建设小康社会营造良好社会文化环境。

在过去的一年里，"扫黄打非"工作坚决贯彻中央决策部署，围绕党和国家重大活动、重点工作，从社会各界最关心、与人民群众关系最直接的问题入手，有重点、有步骤地开展了一系列集中行动和专项治理，有力震慑了违法犯罪，有力净化了社会文化环境，为新中国成立60周年庆祝活动圆满成功，为促进改革发展稳定、维护国家文化安全，做出了积极贡献，赢得了社会各界广泛支持和人民群众普遍好评。

刘云山在讲话中指出，当前"扫黄打非"工作任务依然十分繁重，加强"扫黄打非"是人民群众的强烈愿望，是促进文化市场健康有序的迫切需要，是树立国家良好形象的有效途径，要从服务党和国家工作全局、维护人民群众根本利益、保持国家长治久安的战略高度，进一步认清肩负的责任，保持清醒头脑、增强忧患意识，再接再厉、乘势而上，努力做好今年的"扫黄打非"工作。

刘云山强调，要认真贯彻中央总体部署，把握好今年"扫黄打非"工作的总体要求、主要任务和着力点，坚持把打击非法出版物作为重中之重，把打击互联网和手机传播淫秽色情信息作为突出任务，把打击侵权盗版和非法报刊作为日常监管的重点，把抓源头抓大案作为突破口，加强组织领导，强化责任落实，做到防范更加严密、管理更加到位、打击更加有力，把各项工作落到实处。各地各有关部门要把"扫黄打非"作为政治性任务、作为经常性工作，纳入党委政府重要议事日程，纳入部门日常业务之中，摆上重要位置，做到常抓不懈。要注意总结经验，推动"扫黄打非"组织方式、工作手段、制度机制创新，把"扫黄打非"作为文化市场

光明日报

本页位置：光明日报

刘云山出席全国"扫黄打非"工作电视电话会议强调

坚持不懈开展"扫黄打非"大力营造良好社会文化环境

发布时间：2010-01-16 11:44 来源：光明日报

本报北京1月15日电(记者庄建)1月15日，第二十三次全国"扫黄打非"工作电视电话会议在京召开，部署2010年"扫黄打非"工作。中共中央政治局委员、中央书记处书记、中宣部部长、全国"扫黄打非"工作小组组长刘云山出席会议并讲话。他强调，"扫黄打非"工作要深入贯彻党的十七大和十七届三中、四中全会精神，坚持以邓小平理论和"三个代表"重要思想为指导，深入贯彻落实科学发展观，坚定不移地保护知识产权，坚决打击各类非法出版活动，坚决清除淫秽色情等文化垃圾，促进未成年人身心健康，促进社会主义文化繁荣发展，为全面建设小康社会营造良好社会文化环境。

在过去的一年里，"扫黄打非"工作坚决贯彻中央决策部署，围绕党和国家重大活动、重点工作，从社会各界最关心、与人民群众关系最直接的问题入手，有重点有步骤地开展了一系列集中行动和专项治理，有力震慑了违法犯罪，有力净化了社会文化环境，为新中国成立60周年庆祝活动圆满成功，为促进改革发展稳定、维护国家文化安全，作出了积极贡献，赢得了社会各界广泛支持和人民群众普遍好评。

▶《光明日报》关于第二十三次全国"扫黄打非"工作电视电话会议的报道

▶《中国新闻出版报》关于第二十三次全国"扫黄打非"工作电视电话会议的报道

综合执法的重要任务，用"扫黄打非"的工作成果来检验文化市场综合执法改革的成效，进一步把"扫黄打非"工作与文明创建、平安建设、社会治安综合治理、未成年人思想道德建设等工作结合起来，协调推进，不断提高工作水平，努力夺取"扫黄打非"斗争新胜利。

会议表彰了2009年"扫黄打非"工作先进集体和先进个人。全国"扫黄打非"工作小组成员单位和中央有关部门负责同志出席了会议。各省、自治区、直辖市党委和政府分管领导及有关部门负责人在分会场参加了会议。

2010 年全国"扫黄打非"办公室主任会议在南京召开

全国"扫黄打非"办公室主任会议召开
部署迎世博专项行动

资料来源:《人民日报》2010 年 3 月 30 日

　　本报南京 3 月 29 日电 (记者张贺) 今年第一次全国各省 (区、市)"扫黄打非"办公室主任会议 29 日在南京召开。记者从会议上获悉:今年

▶《人民日报》关于 2010 年全国"扫黄打非"办公室主任会议的报道

1 至 2 月，全国共收缴各类非法出版物 503.4 万件，其中，淫秽色情出版物 11 万件，侵权盗版出版物 464.9 万件，非法报纸期刊 14.8 万件；查办整治假报刊、假记者、假记者站、假新闻案件 55 起；查缴非法光盘生产线 5 条。尤其是 2009 年 11 月全国开展的打击手机网站传播淫秽色情信息专项行动取得阶段性成果，全国共查办淫秽色情出版物案件 275 起、网络"扫黄打非"案件 157 起，依法关闭包括手机淫秽色情网站在内的违法违规网站 14 万多个，互联网和手机网络环境明显净化。

为做好上海世博会的保障工作，全国"扫黄打非"办公室决定，从 4 月 1 日至 10 月 31 日在全国范围开展迎世博"扫黄打非"专项行动。会议要求，各地各有关部门要继续扎实深入开展打击手机网站传播淫秽色情信息专项行动，思想上不能懈怠，工作上行动上不能放松，力度上不能减弱。

会上，中宣部、公安部、工业和信息化部、国家工商总局等全国"扫黄打非"工作小组成员单位有关负责同志，新闻出版总署有关司局主要负责同志分别就本部门落实"扫黄打非"任务分工作了发言。江苏、福建、山西、河南、北京、河北等省市在会上交流了"扫黄打非"工作经验。

全国"扫黄打非"办公室部署开展迎世博专项行动
资料来源：新华网 2010 年 3 月 29 日

新华网北京 3 月 29 日电（记者璩静）29 日，全国各省（区、市）"扫黄打非"办公室主任会议在南京召开。全国"扫黄打非"工作小组负责人表示，各地要围绕严厉打击网上网下各类非法出版物及有害信息，为举办上海世博会创造良好文化环境。

为做好上海世博会保障工作，全国"扫黄打非"办公室决定从 4 月 1 日至 10 月 31 日在全国范围开展迎世博"扫黄打非"专项行动。专项行动总体要求是：紧密围绕为上海世博会营造良好文化市场环境大局，高举保护知识产权旗帜，以打击侵权盗版出版物为切入点，通过实施全面清查各类市场、切实加强互联网管理、努力切断制售源流、严肃查处大案要案、

新华网关于2010年全国"扫黄打非"办公室部署开展主任会议的报道

建立健全长效机制等措施，严厉打击各类非法出版物和网上有害信息，着力打击侵权盗版活动，建立世博会"扫黄打非"联防协作机制。

据了解，今年1至2月，全国共收缴各类非法出版物503.4万件。其中，淫秽色情出版物11万件，侵权盗版出版物464.9万件，非法报纸期刊14.8万件。查办假报刊、假记者、假记者站、假新闻案件55起，查缴非法光盘生产线5条。

此外，自去年11月开展打击手机网站传播淫秽色情信息专项行动以来，全国共查办淫秽色情出版物案件275起、网络"扫黄打非"案件157起，依法关闭包括手机淫秽色情网站在内的违法违规网站14万多个，互联网和手机网络环境明显净化。

全国"扫黄打非"办公室主任会议在南京召开
要求确保全年重点工作落实

本报讯（记者赖名芳）为贯彻落实《2010年"扫黄打非"行动方案》和第二十三次全国"扫黄打非"工作电视电话会议精神，3月29日，全

▶《中国新闻出版报》关于2010年全国"扫黄打非"办公室主任会议的报道

国"扫黄打非"办公室在南京召开今年第一次全国各省（区、市）"扫黄打非"办公室主任会议。全国"扫黄打非"工作小组专职副组长李长江，全国"扫黄打非"工作小组副组长兼办公室主任、新闻出版总署副署长蒋建国出席会议并讲话，江苏省委常委、宣传部长、省"扫黄打非"工作领导小组组长杨新力在会上致辞。

会议指出，面对新形势下"扫黄打非"工作面临的严峻形势，各地各有关部门要从维护国家文化安全、社会政治稳定的高度，进一步提高对"扫黄打非"斗争重要性的认识，切实把思想和行动统一到中央的决策部署上来，保持清醒，增强信心，把困难估计得更充分一些，把应对措施考虑得更周密一些，坚定不移、深入持久地开展"扫黄打非"斗争。要认真总结"扫黄打非"工作取得的成功经验，并用来指导和推进今后的工作。当前，特别要准确把握、严厉打击网上网下各类非法出版物及有害信息，坚决清除手机网站上的淫秽色情信息，保护未成年人健康成长，围绕为举办世博会和亚运会创造良好文化环境等"扫黄打非"工作重点，切实加强组织领导，加强协同配合，加强群防群治，深入推进今年"扫黄打非"各项工作，确保文化市场健康繁荣，为实现经济社会又好又快发展作出新的贡献。

今年以来，各地各有关部门扎实推进春节和全国"两会"前后"扫黄打非"专项行动、打击手机网站传播淫秽色情信息专项行动，部署早、行动快、措施实、查处严，声势大、发动广，协调好、合力强，全国"扫黄打非"工作取得了阶段性成效，为全国"两会"胜利召开营造了良好的社会文化环境，并为全年工作开展奠定了坚实的基础。

会议强调，今年是夺取应对国际金融危机冲击新胜利、加快转变经济发展方式、推动经济社会又好又快发展、为"十二五"规划启动实施奠定良好基础的重要一年，还将举办上海世博会和广州亚运会，各地各有关部门要始终保持清醒头脑，牢固树立强烈的政治意识、大局意识、责任意识和忧患意识，再接再厉、乘势而上，努力夺取"扫黄打非"斗争新胜利。为做好上海世博会的保障工作，全国"扫黄打非"办公室决定，从4月1日至10月31日在全国范围开展迎世博"扫黄打非"专项行动。

这次专项行动的总体要求是：紧密围绕为上海世博会的胜利举办营造良好文化市场环境大局，深入贯彻落实科学发展观，高举保护知识产权旗帜，以打击侵权盗版出版物为切入点，通过实施全面清查各类市场、切实加强互联网管理、努力切断制售源头、严肃查处大案要案、建立健全长效机制等工作措施，齐抓共管，群防群治，严厉打击各类非法出版物和网上有害信息，着力打击侵权盗版活动，建立上海世博会"扫黄打非"联防协作机制，扎实开展迎世博"扫黄打非"专项行动。

会议要求，各地各有关部门要继续扎实深入开展好打击手机网站传播淫秽色情信息专项行动，思想上不能懈怠，工作上、行动上不能放松，力度上不能减弱，继续按照齐抓共管、群防群治、清理关闭、查办案件、穷追猛打、常抓不懈的"六句话、二十四字"的方法和要求，把专项行动抓实、抓好、抓到位。要在抓好近期"扫黄打非"工作的同时，尽快启动《2010年"扫黄打非"行动方案》部署的、涉及全年"扫黄打非"工作重点措施的落实，按照切实增强紧迫感、牢牢把握重点、争取多方支持、狠抓工作落实、创新应对挑战和严格落实奖惩的工作思路推进全年工作。在抓好今年"扫黄打非"工作和要求开展日常监管和集中行动中，要切实注重把握重点，突出"严"字，从严查文化市场、严控网上传播、严管源头渠道、严办大案要案等4个方面着手；突出"防"字，抓好预防、群防、联防、技防。同时，进一步实施好有关重点工作项目，如建立和完善

11

▶ 江苏卫视关于 2010
年全国"扫黄打非"办
公室主任会议的报道

　　行政执法与刑事司法相衔接的工作机制，建立健全针对突发事件的"扫黄
打非"工作应急预案，建立健全 24 小时举报受理机制，继续抓好"扫黄
打非"四大联防协作工程建设。各级"扫黄打非"办公室要切实履行好综
合、指导、协调、督办职责，高效运转起来，把"扫黄打非"工作有声有
色地开展起来。

　　会上，中宣部、公安部、工业和信息化部、国家工商总局等全国"扫
黄打非"工作小组成员单位有关负责同志，新闻出版总署有关司局主要负
责同志分别就本部门落实"扫黄打非"任务分工作了发言。全国"扫黄打
非"办公室有关负责人通报了近期"扫黄打非"工作、任务分工、案件查
办和信息宣传情况。江苏、福建、山西、河南、杭州、广州、北京、河
北等省（区、市）在会上交流了"扫黄打非"工作经验。全国各省（区、
市）、副省级城市、省会城市"扫黄打非"办公室主任，江苏省"扫黄打
非"工作领导小组及有关成员单位、省"扫黄打非"办公室有关负责人参
加了会议。

2010 年全国"扫黄打非·天山工程"座谈会召开

全国"扫黄打非·天山工程"座谈会召开

资料来源：人民网 2010 年 5 月 10 日

人民网兰州 5 月 9 日电（记者林治波）　9 日，2010 年全国"扫黄打非·天山工程"座谈会在甘肃兰州召开。

"天山工程"是以打击境内外宗教极端势力、民族分裂势力、国际恐怖势力"三股势力"散布的非法出版物和宣传品为主要任务的"扫黄打非"联防协作工程，由全国"扫黄打非"工作小组办公室牵头，新疆"扫黄打非"领导小组为常务单位，甘肃、青海、陕西、宁夏和新疆生产建设兵团"扫黄打非"工作领导小组为成员单位。

会议认为，自 2009 年 11 月在新疆乌鲁木齐召开首次会议，构建起组织框架并启动运行以来，"天山工程"有关地区和部门的联防协作意识开始强化，任务开始明确，机制开始形成，成效开始显现。

会议指出，当前新疆及周边省区政治和经济形势发展态势良好向上，但意识形态领域的斗争仍然尖锐复杂，必须进一步加强"扫黄打非"工作。"天山工程"是在新形势下抵御国际敌对势力与境内外"三股势力"渗透与破坏，维护国家文化安全和意识形态安全，促进西北边疆地区民族团结稳定，维护国家领土和主权完整统一的重要举措。

会议部署各协作省区和新疆生产建设兵团"扫黄打非"工作机构迅速开展一次以打击"疆独"、"藏独"非法出版物和宣传品为重点的"扫黄打非"专项行动，并对有关重点案件进行深入查办。

全国"扫黄打非"工作小组副组长兼办公室主任、新闻出版总署党组副书记、副署长蒋建国主持会议并讲话。

全国"扫黄打非""天山工程"座谈会召开

2010年05月10日00:00 来源：人民网

人民网兰州5月9日电 （记者林治波）9日，2010年全国"扫黄打非""天山工程"座谈会在甘肃兰州召开。

"天山工程"是以打击境内外宗教极端势力、民族分裂势力、国际恐怖势力"三股势力"散布的非法出版物和宣传品为主要任务的"扫黄打非"联防协作工程，由全国"扫黄打非"工作小组办公室牵头，新疆"扫黄打非"领导小组组织。

会议认为，自2009年11月在新疆乌鲁木齐召开首次会议，构建起组织框架并启动运行以来，"天山工程"有关地区和部门的联防协作意识开始强化，任务开始明确，机制开始形成，成效开始显现。

会议指出，当前新疆及周边省区政治和经济形势发展态势良好向上，但意识形态领域的斗争仍然尖锐复杂，必须进一步加强"扫黄打非"工作。"天山工程"是在新形势下抵御国际敌对势力与境内外"三股势力"渗透与破坏，维护国家文化安全和意识形态安全，促进西北边疆地区民族团结稳定，维护国家领土和主权完整统一的重要举措。

会议部署各协作省区和新疆生产建设兵团"扫黄打非"工作机构迅速开展一次以打击"疆独"、"藏独"非法出版物和宣传品为重点的"扫黄打非"专项行动，并对有关重点案件进行深入查办。

全国"扫黄打非"工作小组副组长兼办公室主任、新闻出版总署党组副书记、副署长蒋建国主持会议并讲话。

（责任编辑：苏楠）

▶ 人民网关于 2010 年全国"扫黄打非·天山工程"座谈会的报道

"天山工程"形成机制显现效果

资料来源：《中国新闻出版报》2010 年 5 月 11 日

　　本报讯（记者王立强）5 月 9 日，全国"扫黄打非"工作小组办公室在甘肃兰州市召开全国"扫黄打非·天山工程"座谈会。全国"扫黄打非"工作小组副组长兼办公室主任、新闻出版总署党组副书记、副署长蒋建国主持会议并讲话。甘肃省委常委、宣传部长、省"扫黄打非"工作小组组长励小捷出席会议并讲话。

"天山工程"是以打击境内外"三股势力"散布的非法出版物和宣传品为主要任务的"扫黄打非"联防协作工程，由全国"扫黄打非"工作小组办公室牵头，新疆"扫黄打非"领导小组为常务单位，甘肃、青海、陕西、宁夏和新疆生产建设兵团"扫黄打非"工作领导小组为成员单位。

与会者一致认为，"天山工程"自 2009 年 11 月构建起组织框架并启动运行以来，有关地区和部门的联防协作意识开始强化，任务开始明确，机制开始形成，成效开始显现。

代表们的共识是，当前新疆及周边省区政治和经济发展态势良好向上，但意识形态领域的斗争仍然尖锐复杂，所以必须进一步加强"扫黄打非"工作。"天山工程"是在新形势下抵御国际敌对势力与境内外"三股势力"渗透与破坏，维护国家文化安全和意识形态安全，促进西北边疆地区民族团结稳定，维护国家领土和主权完整统一的重要举措。当前，"天山工程"建设要做到四个明确：一是要进一步明确重点任务。将打击重点放在宣扬"疆独"、"藏独"的非法出版物和宣传品上。二是要进一步明确工作方法。时刻掌控出版物市场，用市场好坏来检验"天山工程"的成效；大力查办案件，通过查办案件特别是大案要案，打击犯罪者，震慑违法者，教育从业者，鼓舞广大群众；追根溯源，追源头、打团伙、端网络，做到除恶务尽，斩草除根。三是要进一步明确相互关系。有关地区和部门要加强相互协作，共同完成好"天山工程"的各项任务。四是要进一步明确各自责任。按照属地管理的原则，做到守土有责、守土负责、守土尽责。

会议要求，各协作省区和新疆生产建设兵团"扫黄打非"工作机构要进一步统一思想，提高认识，在已有工作的基础上，以查办有关重点案件为契机，进一步深化"天山工程"建设，把各项工作抓实、抓到位、抓出成效。一是推进领导科学化。各协作省区和新疆生产建设兵团要把"天山工程"建设摆在突出位置，进一步加强组织领导，推进工程组织领导进一步科学化，并理顺牵头单位、常务单位、成员单位各自的职责，明确工程

甘肃版权"天山工程"形成机制显现效果

2010年05月11日 17:15:58　来源：中国新闻出版网/报

【字号 大中小】　【打印】　【关闭】　　Email推荐：[　　　　]【提交】

5月9日，全国"扫黄打非"工作小组办公室在甘肃兰州市召开全国"扫黄打非"、"天山工程"座谈会。全国"扫黄打非"工作小组副组长兼办公室主任、新闻出版总署党组副书记、副署长蒋建国主持会议并讲话。甘肃省委常委、宣传部长、省"扫黄打非"工作小组组长励小捷出席会议并讲话。

"天山工程"是以打击境内外"三股势力"散布的非法出版物和宣传品为主要任务的"扫黄打非"联防协作工程，由全国"扫黄打非"工作小组办公室牵头，新疆"扫黄打非"领导小组为常务单位，甘肃、青海、陕西、宁夏和新疆生产建设兵团"扫黄打非"工作领导小组为成员单位。

与会者一致认为，"天山工程"自2009年11月构建起组织框架并启动运行以来，有关地区和部门的联防协作意识开始强化，任务开始明确，机制开始形成，成效开始显现。

代表们的共识是，当前，新疆及周边省区政治和经济发展态势良好向上，但意识形态领域的斗争仍然尖锐复杂，所以必须进一步加强"扫黄打非"工作。"天山工程"是在新形势下抵御国际敌对势力与境内外"三股势力"渗透与破坏，维护国家文化安全和意识形态安全，促进西北边疆地区民族团结稳定，维护国家领土和主权完整统一的重要举措。当前，"天山工程"建设要做到四个明

▶《中国新闻出版报》关于2010年全国"扫黄打非·天山工程"座谈会的报道

领导小组秘书处、联络员的工作任务。二是推进制度规范化。应进一步规范联席会议制度，推广签订联防协议书、责任书等做法。三是推进机制具体化。进一步推进已经建立的信息共享、联合封堵、印制管理、案件协查、审鉴互助、经费保障等机制具体化。每一个工作机制都要进一步细化工作流程，明确规定动作；都要细化分工和责任落实，循名责实，一抓到底；都要建立工作台账，便于统一使用和检查。四是推进考核数量化。对各地"天山工程"组织实施情况进行量化考核，纳入年度全国"扫黄打非"考评工作。

会议部署各协作省区和新疆生产建设兵团"扫黄打非"工作机构迅速开展一次以打击"疆独"、"藏独"非法出版物和宣传品为重点的"扫黄打非"专项行动，并对有关重点案件进行深入查办，力求全胜。在会上，全国"扫黄打非"工作小组办公室专职副主任、新闻出版总署反非法和违禁出版物司司长周慧琳就深化"天山工程"运行机制建设进行了部署。新疆、甘肃、青海、陕西、宁夏和新疆生产建设兵团"扫黄打非"工作领导小组办公室负责同志汇报了各自"天山工程"的组织实施情况，公安部、国家宗教局有关负责同志结合本部门工作实际作了发言。新闻出版总署有关司（厅）、甘肃省"扫黄打非"工作小组部分成员单位以及兰州市、临

夏州"扫黄打非"工作小组负责人等参加了会议。

2010 年"天山工程"座谈会举行
蒋建国、励小捷出席会议并讲话
资料来源：网易网 2010 年 5 月 10 日

　　本报兰州 5 月 9 日讯（记者李欣瑶）今天下午，2010 年"天山工程"座谈会在兰州举行。全国"扫黄打非"工作小组副组长兼办公室主任、新闻出版总署副署长蒋建国，省委常委、省委宣传部部长、省"扫黄打非"工作领导小组组长励小捷出席会议并讲话。

　　"天山工程"于 2009 年 11 月启动，是以打击境内外"三股势力"散布的非法出版物和宣传品为主要任务的"扫黄打非"联防协作工程，由全国"扫黄打非"工作小组办公室牵头，新疆"扫黄打非"领导小组为常务

▶ 网易网关于 2010 年全国"扫黄打非·天山工程"座谈会的报道

单位，甘肃、青海、陕西、宁夏和新疆生产建设兵团"扫黄打非"工作领导小组为成员单位。在今天的座谈会上，全国"扫黄打非"工作小组办公室负责人就深化"天山工程"运行机制建设进行了部署，该工程各成员单位负责人就工程组织实施情况进行了汇报。

励小捷在座谈会上就我省做好新形势下"扫黄打非"工作，扎实推进"天山工程"有效实施提出：要强化组织领导，全省"扫黄打非"各有关成员单位要尽快完善各负其责的领导体制；要强化区域联防，我省将积极配合新疆和其他省份，做到信息共享、案情互通、步调一致、协同作战；要强化日常监管，切实加强对省内出版物印刷复制企业的监管，搞好对物流、仓储、运输等有关行业的监管；要强化情报预警，各协作单位应对辖区内的情报信息做到共享共用；要强化投入保障，推动工程各项任务得到有效落实。

蒋建国在座谈会上指出，"天山工程"启动运行以来，有关地区和部门的联防协作意识开始强化，任务逐步突出，机制逐渐形成。下一步，各协作省区和新疆生产建设兵团"扫黄打非"工作机构要迅速开展一次以打击"疆独"、"藏独"非法出版物和宣传品为重点的"扫黄打非"专项行动，并对有关重点案件深入查办。蒋建国强调，当前"天山工程"建设要以打击宣扬"疆独"、"藏独"的非法出版物和宣传品为重点任务，进一步明确工作方法，时刻掌控出版物市场，大力查办案件，做到除恶务尽、斩草除根。相关地区和部门要进一步加强协作关系，进一步明确各自的责任，共同完成好工程的各项任务。

"扫黄打非·南岭工程"正式启动

> "扫黄打非·南岭工程"正式启动
> 建立信息共享案件协查等五大机制
> 资料来源:《人民日报》2010 年 6 月 1 日

　　本报北京 5 月 31 日电（记者张贺）5 月 29 日，全国"扫黄打非"办公室在广东省珠海市召开"扫黄打非·南岭工程"座谈会，成立工程领导小组及秘书处，建立联席会议、信息共享、联合封堵、案件协查、物质保

▶《人民日报》关于
"扫黄打非·南岭工
程"正式启动的报道

▶ 中央电视台关于
"扫黄打非·南岭工
程"正式启动的报道

障等工作机制。"南岭工程"由全国"扫黄打非"办公室牵头，广东省"扫黄打非"工作领导小组为常务成员单位，北京、上海、福建、湖南、安徽和江西等省市"扫黄打非"工作领导小组为成员单位。全国"扫黄打非"工作小组专职副组长李长江主持会议并讲话。全国"扫黄打非"工作小组副组长兼办公室主任、新闻出版总署副署长蒋建国出席会议并讲话。

"南岭工程"是为适应新形势下"扫黄打非"工作需要，严厉打击各类非法出版物的一项战略举措。同时，也是保障广州亚运会等国际体育盛会成功举办，营造良好文化市场环境而开展的重要工程。会议强调，"扫黄打非·南岭工程"相关省市"扫黄打非"机构要站在全局的高度，进一步增强政治意识、大局意识、阵地意识和责任意识，积极促进相互之间多层次、多方位合作，提高及时预警、快速反应和区域联动的能力，形成相互支持、密切配合、联防协作的工作架构和运行机制，切实加大联合打击各种非法出版物的工作力度。

会议指出，"扫黄打非·南岭工程"要建立并运行联席会议、信息共享、联合封堵、案件协查、物质保障等五大机制。"南岭工程"联席会议原则上每年召开一次，通报交流有关信息，研究部署"扫黄打非"统一行动，形成全面联防、协同作战的工作格局。

会议要求，实施好"扫黄打非·南岭工程"，要在五个方面抓好落实。

一是统一思想，提高认识。要充分认识"南岭工程"的重要意义，不断加大"扫黄打非"工作力度。二是加强领导，落实保障。各相关省市要把"南岭工程"建设纳入重要工作日程，切实担负起重要责任。三是明确职责，互相协作。"南岭工程"是一个系统工程，要明确各有关方面的责任，做到各负其责、相互配合。四是完善机制，不断创新。要积极推进工作机制的创新和具体化，确保工作落实，提高工作效率。五是注意方法，讲究策略。要密切关注非法出版活动的动向，加强监控和研判。要通过查办案件特别是查办大、要案，打击犯罪者，震慑违法者，教育从业者，鼓舞广大群众。

全国"扫黄打非"办公室专职副主任、新闻出版总署反非法和违禁出版物司司长周慧琳在座谈会上通报了有关情况。广东、北京、上海、福建、湖南、安徽和江西等省市"扫黄打非"办公室主要负责人汇报了各省市近期打击非法出版物的情况。

▶《珠海特区报》关于"扫黄打非·南岭工程"正式启动的报道

"扫黄打非·南岭工程"正式启动
资料来源：凤凰网 2010 年 5 月 29 日

　　全国"扫黄打非"办公室在珠海召开的会议上正式启动"南岭工程"，建立并运行信息共享、案件协查等五大联防协作机制，加大联合打击各种非法出版物的工作力度。

　　据介绍，"南岭工程"是为适应新形势下"扫黄打非"工作需要，严厉打击各类非法出版物的一项战略举措，也是保障广州亚运会等国际体育盛会成功举办、营造良好文化市场环境而开展的重要工程。

　　"扫黄打非·南岭工程"座谈会上，全国"扫黄打非"办公室宣布成立"南岭工程"领导小组及秘书处，建立联席会议、信息共享、联合封堵、案件协查、物质保障等五大工作机制。"南岭工程"由全国"扫黄打非"办公室牵头，广东省"扫黄打非"工作领导小组为常务成员单位，北京、上海、福建、湖南、安徽和江西等省市"扫黄打非"工作领导小组为

▶ 凤凰网关于"扫黄打非·南岭工程"正式启动的报道

成员单位。

　　"南岭工程"联席会议原则上每年召开一次，通报交流有关信息，研究部署"扫黄打非"统一行动，形成全面联防、协同作战的工作格局。

全国"扫黄打非"工作小组在京召开座谈会

全国"扫黄打非"工作座谈会强调持续不断打击
互联网和手机网站淫秽色情信息
努力营造积极健康向上的网络文化环境
刘云山出席会议并讲话

资料来源:《人民日报》2010 年 7 月 24 日

本报北京 7 月 23 日电(记者张贺)全国"扫黄打非"工作小组 23 日在京召开座谈会,总结打击互联网和手机网站淫秽色情信息专项行动,分析当前面临的形势,研究部署下一阶段工作。中共中央政治局委员、中央书记处书记、中宣部部长刘云山出席会议并讲话,强调要从促进改革发展、维护社会和谐稳定的大局出发,从培育民族精神、提高民族素质的高度出发,以更加有力的措施,把整治互联网和手机网站淫秽色情信息这项民心工程深入持久地开展下去,不断取得新进展、新成效,营造积极、健康向上的网络文化环境。

会议指出,打击互联网和手

▶《人民日报》关于全国"扫黄打非"工作小组在京召开座谈会的报道

机网站淫秽色情信息专项行动开展以来，各地各有关部门认真贯彻中央部署，在社会各界和广大群众支持下，查处了一批互联网和手机淫秽色情网站，破获了一批违法案件，打击了一批制作传播淫秽色情信息的犯罪分子，取得重要阶段性成果，产生良好社会反响。同时要清醒看到，净化互联网和手机媒体是一项长期艰巨的任务，必须坚持不懈、抓住不放，不断巩固和扩大专项行动成果。

会议强调，净化互联网和手机媒体，要按照"抓源头、打基础、切断利益链"的要求，及时研究新情况、发现新问题，有针对性地采取新对策新措施。对转移服务器、逃避监管的淫秽色情网站，对手机销售维修店通过手机多媒体卡制黄贩黄的行为，对变相传播淫秽色情信息的网站栏目，要追踪打击、严厉查处。要针对一些被切断的利益链条重新链接的新问题，进一步加大对网络运营商、电信服务商、网络广告代理商的清查整治力度，规范经营行为，落实管理责任，坚决切断传播淫秽色情信息违法行为背后的利益链条。要加强对互联网和手机媒体的基础管理，加快建立实名注册制度，健全搜索引擎管理制度和信息安全保障制度，完善相关法律法规，形成长效工作机制。

刘云山在讲话中指出，净化网络环境、形成良好文化生态，是互联网和手机媒体健康发展的必然要求，是广大人民群众的强烈愿望。各地各有

▶ 中央电视台关于全国"扫黄打非"工作小组在京召开座谈会的报道

25

▶《光明日报》关于全国"扫黄打非"工作小组在京召开座谈会的报道

▶《经济日报》关于全国"扫黄打非"工作小组在京召开座谈会的报道

26

关部门要进一步增强政治意识、大局意识、责任意识，加强协调、密切配合，把各自的责任尽到位，把承担的任务落实好，形成加强互联网和手机媒体建设管理的整体合力。要加强宣传引导，有效开展舆论监督，充分反映党和政府净化互联网和手机媒体的坚定决心。要动员群众广泛参与，不断完善举报途径，广泛开展道德教育、法制教育，继续倡导文明办网、文明上网，培育网络文明新风，在全社会形成抵制淫秽色情信息的良好风尚，形成有利于未成年人健康成长的良好氛围。

全国"扫黄打非"工作小组副组长，全国"扫黄打非"工作小组成员单位和中央有关部门负责人，各省（区、市）"扫黄打非"办公室主任出席会议。

柳斌杰在全国"扫黄打非"工作座谈会上指出 要以改革创新精神推进工作上新台阶

资料来源：《中国新闻出版报》2010 年 7 月 27 日

（记者赖名芳）7 月 24 日，由全国"扫黄打非"工作小组召开的全国"扫黄打非"工作座谈会在京闭幕。全国"扫黄打非"工作小组副组长、新闻出版总署署长、国家版权局局长柳斌杰在会议上强调，面对新形势、新任务、新要求，"扫黄打非"责任重大、任务艰巨。各地各有关部门要以改革创新精神，推进"扫黄打非"工作上新台阶。要打开思路，下大力气，扎实工作，坚决确保"扫黄打非"任务落到实处。全国"扫黄打非"工作小组专职副组长李长江，全国"扫黄打非"工作小组副组长兼办公室主任、新闻出版总署副署长蒋建国出席会议并讲话。

柳斌杰在谈到不断创新"扫黄打非"工作时要求，第一，要在思想上与时俱进。随着信息技术的快速发展，我们要从维护国家文化信息安全的角度，认清"扫黄打非"斗争正向网络转移的趋势，把"扫黄打非"重点逐步转移到互联网上。"扫黄打非"工作要想跟上形势的发展，不能墨守成规，工作上要更加主动、更加有效。第二，要在方法上不断改进。密切关注各种非法出版物和有害信息的动向，加强监控和研判，时刻掌控市场动态，适时启动应急预案。要以改革创新精神推进工作上新台阶。要大力查办案件，高举保护知识产权旗帜，坚持依法行政，打击犯罪者，震慑违法者，教育从业者。要追根溯源，做到除恶务尽。第三，机制上要不断创新。进一步强化联防联动、多部门协作的机制，动员社会力量积极参与，已经建立起来的群众举报奖励、信息共享、联合封堵、案件协查等机制要继续坚持并不断完善、规范。第四，要在技术上不断提高。在研发"扫黄打非"先进技术方面要舍得投入，努力提高"扫黄打非"工作信息化水平，切实提高技术防控能力，提高执法效率。

在谈到坚决确保"扫黄打非"任务落实时，柳斌杰强调，对"扫黄打非"工作要思想明确，认识到位，同时，要加强领导，落实保障。各地各有关部门要坚持和完善现行的"扫黄打非"领导体制和工作机制，按照"只能加强，不能削弱"的要求，切实做到有领导主事、有人员干事、有经费办事、有机制成事。要把"扫黄打非"工作纳入党委、政府的重要议事日程，摆上突出位置。"扫黄打非"是一个系统工程，必须由各部门各成员单位齐抓共管、综合治理，相互协作。同时，要进一步加大"扫黄打非"宣传力度，使"扫黄打非"意识更加深入人心，动员社会积极参与、发动广大群众积极举报，以实现群防群治。在明晰责任、强化检查方面，要坚持属地管理和谁主管谁负责原则，层层完善责任制和责任追究制，切实做到守土有责、守土负责、守土尽责。对先进单位和个人要予以表彰和奖励，对因失职、渎职等造成严重后果的要严格追究有关责任人的责任。

▶《中国新闻出版报》
关于全国"扫黄打非"
工作小组在京召开座
谈会的报道

　　李长江通报了全国开展打击互联网和手机网站淫秽色情信息专项行动情况及取得的阶段性显著成效。他指出,打击互联网和手机网站传播淫秽色情信息专项行动,是党和政府净化互联网和手机媒体、保护未成年人健康成长的一项重要举措,是"扫黄打非"工作在新的社会环境下肩负的一项重要历史使命,必须把它作为一项长期的任务深入持久地做好。下一步,要在四个方面下工夫推进这项工作。一是加大日常监管力度。依据各有关部门的职能分工,继续保持对互联网和手机网站传播淫秽色情信息活动的高压态势。二是建立完善长效机制。包括建立快速有效的指挥机制,建立统一的网络监控平台,积极推进实名制,加大责任追究力度,大力弘扬主旋律等。三是建立健全法律法规。抓紧修订、出台相关法律法规,为加强和改进互联网和手机媒体管理提供法律依据。四是继续抓好舆论监督。通过动员社会各方面广泛参与、共同行动,群策群力、群防群治,形成良好的社会舆论环境。李长江强调,专项行动虽告一段落,但打击互联网和手机网站传播淫秽色情信息这项工作只有起点、没有终点,只能加强、不能削弱。要狠抓落实,真正做细、做实、做好这项得民心、顺民意的工作。

　　蒋建国通报了今年上半年全国"扫黄打非"工作情况,并部署了下半年重点工作。他指出,要按照《2010年"扫黄打非"行动方案》,继续深入开展打击互联网和手机媒体传播淫秽色情信息工作,部署开展网盘、手机店及维修店等的专项治理,严厉查处各种有害信息。推进已经开展的打击非法教育类期刊专项工作,扎实开展办世博、迎亚运"扫黄打非"专项行动,重点打击各类非法出版活动,加大出版物市场清查力度,切实营造良好的文化市场环境。蒋建国同时要求,各地各部门要认真贯彻好此次会议精神,在下半年工作中要进一步完善联防协作、齐抓共管、群防群治的工作机制。在改进工作方法方面,宏观层面要坚持综合协调;中观层面要坚持强监管、打战役、抓工程;微观层面要掌握8种方法,即掌控市场、防止扩散、追根溯源、查办案件、争取领导、协调部门、发动群众、加强宣传。同时要落实责任制和责任追究制,开展督导检查和考核,抓好创新总结和评奖工作,以推动"扫黄打非"工作不断上层次、上水平。

各地认真贯彻落实全国"扫黄打非"
工作座谈会精神
把打击非法出版物作为首要任务

资料来源:《中国新闻出版报》2010 年 8 月 23 日

本报讯（记者赖名芳） 记者 8 月 20 日从全国"扫黄打非"办公室获悉，7 月 23—24 日全国"扫黄打非"工作座谈会召开后，各地迅速学习传达、贯彻落实会议精神和刘云山同志重要讲话精神。各地"扫黄打非"办公室纷纷表示，要按照全年工作部署和会议明确要求，狠抓措施落实，确保全年工作任务圆满完成。

一、认真传达落实，加大工作力度

按照会议要求，各地"扫黄打非"办公室会后第一时间向当地党委、政府和"扫黄打非"工作领导小组作了专题汇报，引起高度重视。

河北、山西、黑龙江、江苏、安徽、江西、湖北、重庆、陕西、甘肃等地"扫黄打非"工作领导小组组长立即作出批示，指出这次会议是在"扫黄打非"关键时刻召开的关键会议，非常重要。各级各有关部门务必要认真贯彻落实好会议精神，不断研究新情况、发现新问题，"扫黄打非"办公室要切实加大工作力度，坚持不懈地开展"扫黄打非"斗争。

二、深入学习动员，提高思想认识

各地"扫黄打非"工作领导小组及其办公室通过召开会议、印发文件等形式，深入学习会议精神，进一步提高思想认识，全面动员投入下半年的"扫黄打非"工作。

天津、河北、山西、江苏、江西、陕西等地召开全省（市）"扫黄打非"工作会议；安徽、重庆等地召开省（市）"扫黄打非"工作领导小组成员单位会议；黑龙江、青海等地召开局（厅）党组会议，黑龙江明确要求要把会议精神的传达贯彻情况作为省内"扫黄打非"年度评比的重要依据；湖北、海南、甘肃等地下发文件通知，迅速将全国"扫黄打非"工作

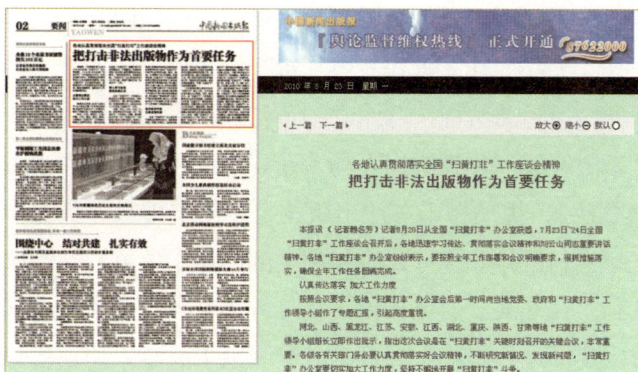

▶《中国新闻出版报》
关于各地贯彻落实全国
"扫黄打非"工作座谈
会精神的报道

座谈会精神传达到各地各有关部门，要求切实抓好学习贯彻落实的工作。通过学习，大家一致认为，这次会议深刻分析了当前"扫黄打非"斗争所面临的严峻形势，进一步明确了新形势下"扫黄打非"的目标任务和措施要求，更加坚定了圆满完成"扫黄打非"重点任务的信心和决心，对当前和今后一个时期深入开展"扫黄打非"工作具有十分重要的意义。

三、结合实际任务，完善监管机制

各地"扫黄打非"办公室在学习贯彻会议精神过程中，紧密联系实际，明确工作重点，始终保持高压态势，把打击非法出版物作为首要任务；继续深入开展打击互联网和手机媒体淫秽色情信息工作，在加大监管力度、建立长效机制上下工夫；深入推进专项行动和专项治理工作，确保抓出明显成效；切实加强基础建设，完善"扫黄打非"长效监管机制等。

山西按照部署认真抓好全年"扫黄打非"重点工作，大力开展全省印刷企业大检查。同时，督促各市、县"扫黄打非"工作领导小组及其办公室充分调整，加快制定《山西省"扫黄打非"属地管理实施细则》。安徽在精心安排今年重点工作的同时，着眼实际，把音像市场特别是淫秽色情和境外盗版音像制品的治理列为专项治理的重点之一。近日，安徽"扫黄打非"办公室还联合11个部门出台了《安徽省"扫黄打非"案件办理和司法衔接制度（试行）》，加大了"扫黄打非"案件查办机制建设。黑龙江提出4项落实措施，明确下半年4项重点任务，并着力抓好县以下"扫黄打非"机构建设。湖南大力开展五大"扫黄打非"专项行动，同时组织实施"扫黄打非"工作景区工程、社区工程、乡（镇）村工程。江苏精心安排下半年 5 项重点工作，适时总结推广苏州"扫黄打非"工作在区、县及乡镇落实的经验。甘肃出台了《非正式出版物管理规定》和《宗教类出版物试行定点印刷管理办法》，推动打击非法出版物、整治市场和源头工作深入开展。江西建立起"扫黄打非"办公室与相关部门关于涉黄网站的快速研判机制和反馈机制，并开展"春风护蕾"百日行动，促进专项行动落实。湖北专项检查校园及周边出版物市场，重点查缴以未成年人为销售对象的有害印刷品和音像制品。

"扫黄打非·护城河"工程 2010 年工作会议在呼和浩特召开

"护城河"工程拱卫首都文化安全

资料来源:《人民日报》2010 年 9 月 1 日

本报呼和浩特 8 月 31 日电(记者张贺)全国"扫黄打非"办公室今天在内蒙古自治区呼和浩特市召开首都"扫黄打非·护城河"工程 2010 年工作会议,提出要扎实推进"护城河"工程建设深入开展。

▶《人民日报》关于"扫黄打非·护城河"工程 2010 年工作会议的报道

今年以来，北京市与各成员省（区、市）联合核查案件线索 33 条，删除屏蔽有害信息 4 万余条；天津市共出动执法人员 39 910 人次，取缔非法店档、摊点 311 个，收缴各类非法出版物 23 万件；山西省先后组织了 6 次全省集中统一大检查行动，共打掉黑运输点 5 个，收缴各类非法出版物 13 万件，批捕数名犯罪嫌疑人，形成了对非法出版活动的高压态势。

"护城河"工程自 2009 年开始运行，是"扫黄打非"四大工程（包括"珠峰"、"天山"、"南岭"）之首，成员包括北京、天津、河北、山西、辽宁、河南、山东和内蒙古自治区。

李长江、乌兰出席首都"扫黄打非·护城河"工程 2010 年工作会议
协同作战共筑首都文化安全屏障
资料来源：《中国新闻出版报》2010 年 9 月 1 日

本报讯（记者赖名芳）8 月 31 日，全国"扫黄打非"办公室在内蒙古自治区呼和浩特市召开首都"扫黄打非·护城河"工程 2010 年工作会议。全国"扫黄打非"工作小组专职副组长李长江出席会议并讲话。内蒙古自治区"扫黄打非"工作领导小组组长、区党委常委、宣传部长乌兰出席会议并致辞。

会议总结了"扫黄打非·护城河"工程实施以来的工作成绩，审议了《首都"扫黄打非·护城河"工程实施方案》，部署了今年最后 4 个月的"扫黄打非"工作重点任务。会议提出要大力净化文化市场，扎实推进"护城河"工程建设深入开展，继续完善联防协作体系，强力推进工程建设的组织实施。此次会议对于今后"扫黄打非"工作创新工作方法，加强协同作战，共筑确保首都文化安全的屏障具有重要意义。

李长江在讲话中强调，"护城河"工程是维护意识形态安全和文化安全的重要举措，各成员省（区、市）"扫黄打非"工作机构要站在政治和全局的高度，进一步统一思想，提高认识，切实强化联防机制，高举保护

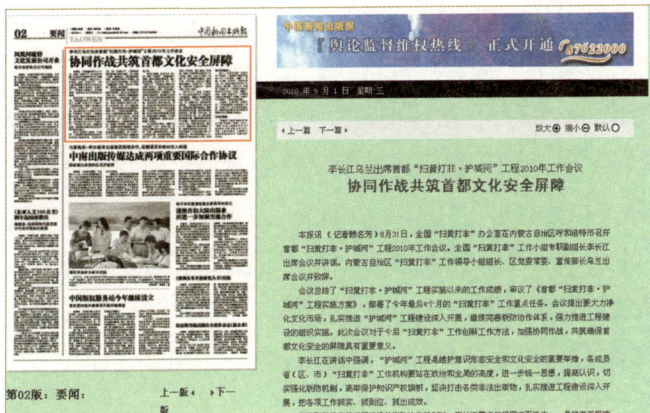

▶《中国新闻出版报》关于"扫黄打非·护城河"工程2010年工作会议的报道

知识产权旗帜，坚决打击各类非法出版物，扎实推进工程建设深入开展，把各项工作抓实、抓到位、抓出成效。

在谈到继续完善工程建设的联防协作机制时，李长江要求做好四方面工作。一是推进工程建设组织领导科学化。工程由全国"扫黄打非"办公室指导，北京市为牵头单位，承担工程领导小组的日常工作。各成员省（区、市）要确定联络员，具体负责本地的相关联络和落实工作。二是推进制度规范化。要进一步规范联席会议制度，原则上每年召开一次工作会议，由各成员省（区、市）"扫黄打非"领导小组轮流承办。三是推进机制具体化。要细化工作流程，明确落实责任，加强有关信息网络建设，提高工作效率。四是推进考核数量化，加强奖励机制建设，将"扫黄打非"四大联防协作机制工程建设纳入年度全国"扫黄打非"考核和评奖工作。

李长江强调，各成员省（区、市）要把"护城河"工程建设纳入党委、政府的重要议事日程，摆上突出位置。各成员省（区、市）"扫黄打非"工作领导小组组长作为第一责任人，要坚持亲自主事，切实负起责任。同时，要通过签订合作备忘录等形式，明确责任，按照属地管理原则，切实履行各自职责，充分利用行政执法与刑事司法手段加大力度打击各类非法出版物，共同完成工程各项任务。同时，要对各类非法出版物的动向加强监控和研判，适时启动应急预案，时刻掌控市场。一旦发现问题，要力争把影响控制在最小范围内。要通过查办大案要案，打击犯罪者，震慑违法者，教育从业者，鼓舞广大群众。

乌兰在讲话中指出，内蒙古自治区地跨"三北"、毗邻八省，地处保护首都北京文化安全的"护城河"地带，肩负着重要责任。内蒙古自治区党委、政府高度重视"扫黄打非"工作，在理顺工作体制、创新工作机制、建立健全工作机构、保障工作落实等方面给予了大力支持。现在，全区 12 个盟市"扫黄打非"全部做到机构健全、运转正常。今年年底，全区 101 个旗县将全部建立"扫黄打非"工作机构，并努力把"扫黄打非"工作向乡镇（苏木）延伸。

2009 年 9 月，全国"扫黄打非"办公室在北京召开"护城河"工程座谈会，构建起工程组织框架并初步运行。一年来，各成员省（区、市）积极行动，采取切实有效措施，工程建设取得了重要进展，即政治责任感明显提高，联防协作意识明显加强，查办案件速度明显加快。据了解，今年以来，北京与各成员省（区、市）联合核查案件线索 33 条，删除屏蔽有害信息 4 万余条；天津共出动执法人员 39 910 人次，取缔非法店档、摊点 311 个，收缴各类非法出版物 23 万件，检查印刷复制企业 4567 家；山西先后组织了 6 次全省集中统一大检查行动，共打掉黑运输点 5 个，收缴各类非法出版物 13 万件，批捕数名犯罪嫌疑人。

会上，北京市首都"扫黄打非·护城河"工程领导小组有关负责人作了工作报告。内蒙古、天津、山西等"护城河"工程成员省（区、市）领导小组有关负责人分别发言。继天津、山东之后，北京市"扫黄打非"工作领导小组办公室此次又与河北、山西、内蒙古、辽宁、河南"扫黄打非"工作领导小组办公室签署了《首都"扫黄打非·护城河"工程合作备忘录》。

中宣部、公安部等"扫黄打非"工作相关负责人出席会议。全国"扫黄打非"办公室专职副主任、新闻出版总署反非法和违禁出版物司司长周慧琳主持会议。

相关链接

　　"护城河"工程是"扫黄打非"四大工程（"护城河"、"珠峰"、"天山"、"南岭"）之首，工程成员省（区、市）包括北京、天津、河北、山西、辽宁、河南、山东和内蒙古，工程领导小组秘书处设在北京市"扫黄打非"办公室。

全国"扫黄打非"办公室在呼和浩特市召开首都
"扫黄打非·护城河"工程 2010 年工作会议
资料来源：《中国新闻出版报》2010 年 9 月 2 日

　　8 月 31 日，全国"扫黄打非"办公室在呼和浩特市召开首都"扫黄打非·护城河"工程 2010 年工作会议。会上，北京市"扫黄打非"工作领导小组办公室分别与河北省、山西省、内蒙古自治区、辽宁省、河南省"扫黄打非"工作领导小组办公室签署了《首都"扫黄打非·护城河"工程合作备忘录》，以共同构建确保首都文化安全的屏障。图为北京和河南两地"扫黄打非"工作领导小组负责人正在签署《备忘录》。

▶《中国新闻出版报》关于"扫黄打非·护城河"工程 2010 年工作会议的报道

▶ 内蒙古卫视关于
"扫黄打非·护城河"
工程 2010 年工作会议
的报道

打击互联网和手机媒体传播淫秽色情专项行动表彰会召开

全国"扫黄打非"工作小组召开打击互联网和手机媒体
传播淫秽色情信息专项行动表彰会
刘云山出席会议并讲话

资料来源：《人民日报》2010 年 11 月 23 日

新华社北京 11 月 23 日电（记者璩静）全国"扫黄打非"工作小组今天在京召开打击互联网和手机媒体传播淫秽色情信息专项行动表彰会。中共中央政治局委员、中央书记处书记、中宣部部长刘云山出席会议并讲话，强调要坚持一手抓繁荣、一手抓管理，总结经验、学习先进，创新思路、完善措施，努力把互联网和手机媒体建设成为社会主义先进文化的新阵地、公共文化服务的新平台、人们精神文化生活的新空间。

▶ 中央电视台关于全国
"扫黄打非"工作小组召
开打击互联网和手机媒体
传播淫秽色情信息专项行
动表彰会的报道

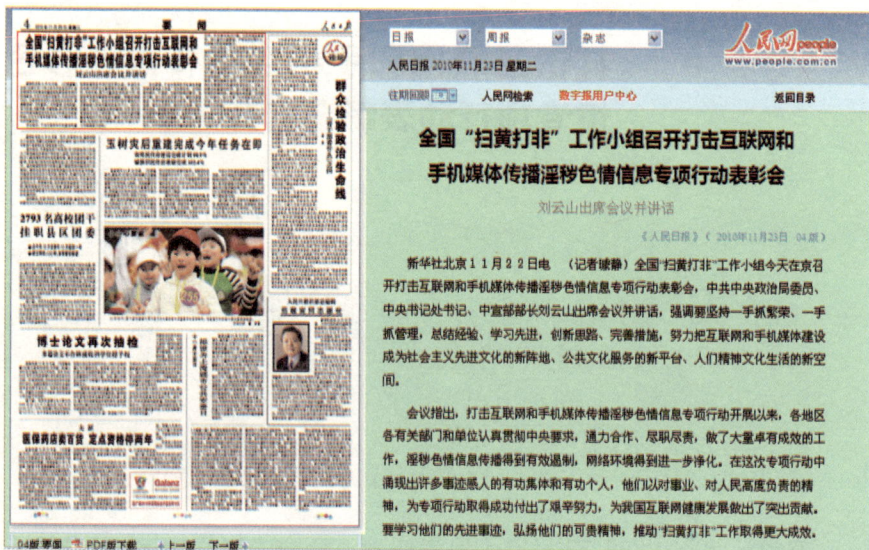

▶《人民日报》关于全国"扫黄打非"工作小组召开打击互联网和手机媒体传播淫秽色情信息专项行动表彰会的报道

会议指出，打击互联网和手机媒体传播淫秽色情信息专项行动开展以来，各地区各有关部门和单位认真贯彻中央要求，通力合作、尽职尽责，做了大量卓有成效的工作，淫秽色情信息传播得到有效遏制，网络环境得到进一步净化。在这次专项行动中涌现出许多事迹感人的有功集体和有功个人，他们以对事业、对人民高度负责的精神，为专项行动取得成功付出了艰辛努力，为我国互联网健康发展作出了突出贡献。要学习他们的先进事迹，弘扬他们的可贵精神，推动"扫黄打非"工作取得更大成效。

会议强调，打击互联网和手机媒体传播淫秽色情信息工作是一项长期任务，必须按照抓源头、打基础、切断利益链的要求，坚持不懈、深入持久地开展下去。要把互联网建设、利用和管理有机结合起来，强化政府监管、强化企业责任、强化行业自律、强化责任追究，做到媒体管理和产业管理相衔接、分级管理和属地管理相结合，做到责任落实、管理到位，确保内容健康、传输安全。要适应互联网和手机媒体新技术、新业态的发展变化，针对淫秽色情信息传播的新情况、新动向，抓住重点难点问题，切实加强监督管理，深入查办大案要案，严惩违法犯罪行为，形成强大的法律威慑力。

刘云山指出，打击互联网和手机媒体传播淫秽色情信息、净化网络环境，是一项得民心、顺民意的工程。必须从保证广大未成年人健康成长、从加强社会主义精神文明建设的高度，以更加有力的措施、更加有效的办法，不断巩固和扩大工作成果。各地区各部门要认真落实责任分工，加强协调协作，形成党委统一领导、各方面齐抓共管的工作格局。要加强舆论宣传，充分反映党和政府净化互联网和手机媒体的坚定决心，反映人民群众的愿望和呼声，深入报道各方面工作取得的进展成效。要加强社会监督，动员群众广泛参与，深入开展"大兴网络文明之风"活动，倡导文明办网、文明上网，形成良好网络文化环境。

北京市互联网宣传管理办公室等131个有功集体和李尧等202名有功个人在会上受到表彰。全国"扫黄打非"工作小组成员，中央有关部门和

▶《光明日报》关于全国"扫黄打非"工作小组关于打击互联网和手机媒体传播淫秽色情信息专项行动有功集体与有功个人评审结果的公示

单位负责同志，各省（区、市）"扫黄打非"办公室负责同志出席会议。

刘云山：要深入开展"大兴网络文明之风"活动
资料来源：中广网 2010 年 11 月 23 日

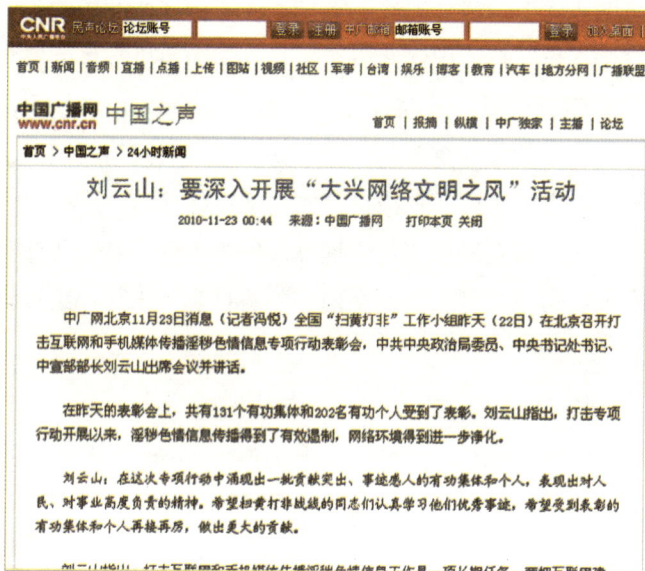

▶ 中国广播网关于全国"扫黄打非"工作小组召开打击互联网和手机媒体传播淫秽色情信息专项行动表彰会的报道

中广网北京 11 月 23 日消息（记者冯悦）全国"扫黄打非"工作小组昨天（22 日）在北京召开打击互联网和手机媒体传播淫秽色情信息专项行动表彰会，中共中央政治局委员、中央书记处书记、中宣部部长刘云山出席会议并讲话。

在昨天的表彰会上，共有 131 个有功集体和 202 名有功个人受到了表彰。刘云山指出，打击专项行动开展以来，淫秽色情信息传播得到了有效遏制，网络环境得到进一步净化。

刘云山强调：在这次专项行动中涌现出一批贡献突出、事迹感人的有功集体和个人，表现出对人民、对事业高度负责的精神。希望"扫黄打非"战线的同志们认真学习他们的优秀事迹，希望受到表彰的有功集体和个人再接再厉，作出更大的贡献。

　　刘云山指出，打击互联网和手机媒体传播淫秽色情信息工作是一项长期任务。要把互联网建设、利用和管理有机结合起来，强化政府监管、企业负责、行业自律和责任追究，做到媒体管理和产业管理相衔接、分级管理和属地管理相结合，做到责任落实、管理到位，确保内容健康、传输安全。要适应互联网和手机媒体新技术、新业态的发展变化，针对淫秽色情信息传播的新情况、新动向，抓住重点难点问题，切实加强监督管理。

　　刘云山强调：按照抓源头、打基础、切断利益链的要求，坚持不懈、深入持久地开展下去。深入查办案件，加大工作力度，严厉惩处一批违法犯罪分子，形成强大的法律威慑力。要深入开展"大兴网络文明之风"的活动，倡导文明办网、文明上网，在全社会树立良好的网络道德风尚。

官方表彰"扫黄打非"专项行动有功集体和个人
资料来源：中国新闻网 2010 年 11 月 22 日

　　中新网北京 11 月 22 日电（记者孙自法）中国全国"扫黄打非"工作小组 22 日下午在北京举行"打击互联网和手机媒体传播淫秽色情信息

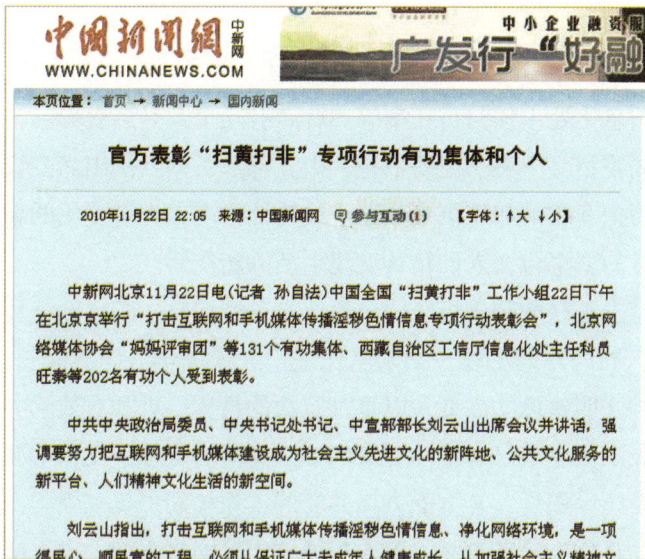

▶ 中国新闻网关于全国"扫黄打非"工作小组召开打击互联网和手机媒体传播淫秽色情信息专项行动表彰会的报道

▶《法制日报》关于全国"扫黄打非"工作小组召开打击互联网和手机媒体传播淫秽色情信息专项行动表彰会的报道

专项行动表彰会",北京网络媒体协会"妈妈评审团"等131个有功集体、西藏自治区工信厅信息化处主任科员旺秦等202名有功个人受到表彰。

中共中央政治局委员、中央书记处书记、中宣部部长刘云山出席会议并讲话,强调要努力把互联网和手机媒体建设成为社会主义先进文化的新阵地、公共文化服务的新平台、人们精神文化生活的新空间。

刘云山指出,打击互联网和手机媒体传播淫秽色情信息、净化网络环境,是一项得民心、顺民意的工程。必须从保证广大未成年人健康成长、从加强社会主义精神文明建设的高度,以更加有力的措施、更加有效的办法,不断巩固和扩大工作成果。各地区各部门要认真落实责任分工,加强协调协作,形成党委统一领导、各方面齐抓共管的工作格局。要加强舆论宣传和社会监督,动员群众广泛参与,深入开展"大兴网络文明之风"活

▶《中国青年报》关于
全国"扫黄打非"工
作小组召开打击互联
网和手机媒体传播淫
秽色情信息专项行动
表彰会的报道

▶《中国新闻出版报》
关于全国"扫黄打
非"工作小组召开打
击互联网和手机媒体
传播淫秽色情信息专
项行动表彰会的报道

▶《中国文化报》关于
打击互联网和手机媒
体传播淫秽色情信息
行动表彰会的报道

动，倡导文明办网、文明上网，形成良好网络文化环境。

　　这次表彰会还提出，打击互联网和手机媒体传播淫秽色情信息工作是一项长期任务，必须坚持不懈、深入持久地开展下去。要把互联网建设、利用和管理有机结合起来，强化政府监管、企业责任、行业自律、责任追究，做到媒体管理和产业管理相衔接、分级管理和属地管理相结合，确保内容健康、传输安全。要适应互联网和手机媒体新技术、新业态的发展变化，针对淫秽色情信息传播的新情况、新动向，切实加强监督管理，深入查办大案要案，严惩违法犯罪行为，形成强大的法律威慑力。

第二篇
主题活动

"绿书签行动2010"正式启动
全国"扫黄打非"工作小组举行2010年
侵权盗版及非法出版物集中销毁活动
中央电视台播出专题晚会《绿书签行动2010》
3亿多网民加入"绿书签行动2010"

"绿书签行动 2010" 正式启动

"绿书签行动 2010" 正式启动

资料来源:《人民日报》2010 年 4 月 13 日

　　本报北京 4 月 12 日电（记者张贺）全国"扫黄打非"办公室、新闻出版总署、国家版权局和中央电视台今天在京联合召开新闻发布会，并作为主办方共同启动了"绿书签行动 2010"。

▶《人民日报》关于
"绿书签行动 2010"正
式启动的报道

"绿书签行动"是为"4·26世界知识产权日"专门打造的一个年度主题行动,今年是"绿书签行动"开展的第三年,宣传主题是"加入绿书签,分享正版生活",主办单位希望在民众中开展发放绿书签、签名加入绿书签、参与销毁盗版制品、在网络上传递绿书签等活动,表达"尊重知识、尊重创意,同心协力创造绿色文化环境"的心愿。

据主办方介绍,2010年"绿书签行动"将成为一次声势浩大、规模空前的保护知识产权宣传行动。从4月12日至4月底,"绿书签行动"将分为地面、平媒、网络和电视4个部分在全国31个省(区、市)同期展开,并在全国选取100家出版社、1000家书(音像)店、100家网站、100家中小学、100家电影院开展派送绿书签、签名加入绿书签的系列活动。4月22日,全国31个省(区、市)还将统一开展侵权盗版及非法出版物销毁活动。4月26日晚,中央电视台将在12频道推出大型主题晚会《绿书签行动》,继续关注知识产权保护的话题。

"绿书签行动"启动
全国将统一销毁非法出版物
资料来源:新华网 2010 年 4 月 12 日

新华网北京4月12日电(记者璩静 俞菁)全国"扫黄打非"办公室、新闻出版总署、国家版权局和中央电视台12日在京联合启动了"2010绿书签行动"。活动将从4月12日至4月底在全国31个省(区、市)展开,并选取100家出版社、1000家书(音像)店、100家网站、100家中小学、100家电影院开展派送绿书签、签名加入绿书签的系列活动。

4月22日,全国31个省(区、市)还将统一开展侵权盗版及非法出版物销毁活动。

全国"扫黄打非"办公室专职副主任周慧琳表示,近年来,各级"扫黄打非"工作部门切实加强出版物市场日常监管,坚持持续打击侵权盗版出版物和深入打击网上侵权盗版行为并举,坚持狠抓侵权盗版源头治理,在打团伙、端窝点、破网络、查大案、建长效方面取得突出成效。数据显

新华网关于"绿书签行动2010"正式启动的报道

示，全国去年共收缴各类侵权盗版出版物5684.4万件；今年前4个月，查缴各类侵权盗版出版物700余万件。此外，国家版权局于2009年开展了第五次打击网络侵权盗版专项治理行动，对各地3130家重点网站实施主动监管，共查办网络侵权案件558件，关闭非法网站375个。2010年3月，国家版权局还开展了以上海、江苏、浙江、北京、广东及世博会论坛举办

中国网络电视台关于"绿书签行动2010"正式启动的报道

城市为重点，在全国范围内开展打击盗版音像制品专项行动，进展顺利。今年，"绿书签行动"活动将配合迎世博"扫黄打非"专项行动深入开展，营造世博会良好的文化市场环境。4 月 26 日，主办方之一中央电视台将推出大型主题晚会《绿书签行动》，关注知识产权保护的话题。

> ### "绿书签行动"梅开三度
> ### 今年主题："加入绿书签，分享正版生活"
> 资料来源：《光明日报》2010 年 4 月 13 日

本报北京 4 月 12 日电（记者庄建）全国"扫黄打非"办公室、新闻出版总署、国家版权局和中央电视台四主办方代表将手轻轻放在启动标志灯罩上，霓虹灯显示出"2010 绿书签行动"的字样，"2010 绿书签行动"今日在京启动。主办者希望民众通过参与发放绿书签、签名加入绿书签、参与销毁盗版制品、在网络上传递绿书签等活动，表达"尊重知识、尊重

▶ 光明网关于"绿书签行动 2010"正式启动的报道

创意，同心协力创造绿色文化环境"的心愿。

"绿书签行动"是为"4·26世界知识产权日"专门打造的一个年度主题行动，活动标志由几株绿色的嫩芽与条形码组成，象征着纯净的、有生命力的希望。今年"绿书签行动"已梅开三度，又恰逢中国第一部《著作权法》颁布100周年，新中国《著作权法》颁布20周年，宣传主题确定为"加入绿书签，分享正版生活"。

近年来，各级"扫黄打非"工作部门坚持反盗版天天有行动，坚持狠抓侵权盗版源头治理，在打团伙、端窝点、破网络、查大案、建长效方面取得突出成效。2009年，全国共收缴各类侵权盗版出版物5684.4万件；今年前4个月，查缴各类侵权盗版出版物700余万件。各地各部门还开展了形式多样的反盗版宣传活动。"绿书签"作为"支持正版"的重要标志符号，自2008年正式推出并在全国发起声势浩大的"绿书签行动"之后，把反盗版宣传推向了一个新的高度。

2010年"绿书签行动"系列宣传活动将配合迎世博"扫黄打非"专项行动的深入开展，积极营造上海世博会良好的文化市场环境和社会文化氛围。据主办方介绍，2010年"绿书签行动"将成为一次声势浩大、规模空前的保护知识产权宣传行动。从4月12日至4月底，"绿书签行动"将分为地面、平媒、网络和电视四个部分在全国31个省（区、市）同期展开，并在全国选取100家出版社、1000家书（音像）店、100家网站、100家中小学、100家电影院开展派送绿书签、签名加入绿书签的系列活动。4月22日，全国31个省（区、市）还将统一开展侵权盗版及非法出版物销毁活动。4月26日晚，中央电视台将在12频道推出大型主题晚会《绿书签行动》，继续关注知识产权保护的话题。

中国官方在北京启动"2010绿书签行动"
资料来源：新浪网2010年4月12日

中新网北京4月12日电（记者孙自法）中国全国"扫黄打非"工作小组办公室、新闻出版总署、国家版权局和中央电视台12日下午在北京

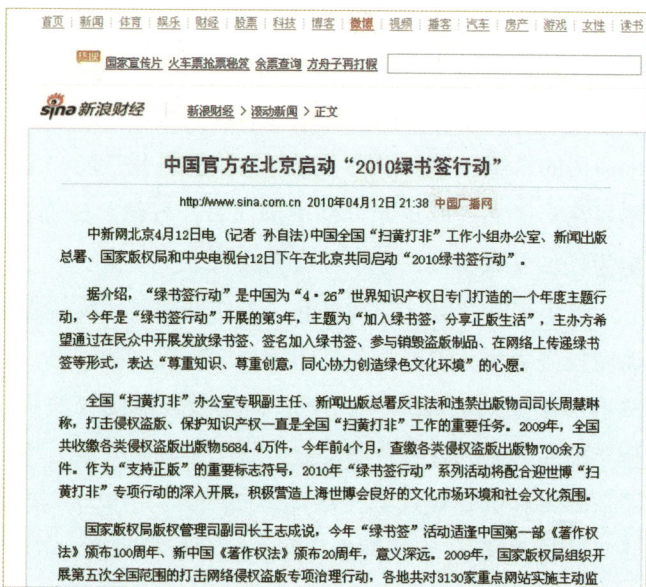

▶ 新浪网关于"绿书签行动2010"正式启动的报道

共同启动"2010 绿书签行动"。

据介绍，"绿书签行动"是中国为"4·26"世界知识产权日专门打造的一个年度主题行动，今年是"绿书签行动"开展的第 3 年，主题为"加入绿书签，分享正版生活"，主办方希望通过在民众中开展发放绿书签、签名加入绿书签、参与销毁盗版制品、在网络上传递绿书签等形式，表达"尊重知识、尊重创意，同心协力创造绿色文化环境"的心愿。

全国"扫黄打非"办公室专职副主任、新闻出版总署反非法和违禁出版物司司长周慧琳称，打击侵权盗版、保护知识产权一直是全国"扫黄打非"工作的重要任务。2009 年，全国共收缴各类侵权盗版出版物 5684.4 万件，今年前 4 个月，查缴各类侵权盗版出版物 700 余万件。作为"支持正版"的重要标志符号，2010 年"绿书签行动"系列活动将配合迎世博"扫黄打非"专项行动的深入开展，积极营造上海世博会良好的文化市场环境和社会文化氛围。

国家版权局版权管理司副司长王志成说，今年"绿书签活动"适逢中国第一部《著作权法》颁布 100 周年、新中国《著作权法》颁布 20 周年，意义深远。2009 年，国家版权局组织开展第五次全国范围的打击网络侵权盗版专项治理行动，各地共对 3130 家重点网站实施主动监管，共查办网络侵权案件 558 件、关闭非法网站 375 个。今年 3 月，为解决当前世博会举办地上海市及其周边盗版音像制品泛滥问题，新闻出版总署（国家版权局）发出关于开展打击盗版音像制品的通知，要求以上海、江苏、浙江、北京、广东及世博会论坛举办城市为重点，在全国范围内开展打击盗版音像制品专项行动。目前，专项行动取得积极进展。

据悉，即日起至本月底，"绿书签行动"将在全国选取 100 家出版社、1000 家书（音像）店、100 家网站、100 所中小学、100 家电影院，开展派送绿书签、签名加入绿书签的系列活动。本月 22 日，中国内地 31 个省（区、市）还将统一开展侵权盗版及非法出版物销毁活动。

全国"扫黄打非"工作小组举行 2010 年侵权盗版及非法出版物集中销毁活动

全国各地集中销毁侵权盗版及非法出版物

共计统一销毁 3638.93 万件

资料来源：《人民日报》2010 年 4 月 23 日

　　本报北京 4 月 22 日电（记者张贺）为迎接"4·26"世界知识产权日，4 月 22 日上午 10 时，全国"扫黄打非"工作小组组织全国 31 个省、自治区、直辖市同时举行了 2010 年侵权盗版及非法出版物集中销毁活动，并启动全国千万民众"拒绝盗版，从我做起"签名和发放绿书签活动。全国销毁的盗版音像制品、盗版图书、盗版电子出版物及非法报刊共计

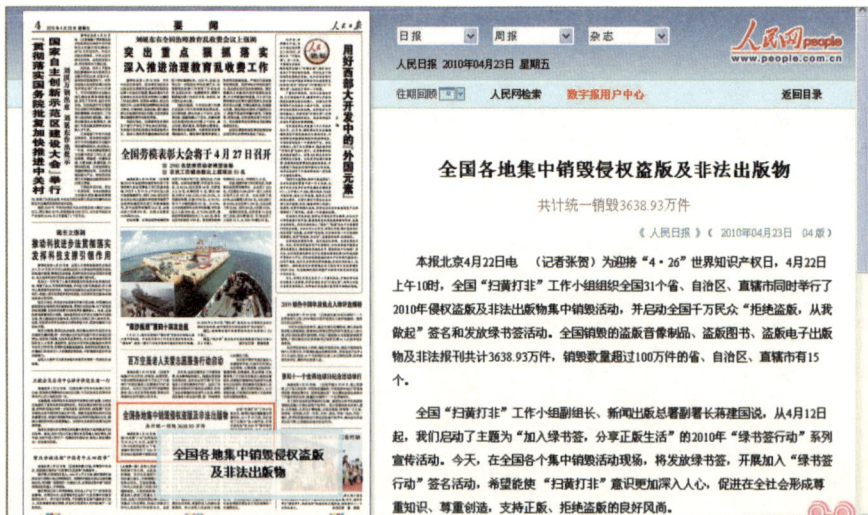

▶《人民日报》关于全国"扫黄打非"工作小组举行 2010 年侵权盗版及非法出版物集中销毁活动的报道

3638.93 万件，销毁数量超过 100 万件的省、自治区、直辖市有 15 个。

全国"扫黄打非"工作小组副组长、新闻出版总署副署长蒋建国说，从 4 月 12 日起，我们启动了主题为"加入绿书签，分享正版生活"的2010 年"绿书签行动"系列宣传活动。今天，在全国各个集中销毁活动现场，将发放绿书签，开展加入"绿书签行动"签名活动，希望能使"扫黄打非"意识更加深入人心，促进在全社会形成尊重知识、尊重创造，支持正版、拒绝盗版的良好风尚。

> **全国"扫黄打非"工作小组组织全国 31 个省、自治区、**
> **直辖市同时举行侵权盗版及非法出版物集中销毁活动**
> **全国统一销毁盗版及非法出版物 3638.93 万件**
> 资料来源：人民网 2010 年 4 月 22 日

人民网北京 4 月 22 日电（记者文松辉　摄影记者陆周莉）2010 年 4 月 22 日上午 10 时，全国"扫黄打非"工作小组组织全国 31 个省、自治区、直辖市同时举行 2010 年侵权盗版及非法出版物集中销毁活动，并启

▶ 人民网关于全国"扫黄打非"工作小组举行 2010 年侵权盗版及非法出版物集中销毁活动的报道

▶《中国新闻出版报》关于全国"扫黄打非"工作小组举行 2010 年侵权盗版及非法出版物集中销毁活动的报道

动"拒绝盗版，从我做起"签名和发放绿书签活动。

据悉，每年"4·26"世界知识产权日前，全国"扫黄打非"工作小组都要举行全国性盗版及非法出版物集中销毁活动。今年销毁活动，全国销毁的盗版音像制品、盗版图书、盗版电子出版物及非法报刊共计3638.93 万件，北京、广东、河北等省份销毁数量超过 100 万件。

"全国扫黄打非"工作小组副组长兼办公室主任、新闻出版总署副署长蒋建国在销毁活动北京主会场讲话。他指出，长期以来，我国政府高度重视保护知识产权、打击侵权盗版工作，从"反盗版百日行动"到"反盗版天天行动"，从打击侵权盗版出版物到深入打击网上侵权盗版行为，打击力度不断加大，工作领域不断拓展。今年前 3 个月，全国已收缴各类非法出版物 848 万件，其中侵权盗版出版物 784 万件，查办侵权盗版出版物案件 1894 起。为了给上海世博会营造良好的文化市场环境，从 4 月 1日起，我们在全国开始了打击侵权盗版、非法出版违法行为的专项行动。从 4 月 12 日起，我们又启动了主题为"加入绿书签，分享正版生活"的2010 年"绿书签行动"系列宣传活动。今天，在全国各个集中销毁活动现场，我们将发放绿书签，开展加入"绿书签行动"签名活动。我们希望通过开展这些活动，使"扫黄打非"意识更加深入人心，促进在全社会形成尊重知识、尊重创造，支持正版、拒绝盗版的良好风尚。

他强调：当前，侵权盗版活动呈现出全球化、网络化、规模化的趋势。我们呼吁世界各国进一步加强国际合作，积极开展边境执法、联合办案等方面的国际协作，严厉打击各类跨国跨境侵权盗版行为。

"全国扫黄打非"工作小组专职副组长李长江，新闻出版总署副署长、国家版权局副局长阎晓宏等领导同志参加了北京主会场的销毁活动。北京市"扫黄打非"工作领导小组及成员单位负责同志，北京市城八区有关执法人员，有关国际组织驻华机构的代表及各界群众代表参加了此次销毁活动。全国其他省、自治区、直辖市党委、人大、政府、政协和"扫黄打非"工作领导小组有关负责同志参加了各分会场的销毁活动。

销毁盗版音像制品等三千六百多万件
资料来源:《法制日报》2010 年 4 月 23 日

《法制日报》北京 4 月 22 日讯（记者朱磊）今天上午 10 时，全国"扫黄打非"工作小组组织全国 31 个省、自治区、直辖市同时举行了 2010 年侵权盗版及非法出版物集中销毁活动，并启动全国千万民众"拒绝盗版，从我做起"签名和发放绿书签活动。

每年"4·26"世界知识产权日前，全国"扫黄打非"工作小组都要举行全国性的盗版及非法出版物集中销毁活动。今年的销毁活动，全国销毁的盗版音像制品、盗版图书、盗版电子出版物及非法报刊共计 3638.93 万件，销毁数量超过 100 万件的省、自治区、直辖市有 15 个，分别是北京、广东、河北、江苏、河南、四川、浙江、贵州、湖北、黑龙江、甘肃、湖南、福建、广西、辽宁。

全国"扫黄打非"工作小组副组长兼办公室主任、新闻出版总署副署长蒋建国在销毁活动北京主会场讲话中指出，长期以来，我国政府高度重视保护知识产权、打击侵权盗版工作，从"反盗版百日行动"到"反盗版

▶《法制日报》关于全国"扫黄打非"工作小组举行 2010 年侵权盗版及非法出版物集中销毁活动的报道

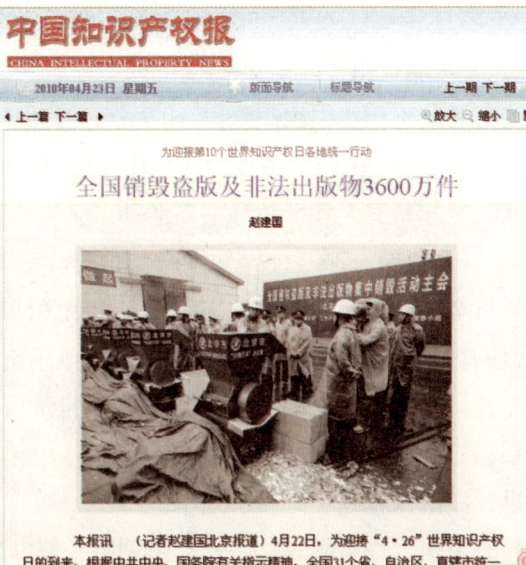

▶《中国知识产权报》关于全国"扫黄打非"工作小组举行 2010 年侵权盗版及非法出版物集中销毁活动的报道

天天行动"，从打击侵权盗版出版物到深入打击网上侵权盗版行为，打击力度不断加大，工作领域不断拓展。今年前3个月，全国已收缴各类非法出版物848万件，其中侵权盗版出版物784万件，查办侵权盗版出版物案件1894起。

蒋建国强调：当前，侵权盗版活动呈现出全球化、网络化、规模化的趋势。世界各国应进一步加强国际合作，积极开展边境执法、联合办案等方面的国际协作，严厉打击各类跨国境侵权盗版行为。

全国"扫黄打非"工作小组专职副组长李长江，新闻出版总署副署长、国家版权局副局长阎晓宏等领导参加了北京主会场的销毁活动。全国其他省、自治区、直辖市党委、人大、政府、政协和"扫黄打非"工作领导小组有关负责同志参加了各分会场的销毁活动。

▶ 新浪网关于全国"扫黄打非"工作小组举行2010年侵权盗版及非法出版物集中销毁活动的报道

中央电视台播出专题晚会《绿书签行动 2010》

"绿书签行动 2010"今晚央视播出

资料来源：《光明日报》2010 年 4 月 26 日

　　本报北京 4 月 25 日电（记者庄建） 4 月 26 日是我国第十个知识产权宣传日，全国"扫黄打非"办公室、新闻出版总署、国家版权局、中央电视台共同主办的"绿书签行动 2010"，将于当晚 19：55 分，在 CCTV–12 播出 90 分钟大型主题晚会《绿书签行动 2010》。

　　绿书签行动是围绕"4·26"专门打造的年度主题活动，从 2008 年开始，今年已经是第三年，每年"4·26"当晚播出的大型晚会是本次活动的最高潮。在今年的晚会中，将围绕影视产业、动漫产业、互联网视频侵权盗版和世博的知识产权保护等内容展开。来自文化创意产业、影视产业

光明日报

本页位置：光明日报

"绿书签行动2010"今晚央视播出

发布时间：2010-04-26 04:21　来源：光明日报

　　本报北京4月25日电4月26日是我国第十个知识产权宣传日，全国扫黄打非办、新闻出版总署、国家版权局、中央电视台共同主办的"绿书签行动 2010"，将于当晚19:55 分，在CCTV-12 播出90分钟大型主题晚会《绿书签行动2010》。

　　绿书签行动是围绕"4·26"专门打造的年度主题活动，从2008年开始，今年已经是第三年，每年"4·26"当晚播出的大型晚会是本次活动的最高潮。在今年的晚会中，将围绕影视产业、动漫产业、互联网视频侵权盗版和世博的知识产权保护等内容展开。来自文化创意产业、影视产业的代表以及知识产权高官将揭秘侵权盗版背后的真相，发布侵权盗版年度大案，同时直面保护知识产权的困惑，共同寻求解决之道，全面展示国家保护知识产权的成就。

▶《光明日报》关于播出专题晚会"绿书签行动 2010"的报道

的代表以及知识产权高官将揭秘侵权盗版背后的真相，发布侵权盗版年度大案，同时直面保护知识产权的困惑，共同寻求解决之道，全面展示国家保护知识产权的成就。

《绿书签行动 2010》晚会
资料来源：中央电视台《大家看法》栏目 2010 年 4 月 26 日

【演播室】

张绍刚：这里是"绿书签行动 2010"的现场。和往年一样，我们也是踩着斑马线走进来的，这是一个行为，我们希望用这个行为传达的信息是希望大家把选择正版、拒绝盗版当成一种习惯，就像我们过马路要走斑马线一样。

撒贝宁：4 月 26 日，这个日子属于知识产权，也属于所有的创造者。

张绍刚：提到知识产权，就必须要提到一场盛会，马上就要开幕的在上海举行的是世博会，因为知识产权保护这个概念本身，就是从世博会开始的。

撒贝宁：再过 4 天，世博会就要拉开它的帷幕了，在那些外形非常绚丽的展馆里面到底会有什么东西呢，这些东西在未来会有一种怎样的方式来影响我们的生活。

主持人：到今天为止这还是个谜。

撒贝宁：都是个谜，但是我们今天请到了一位特别嘉宾，我想她的特殊身份也许可以站在这儿为我们揭开一部分谜底。让我们掌声有请东方卫视节目主持人陈蓉。

张绍刚：欢迎陈蓉。

陈蓉：我听到你们二位对我的介绍，说希望给大家带来一些有关世博的揭秘信息，对不对？

撒贝宁：对，在法律允许的范围内，揭秘。

陈蓉：可能我会让大家失望。因为我参加的是关于知识产权的一台特别节目，所以我要尊重知识产权。

▶ 中央电视台播出"绿书签行动 2010"晚会

张绍刚：但是今天呢，陈蓉大惊喜给不了我们，小惊喜还是有的。

陈蓉：是。我带来了一个特别的礼物，很特殊的交通工具。这是来自美国馆的一个展品。

撒贝宁：你是通过什么合法手段把它搞出来的？

陈蓉：这就是用了知识产权，因为它具有专利，它已经不会被盗版了，已经不会被侵犯了。

张绍刚：大家看一下，有哪位能够看一下这个自行车有什么特别之处，现场的观众朋友，包括坐得近的这块观众朋友，特殊在哪里？

观众：没有链条。

撒贝宁：没有链条。

撒贝宁：这个我能问一下，是给身高多少的人做的？

陈蓉：很抱歉，因为是给姚明做的，估计不是给小撒做的，很高，大家发现了吗，它用的是一个硬的齿轮挂在这个三角区域，所以有了这样的一个原理。然后这个呢，是美国馆的产品，但是并不由美国人设计的，这是由我们中国人自主研发的。

撒贝宁：专利是中国的吗？

陈蓉：是，马上又有一个疑问了，为什么中国人设计要放在美国馆里呢，因为我们发明者、研发者，他申请了中国的专利，申请了美国的专利，一共申请了欧、美 20 多个国家的专利。所以呢，美国人说既然是我们国家的一个专利之一，可以放在我们美国馆。所以这个自行车呢，就是在美国馆展出的，我们的发明者呢，其实他也在我们的现场。

张绍刚：金先生在哪里？来上台长大家认识你一下，上台认识你一下。

陈蓉：感谢你的发明。

张绍刚：我叫你小金应该没问题。小金今年多大？

金健：我今年28岁。

张绍刚：28岁。

陈蓉：你的身高和小撒差不多，你为什么设计得这么高呢。

张绍刚：对啊，因为那个在美国馆摆的，会高一些，知道是撒贝宁骑，他还有低一些的设计对不对？

金健：对，主要是符合他们的体型，因为美国人会比较庞大一些。

撒贝宁：也有适合我的体型。

金健：当然有，当然有。

陈蓉：那刚才我们的原理解释了，究竟好在哪里？据我所知它特别轻，然后很省力，骑起来相对速度快，它比原先的效率提高了30%以上。

金健：30%以上。

张绍刚：刚才陈蓉也提供了信息，小金的这个设计已经申请了专利，所以小金的这个设计已经是受到法律保护的知识产权。

撒贝宁：所以今天可以放在这里展出。

张绍刚：没错。

陈蓉：其实我说到知识产权，一开始我以为我们可能会离它很遥远，但是生活当中，我记得前天刚看了一个新闻，也是有关于世博会的，说上海有一家雕塑的制造厂家，被行政处罚了几万元钱。是为什么呢，他原本是好心，有很多厂家或者企业需要，说有个海宝雕塑放在他们企业当中用来迎接世博，那么这个雕塑厂就去制作了很多海宝的雕塑，其实这也是违规的。因为必须是我们上海世博局事务协调局授权，才能够有海宝的制作资格。

撒贝宁：对，整个世博会的标志，包括口号，像"城市让生活更美好"，你都不可以随意用，一定要拿到授权。

【小片】

百年前的中国人畅想上海的世博。

【片花："绿书签行动 2010"权威发布】

撒贝宁：今天我们还请到了上海世博会组委会成员国家知识产权局副局长甘绍宁，掌声有请甘绍宁副局长进行今天的权威发布。甘局长，我听到这么一句话，就是说如果上海世博会的版权保护工作做得不好的话，上海世博会将会黯然失色。

甘绍宁：是的。

撒贝宁：所以这块我们的压力是不是也很大？

甘绍宁：是很大。因为据我所知，有的国家的展馆已经带来了 40 多项世界上最新的发明，那样的话呢，加强上海世博会知识产权保护的工作，就非常重要。

撒贝宁：那么现在您跟我们发布一下在 2010 年上海世博会期间，我们最有特色、最有亮点的关于知识产权保护的举措和行动将会是什么？

甘绍宁：今年的 1 月份，国家知识产权局、公安部、海关总署、工商总局、版权局、贸促会、最高人民检察院和国务院新闻办，八家联合部署了 2010 年上海世博会的知识产权保护专项行动方案。为此的话呢，在上海市已经把 12330，知识产权维权援助公益热线转为上海世博会知识产权保护投诉举报电话。在 4 月 15 日，上海世博会知识产权服务中心正式挂牌，那么这个知识产权服务中心呢，将为所有的世博会参展方提供全面的知识产权服务。

甘绍宁：上海世博会为所有参展方提供了全面的知识产权保护。

撒贝宁：所以应该说上海世博会为保护知识产权已经做好了充分的准备，谢谢甘局长。

【小片】

打击盗版音像制品《风声》等。

【演播室】

撒贝宁：欢迎加入"绿书签行动 2010"，刚才我们通过这个片子看到了两部年度大片的这种反盗版的案件。应该说有这样一条庞大的生产线存在的背后，确实是因为现在盗版还有市场，有人看、有人买。

张绍刚：对，在"绿书签行动2010"当中我们作了一个调查，调查的结果非常有意思，我们的调查有两个问题，第一个问题呢，是说你支持正版吗？超过90%的人都说支持，第二个问题，你能承诺拒绝盗版吗？锐减，不到一半的人。所以结论就是我支持正版，但是我不拒绝盗版，那我是不是可以把这句话目前总结成一个悖论，叫支持正版但是拥抱盗版，我希望今天有三位能够帮我们分析一下，作为支持正版拥抱盗版的这种纠结的心理。

【演播室】

如何解读支持正版不拒绝盗版的悖论。

张绍刚：麦家能不能先帮我们分析一下，作为支持正版拥抱盗版的这种纠结的心理。

麦家：我觉得这种感受，面对盗版，对投资人是最大的打击。

张绍刚：对你的影响大不大？

麦家：对我的影响坦率地说不是那么直接。

张绍刚：因为作为编剧你写完之后。

撒贝宁：钱是一次性拿走的。

张绍刚：你一定要这么直接吗？

麦家：它真的不仅仅是钱的问题。

郑晓龙：但是钱代表了一个对你的尊重。

郑晓龙：保护知识产权是对创作者的尊重。

麦家：他是当然。

郑晓龙：那你说不是钱的问题。

麦家：我没说它跟我没关系，它是有关系，我说你的感受会更深。

撒贝宁：我突然发现唐国强老师和麦家老师有一个相同的地方，就是演员目前的劳务费好像也是一次性拿完。

唐国强：对。

撒贝宁：后面再出现盗版，跟您好像关系不大了。

唐国强：跟他关系大。

撒贝宁：那您怎么看这个盗版的问题，实际上有的时候有人说，对演员来讲盗版多了以后，实际上证明它传播得快，证明大家爱看，盗版的越多，到达率越高。

唐国强：这是从自己的小利益来讲，大利益来讲，实际上你盗版有了之后，那么从发行商、制片商，他就亏了，他就亏了之后呢，他就不可能在原来的基础上投入更大的资金拍更好的东西，他吃了一次教训，有时候干吃喝不赚钱的，让盗版把钱赚跑了，这时候他就考虑，我下次要不要投入那么大，这离心呢。

唐国强：盗版影响影视业良好的发展。

撒贝宁：要不要再请像唐国强老师这么贵的演员，就得考虑这个问题了。

张绍刚：郑晓龙老师，《刮痧》的时候，体会到了盗版的厉害了吗？

郑晓龙：的确啊，充分体会到了盗版的厉害。

撒贝宁：我听说那会儿为了防盗版，您好像把拷贝直接带在您身边，基本上寸步不离，当时还有一句话特别有名，就是谁想盗版，先从我身上跨过去，但就那样，好像也没最后能保住。

郑晓龙：那是防不住，那个我觉得最后到了电影院，他直接拿摄像机在电影院里，那个枪版就出来了，然后据说在电影院里面放映，他有可能跟做盗版的都勾结，他拿那个胶片直接接根线，直接连在录像带里出来了。

张绍刚：这是郑晓龙导演说的盗版的一种方式，我们专门采访了一个业内人士，我们希望他能够给我们透露一些，说盗版到底是怎么出现的，来，大家看一下。

【小片】

揭秘盗版来源

【演播室】

撒贝宁：触目惊心。

张绍刚：说实话，我还是没听明白，还是没听明白，他这种渠道说是从正版的音像商那块拿的，这是主要的来源吗？

郑晓龙：就是说我卖给你了，我给你签个合约，这个版给你来做，然后你给我多少钱，那么好了，他拿这个回去以后，他自己到外面去，他做两个版，做 A 版，就正版，他还要做 B 版，就是盗版。他非常清楚他盗版里面的巨大利润。所以说他在做正版的时候，他也不放弃他做盗版的赚钱，他把脸一抹他是做正版的，他一转身回去就是做盗版，反正最后都是赚钱嘛。

张绍刚：创作者、编剧、演员都在，我们想请现场的观众来说，你看盗版的理由，我们想请三位来回应一下，说这个理由不成立，你不应该看盗版。

撒贝宁：稍等，绍刚，这个提问方式我们换一下，不叫你看盗版的理由，是你认为你身边的人看盗版的理由，这样大家好发言。

张绍刚：好，好，哪位能说。来后面那位大姐。

观众：谢谢主持人给我这个机会，第一呢，盗版因为它价钱便宜，质量很差，价钱很便宜，第二呢，就是它出来的很快，这是我们大家伙都公认的。

张绍刚：其实您的希望是两点，第一您希望更便宜，第二您希望速度更快。

撒贝宁：第三，质量要更好。

张绍刚：质量要更好。

观众：肯定不好，要不就不叫盗版了。

撒贝宁：这位大姐我问一下，您身边的人，现在买盗版大概一张碟多少钱？

观众：最贵 15 元。

撒贝宁：最贵 15 元，里面有多少集，大概。

观众：大概也得有 30 集到 200 集左右吧。

撒贝宁：您这落差也太大了。

观众：很压缩的。

撒贝宁：您从事什么职业，您对技术方面相当了解。

观众：没有。

撒贝宁：跟您开玩笑，我问的意思是，如果让您买正版的电视剧，30集一张的话，您心目中合理的价格是多少，正版，您认为您能接受的价格。

观众：50块钱以下吧。

张绍刚：30集50块钱以下，您就会选择正版。

观众：是。

张绍刚：郑老师。

郑晓龙：我觉得真的，如果压缩盘她能接受那个技术质量，我们一定卖，我一定愿意。因为其实如果一个人50块钱就这么去买，把那50块钱，真的能回到我们制作方手里，对我们的回报是巨大的。

唐国强：现在好多直接网上看了，这个都快淘汰了。咱们研究老是制作，老是说以前的事。

撒贝宁：主席发表重要指示，要关注网络，关注新渠道。

张绍刚：您说我们老是纠缠在DVD上，这都滞后了。

撒贝宁：严重滞后。

郑晓龙：DVD，其实他用盗版把自己打死了，他还是用自己的新技术把自己打死了，但是最终把它打死的一定是网络。刚才大家一直在问个问题，为什么说我不能主动地说我去看盗版，其实做都归做了，但是为什么不能说呢，就是最起码我们大家认为这是不好的，人有羞耻感，最起码还有羞耻感，我怕的是人连羞耻感都没了。

张绍刚：您不觉得这些年发生了一个巨大的变化吗？

郑晓龙：对啊，我觉得这是非常好的事，最起码认为这是不光彩的事，而且他有羞耻感，所以说我觉得它就有希望。

张绍刚：我们的绿书签观察团也一直在听，顾老师。

顾骏：我来做节目之前也听说了一个理由，这个理由它就说现在为什么看盗版特别是买盗版的光碟，因为有些影片实在太臭了，我们是为了臭才去看的，对不对？现在大家前期是炒作，炒作完了以后，我不知道我掏了那么多钱，去看到底值不值，我先盗版一下。

事实上我们影视界同盗版有的一拼，就是大家用谁的办法下三烂。现在好多影片把我们忽悠进电影院，然后在看这个电影的时候，我们没有看到情节，只看到一大堆的广告，所以网上就说不要在广告时间里面播影片。

【导视】

面对现场观众和绿书签观察团给出的不拒绝盗版的理由，作为演员的唐国强、身为导演的郑晓龙和当红编剧麦家又将如何回应？

顾骏：这不是我的观点。

张绍刚：顾老师是非常恨烂电影，然后所以他又说了一个理由，你拍出来的是烂电影，那我就拿盗版来回应。

撒贝宁：不，一方面是用盗版回应，另外一方面盗版可以提供给你一个，就是你先看看这个电影怎么样。

顾骏：对，等于是我们的食品店里面，他会给我们试吃，我试吃一下，5块钱，不亏，这么好看，因为说实话，盗版再好看，再不讲质量，和电影院没得比。

撒贝宁：但是试吃给您是一小块，您经常看盗版一看就看完了，一看就从头看到尾了。

顾骏：我一个晚上30集全看完。

撒贝宁：那您看完以后，您还会再去看正版吗？如果它好看的话。

顾骏：我很少碰到好看的。

撒贝宁：这就没办法了。

张绍刚：刚才顾老师提的真是个问题，一方面我们在说让大家去电影院看正版，然后去选择正版来看，另外一方面，有的人经常拍的却是烂片，咱们说中国的电影是好时候，大家就上路，我去年看了一场电影，我都不好意思说那是什么烂篇，我在去年12月31号进了一次电影院，然后用非常悲凉的方式结束了我的2009。

郑晓龙：太对了，我也不愿意看烂电影，说实在话，看那电影，我在电影院里面呆两个小时，我觉得特难受，按我的脾气我是呆不了两个小时的，15分钟不行，我站起来就走，不管谁的电影，我一点不给面子。

麦家：你这么一说，我突然有一些想法，为什么有些电影很烂，有些作品很烂，我觉得就是知识产权没得到很好保护。

麦家：烂作品的出现就是源于知识产权没有得到很好的保护。

张绍刚：所以麦家正好接着顾老师的话，顾老师，麦家用自己的故事其实在回答您的问题，您老说有烂片，就是因为知识产权保护得不好，所以烂片才会越来越多。

顾骏：我完全同意。我就说现在盗版和我们影视作品的生产制作，形成了一种恶性竞争。

张绍刚：既然我们今天说让大家加入"绿书签行动2010"，分享正版生活，我希望三位每个人说一个正版能够给我们带来的好处。在三位的思考过程当中，我们来看三位的一个影视圈内同行，他是怎么表达自己对盗版的态度，来。

【小片】

冯小刚的《十月怀胎》。

【演播室】

撒贝宁：一个短片，但是寓意深刻。

张绍刚：请三位先给我们说一个理由，为什么我们应该支持正版？唐老师先来。

唐国强：我认为这个国家利益是第一位的，不管是文化还是商业，长远来看，尤其是文化，不投入或者说任其发展，这是绝对不行的。

张绍刚：好的，郑老师。

郑晓龙：我们每个人都可能成为创造者，当这个社会都不尊重创造的时候，你将来成为创造者的时候，你也一样得不到尊重。

张绍刚：好，谢谢，谢谢郑老师说到的理由，麦家老师。

麦家：我跟你讲，经常说邪不压正，我们传统文化在这个里面还是有个小小的黑洞，其实这个黑洞它不但危害着别人，其实也在危害着我们本身。我想我们如果从开始，比方说选择正版，这本身就是对那个小黑洞的修补，你的一份努力，这个黑洞可能就小了一点点，这个黑洞越小，对我们民族、对我们每个个体都会受益。

撒贝宁：所以这样，我觉得今天咱们在现场，不是说要我们相互之间去说服谁，我觉得这个观念大家都有，那就是要看正版，我们要支持正版，因为这是最基本的行为。但是确实又存在着，背后有太多因素在左右我，所以未来我们用什么样的理由，用什么样的因素来支持正版，就是通过道德、法律，通过我们的社会制度，通过我们的传统文化习惯等等。

张绍刚：包括通过创作者的努力。

撒贝宁：对，很多方面，让我们一起走向一个正版的生活，走向一个正版的未来，我觉得这才是我们今天在这儿最期待得到的答案。

张绍刚：好，谢谢，谢谢三位，谢谢三位嘉宾。

【片花："绿书签行动2010"权威发布】

撒贝宁：站在我身边的这位是全国扫黄打非办专职副主任周慧琳，欢迎您。应该说每年做"4·26"，无数双眼睛都在看着您，您会从这些目光当中感觉到压力吗？

周慧琳：有压力，但是呢，也更多的是动力。

撒贝宁：2009年有没有什么值得让我们特别欣慰的？

周慧琳：2009年取得了非常多的成果，其中呢，比如说收缴盗版出版物的数量就很多，达到了5684万件之多。那么这一年查处的侵权盗版的案件达到了9708件。

撒贝宁：但实际在这个问题上，我们也是比较矛盾的。一方面我们特别希望从您这儿听到，说我们在打击的过程当中收缴了多少，这个数字，收缴得越多，证明我们的打击力度越大；但另外一方面，收缴得越多，证明我们这个盗版的情况可能越严重。

周慧琳：是这样，这几年我们收缴盗版出版物的数量，其实是每年在下降，主要原因之一就是打击的力度加大了，去年2009年比2008年下降了25%，2008年比2007年下降了40%。

撒贝宁：2010年您的预期是什么？

周慧琳：在座的各位包括广大的观众都会有一种感觉，好像是盗版怎么还这么多，盗版这个东西，刚才大家说了，的确是一种社会现象，要解

▶ 全国"扫黄打非"办公室专职副主任周慧琳出席《绿书签行动 2010》晚会

决这个问题呢，要有一个过程。

撒贝宁：建立一个长效的机制。

周慧琳：长效的机制。

撒贝宁：在未来长时间内遏制盗版的发生。

周慧琳：对，一个呢，就是要加强市场监管，另外一个就是要开展各种各样的集中行动和专项行动，目前呢，我们正在开展迎世博"扫黄打非"的专项行动，那么打击侵权盗版是其中的重要任务之一。

撒贝宁：我们特别期待未来有一天，当周主任站在这个地方再进行发布的时候，他能告诉我们，去年有一年，我们非常努力地找了，但是一张盗版碟也没打到。

周慧琳：希望会有这一天。

撒贝宁：这是一种非常理想的状态，但是谁说在未来它不会发生呢，非常感谢，谢谢周主任，谢谢您。

周慧琳：谢谢。

【演播室】

张绍刚："绿书签行动 2010"，让我们从分享创造开始。说到分享，说到创造，说到分享的快乐，已经有人按捺不住了，来，请出他们。

（孩子们冲上台和喜羊羊跳舞）

撒贝宁：孩子们都疯了。

张绍刚：孩子们都疯了。

撒贝宁：来，好了。

张绍刚：好，谢谢，谢谢。

撒贝宁：他们是发自内心的兴奋和激动。

张绍刚：没错，给大家介绍一个信息，刚才大家看到的是史上最火的羊吧，算不算？它不光是史上最火的羊，还是史上最贵的羊。

▶《绿书签行动2010》晚会现场

撒贝宁：你看那些孩子们，真的，咱俩出场从来没有引起过观众如此的兴奋和轰动。

张绍刚：是，你长成那样也会的。而且不光是电影，从玩具到服装，到其他的衍生产品，据说现在喜羊羊的各种衍生品的市场价值超过10亿。

撒贝宁：所以很多人会想，这几只羊、这几只狼，得给它的东家带来多大的创造财富，那么实际情况怎么样呢？

【小片】

75

喜羊羊火了背后的困境。

【演播室】

张绍刚：大家现在看到的这些所有的，是我们的记者昨天去北京的一个小商品批发市场买回来的，喜羊羊的拖鞋，据说在小朋友拖鞋里面销量卖得很好，这是？

撒贝宁：喜羊羊的球鞋。

张绍刚：喜羊羊的球鞋。

撒贝宁：最逗的是我手里这个包，明明是个包，但是这个标签上面居然还正经八百地印着名品时尚运动鞋。这能穿在脚上吗。

张绍刚：到底这里面有没有正版，有多少，现在的正版和盗版在市场上什么状态，让我们掌声有请广东原创动力文化传播有限公司宣传公关部总监吴敦先生，有请。

撒贝宁：有请。

吴敦：主持人好。

张绍刚：来，吴敦，你来做一个简单的判断，这些里面？

吴敦：全部都是盗版。

张绍刚：你不用看？

吴敦：基本上可以肯定。

撒贝宁：像这些上边也没有标签、也没有标识，你怎么能判断它不是正版的呢？

吴敦：如果是我们原创动力制作出来的东西，不会那么丑，这也实在太丑了。

张绍刚：就你了解到的情况，目前市场上真羊假羊的比例是多少？

吴敦：八成是盗版，两成是我们自己的正品。

张绍刚：我们怎么分辨？

吴敦：很难。

撒贝宁：就是你们授权过的产品，大概有多少种类？

张绍刚：这样吧，鞋有没有，童鞋有没有？

吴敦：有。

张绍刚：有没有护肤品。

吴敦：护肤品我们应该还是没有授权，但是我们发现有这么一个东西。

张绍刚：儿童护肤。

吴敦：对。

张绍刚：喜羊羊珍珠嫩白营养霜。

吴敦：对，我们的老总曾经亲自到广东买过这个，然后自己试用了一下，马上就发痒发红。

撒贝宁：这个东西，那这个就应该属于这种盗版产品当中比较可恨的，是吧？你要说鞋什么的，不至于给孩子穿坏的话，你这个东西它可能对孩子身体造成直接伤害。

张绍刚：吴敦，现在你们在明明知道市场上有八成是假的情况下，刚才在短片里面我们也看到，你们其实主要挣钱是要卖版权。

吴敦：应该是这样。

张绍刚：所以在这种情况下，你们知道大量的东西都没有版权，你们是用什么方法来应对的？

吴敦：首先我们也是成立了一个专门的法务部门，去做一个打击盗版的行为，我们还请了专门的律所，律所是联系了全国的一个律师联盟共同打假。

张绍刚：有效吗？

吴敦：应该说收效甚微。

张绍刚：这种状况如果继续持续下去，对你们公司的直接影响会是什么？

撒贝宁：未来喜羊羊、灰太狼会有哪些？

吴敦：这样说吧，其实我们公司到目前为止主要还是制作喜羊羊动画片，我们的发展很大一部分可能来自于资金，那么如果我们的授权产品没有更好的发展的话，我们资金回笼会很慢，像我们现在计划每年生产80到100集的新的喜羊羊，每年在拍一部喜羊羊的电影，那么我们可能就会放缓这个脚步。

撒贝宁：喜羊羊和灰太狼之间新的故事会越来越少。

张绍刚：新故事越来越少，我不知道孩子们会不会意识到这样的？

撒贝宁：我觉得得去听听他们的想法。

张绍刚：我去问一下小朋友的想法，哪位小朋友跟我谈一谈喜羊羊和灰太狼的问题，举手，来，你能说。你想看新的吗？

男：想。

张绍刚：那如果有一天看不到新的呢？

男：那看旧的。

张绍刚：我突然发现今天我们现场有一个真的喜羊羊的拥护者，如果我判断的不错，这个小朋友应该是带着盗版来的。这是你的玩具吗？这个羊羊叫什么羊羊？

女：美羊羊。

张绍刚：这个叫美羊羊，吴敦，来，你帮我们辨认一下这个小朋友手上的是真的假的？

吴敦：假的。

张绍刚：假的，因为这个美羊羊长得太丑了，我的直观判断这应该是假的，但是小朋友特别喜欢。你最喜欢美羊羊，对不对？

女：对。

张绍刚：吴敦，这个孩子实在太喜欢美羊羊了。小朋友给叔叔借用一下，好不好。小朋友太喜欢美羊羊了，你今天带的有正版吗？

吴敦：有。

张绍刚：送给小朋友一个美羊羊，好不好？

吴敦：当然，应该的。

撒贝宁：咱们观察团的这几位成员，一直也在看着孩子们和绍刚之间的对话。我不知道四位观察团的成员，你们听完了孩子这种发自内心的，但是又很纯真的这样一些回答之后，你们内心对于未来喜羊羊、灰太狼他们的命运，他们的走向有一个什么样的判断。顾老师。

顾骏：我觉得孩子们的说法不是一种兴奋过度，其实他们长期以来，就是面对着一个动画产品不足情况下的变通之道。

撒贝宁：就是孩子们已经习惯了。

顾骏：习惯了看一部动画片，十次八次甚至两百次，所以歌唱出来也好，对白出来也好，他们都能背下来，所以我们在这一点上面恰恰看出一种悲哀，不是为孩子们看到悲哀，他们好像还蛮高兴的，我们倒是为中国的动画产业悲哀。

撒贝宁：李芯逸，你看吗？《喜羊羊与灰太狼》。

李芯逸：我虽然没有怎么看过，但是我知道。我觉得一部好的动画片，可能对一个小孩子的影响是很大的，甚至对他一生的影响都很大。

撒贝宁：对。

李芯逸：像我小时候，我们可能看过动画片，《变形金刚》，大家都知道这个，人家播出的时候，是免费在上海台播出，大家都疯狂地喜欢机器人，其实他最大的赢利在哪儿呢？

撒贝宁：靠卖玩具。

李芯逸：对，那个时候为什么没有盗版？因为它的工艺很精湛，他不是说弄一个小作坊你就可以做，所以他在中国挣了很多很多钱，很多小孩子迷上了机器人，人手一个这个玩具，那现在我们这个喜羊羊，它这个毛绒玩具，他很容易仿造。这个东西我觉得我们应该深思一下。

撒贝宁：如果按照盗版的方式下去的话，你认为《喜羊羊和灰太狼》这样的动画形象，会成为中国动画创作史上昙花一现的作品吗？会在未来有可能在某一天，可能真的就狼把羊一吃完就完了。

李芯逸：我觉得说严重点，在以后的日子里会这样。如果我们好好地保护的话，也许十年以后还有十个喜羊羊、一百个喜羊羊出现。

张绍刚：我非常希望刚才我们绿书签观察团顾骏老师、芯逸说到的能够成为吴敦他们下一步工作的方向或者说为你们下一步的工作提供一些参考。

【小片】

景德镇瓷器的兴衰。昆山纸玩的创意。

【片花："绿书签行动2010"权威发布】

撒贝宁：让我们掌声有请国家版权局版权司司长王自强，有请。王司

▶《绿书签行动 2010》晚会现场

长，我们刚才看到的所有这些展示品，陶瓷也好，孩子们的玩具也好，其实都凝聚着人的智慧在里面，而这种智慧同样也能给创造者带来财富和价值，那么这样的故事在我们生活当中是不是比比皆是？

王自强：应该是，实际上在座的所有人都可以成为创作者。

撒贝宁：为什么这么说？

王自强：他们都可以写文章，都可以吟诗画画，这个是没有门槛的。大家都熟悉的三毛，一个圆圈三根竖着的，它就是一个作品，而且它还是个传统佳作。所以版权应该说连接着你我他，关系到我们每一个百姓。

撒贝宁：在知识产权的种类当中，版权可能是跟我们普通人更接近。你要是拿起相机拍摄了一幅好的照片，如果有人想用的话，对不起，这个照片的版权是你的。

王自强：对。

撒贝宁：所以每个人都有可能成为一个潜在的版权人，那么现在咱们国家的版权产业发展的怎么样？

80

王自强：我跟你举一个简单的例子，我们的新闻出版业去年的产值超过1万亿，比2008年的8000多亿也增长了20%多，那么这些成绩的取得大家要注意，是我们在抵御金融危机带来的危害，整个经济处在低迷状态下，我们的版权和文化产业逆势而上，所以版权产业的发展势头非常强劲。我坚信我们的版权产业，文化创意产业未来是一个非常好的发展前景。

撒贝宁：让我们共同期待着那一天，也让我们共同用我们智慧的创造去迎来那一天，谢谢，谢谢王司长。

王自强：好，谢谢。

【小片】

视频网站江湖混战，双方寻求规则。六大网站走进"绿书签"回应观众调查的问题。

【演播室】

张绍刚：今天各位所要面对的问题，可能会有些苛刻，但是我希望大家正视问题，第一位面对问题的是古永锵先生。

【优酷背景介绍】

张绍刚：您也知道在2009年优酷面临着什么，在这种情况下，您参加了一个"绿书签行动2010"，您今天的到来很有可能在明天就会成为新闻，大家在您的这条新闻后面标注一点，古永锵在作秀，您想过吗？

古永锵：没有。其实我觉得我自己从业了互联网12年，在这段时间，有一个很特别的特点，是这个行业经常互相去用恶性竞争PK，其实并不是内容方跟发行方在作任何的交接，都是直接竞争对手之间的这种互相的PK。

张绍刚：搜狐等网站曾经指责过你们盗版，优酷方曾经大方地承认，可能确实存在侵害第三方版权的情况。所以优酷方的这种大胆承认背后，我们是否可以理解为优酷一方面承认，一方面这种侵权行为仍然在继续。

古永锵：其实任何平台都会面临这样的问题，不单纯是优酷，我觉得围绕用户上传的内容来讲的话，管理以及怎么去处理是很重要的问题，侵权的内容上来的时候，我们会跟国外以及国内的影视机构互相合作，去删除这方面的内容，其实是非常非常主动的，而且必须要这么做。

张绍刚：好，谢谢古永锵带来的态度，这种态度也是 2010 年以及今后优酷网将会秉承的一种态度。

撒贝宁：同样，我们这里也有网友特别想给土豆网提问题。

【土豆网背景介绍】

撒贝宁：接二连三的官司，让土豆网备受质疑，现在您如何保证网站上没有侵权的影视作品？这个问题很猛，您如何保证？

王志琦：首先我想谢谢这位观众给我们提的问题，让我们有了一个机会来作一个表态。我想就是说保证网站上没有侵权，其实不是我们作为一个企业去达到的一个目标，因为我们呢，今天大家在一起，刚才主持人也说了，是以和为贵嘛，今天我们有电影电视制片方的人，有各个行业协会的代表，我们也是希望大家能够携起手来，共同努力，来把这个现象作一个改进。

撒贝宁：我可不可以这样理解您的回答，这是一件需要所有各参与方共同努力的事，目前就土豆网自己一家来讲，我无法保证在我的网站上绝对不会出现侵权作品。

王志琦：对，我想可能从初衷上来讲我们也不希望有太多这样的作品出现在我们的网站上。

撒贝宁：但是你们不能保证它不出现在你们的网站上。

王志琦：因为我们是一个信息存储空间平台，可能很多用户的行为，从我们的角度来讲，我们只是帮助他们去改进。

张绍刚：第三位将要面对我们问题的，百度。

【百度网视频背景介绍】

张绍刚：百度网的视频作为一个小兄弟，能保证出生的小宝宝是特别纯良的吗？

龚宇：非常肯定地说可以，为什么呢？因为商业模式决定的。

张绍刚：龚宇，不要说大话，万一下周成为被告呢，我说万一。

龚宇：对，特别好的一个问题。百度做的这个视频的新的业务，他的这个模式其实从商业利益角度来讲，和郑老师这样出品方完全是一致的。

为什么呢？它里面任何一分钟、一秒钟的视频能够全是买来的，这是百度视频采取的一个商业模式，这种商业模式，就是说你必须是行业正版为主的一个市场环境。如果要是大量的盗版充斥市场，对于我们来讲，那就没有商业的收入。

张绍刚：我们希望大家一起努力，这是百度的态度。

撒贝宁：给大家介绍我身边第二位嘉宾，PPS 首席执行官徐伟峰。

【PPS 背景介绍】

撒贝宁：来徐总。还是问一个刚才跟王女士一样的问题，PPS 上面能够保证没有侵权的作品？你们花了这么多钱去购买版权，现在能保证上面没有侵权作品吗？

徐伟峰：不行，原因是我跟各位说一下，在过去的经验中，我至少被骗了五六次，花的代价接近有一千万元左右，原因是有人卖假的授权出来。

撒贝宁：稍等，抛除有人卖给你们假的，就是你们上当受骗了。作为一个被害方，无意当中播出了盗版制品之外，其余播出盗版作品有吗？

徐伟峰：有。我们承认，必须非常坦诚地说。最主要我们不是从影视行业出身的，许多这个版权链需要完整的版权链授权，其实过去我不是很清楚。

撒贝宁：现在说重点，除了被骗的那些之外，剩下那些侵权作品哪儿来的？

徐伟峰：事实上现在有各式各样的渠道，其实刚才主持人也提到，盗版 DVD，各式各样的渠道都有。

撒贝宁：但是如果他拿着盗版 DVD 来你们公司，你们公司知道是盗版 DVD，你们还会放在网站上。

徐伟峰：我不确定是盗版。

撒贝宁：所以这样吧，提出这样一个问题，PPS 能够保证这种情况不发生吗？

徐伟峰：我们作了非常多的努力，现在看起来呢，情况正在往好的方向发展，那我们希望在 2010 年就可以达到这个目标。

撒贝宁：谢谢，谢谢徐总。

张绍刚：这个人我要多说两句，他叫李竹，他今天代表的那个网站叫悠视网，悠视网去年也出了大事，我这么说你觉得没问题。

李竹：每年都有大事。

【悠视网背景介绍】

张绍刚：在悠视上导播《非诚勿扰》，这个事实你知道吧？

李竹：我知道，就是说这个片子呢，目前实际上还在最高人民法院，就是那个判决还不是最后的判决。

张绍刚：是，你们上诉了。

李竹：对。

张绍刚：2010年你们会用什么样的方式，来让这种事情在你的空间、你的领域里面减少。

李竹：我们现在开始把版权的购买作为一个非常大的计划，我建议呢，我们实际上也在推动，就是说成立一个市场化运作的版权基地。第一个保护版权方的利益，防止价格的频繁波动，第二个的话，就是说让所有的这些视频网站能够合法地取得版权，用合理的价格，这个非常重要。因为我认为，必须有一个健康有序的版权环境，才可能使视频商业取得一个长足的发展。

张绍刚：这句话说得非常好，好，谢谢李竹，谢谢。

撒贝宁：最后给大家介绍一位武林高手，站在中间这位红衣女侠，新浪网副总编辑闻进女士。

【新浪网背景介绍】

撒贝宁：新浪作为门户网站有没有解决之道，未来能够保证在新浪上我们不会看到侵权作品。

闻进：彻底解决，彻底这个字太绝对了，我觉得是不可能的。新浪跟现在的技术发展，更多的去寻求分享平台的这样模式不一样，所以它先天地就是靠正版量往前发展的，而且呢，包括现在分享平台大家也看出来了，不做正版的话，大家都没有出路，这是一个漫长的道路。

张绍刚：好，谢谢，谢谢。

撒贝宁：谢谢闻进。

张绍刚：我们现在台上站的6位网站代表，刚才我也说到了，我们还有来自版权方的代表，欢迎。各位，你们是要买版权的，他们是要卖版权的，刚才其实各位都已经在发牢骚了。我不知道版权方有没有听到，我相信这个信息你们一定收到了，很多人说过，现在的市场混乱，2009年已经根本不像2008年那样了，价格被炒的很高，没错吧。

古永锵：其实我觉得你刚才讲发牢骚，我们绝对不是跟制作方发牢骚，其实更多的是我们行内里面一些自律的问题，我们希望跟制作方真的是开诚布公地在很多方面合作。

张绍刚：如果要让您作为买方，来向卖方提点建议，您会提什么建议？

古永锵：我觉得在这方面的话，我们希望从版权的角度来讲，可能从交易方面可以统一而且更透明。

张绍刚：华谊的杨先生对这个问题能不能回应一下？

版权方代表：杨善朴，华谊兄弟娱乐投资有限公司电视剧事业部总裁。

华谊出品：《集结号》、《天下无贼》、《我的团长我的团》、《鹿鼎记》、《京华烟云》。

杨善朴：华谊的关于网络销售是从今年年初刚开始我们集团销售，因为这个市场实在是太乱了，华谊这些年积累的大概三千多个小时的节目是无一幸免，全部遭到了盗窃，所以我们的维权团队大概每年是200多起维权的案子。

主持人：刚才古先生说的，他们希望能够直接从你们这块买。

古永锵：我们其实跟华谊兄弟刚才讲到《我的团长我的团》，很多的戏剧都有合作，在这方面的话，一个一个剧买的话，太多了，在很多方面能够综合一点，或者说平台化一点。

杨善朴：今年我们就是这样做的，今年我们是1000小时打包在一起销售。

张绍刚：好，这是华谊的态度，那李刚大校。

张绍刚：空政的戏这些年被大家注意的也特别多，有没有可能今年在和网络合作上有什么新的格局。李刚大校。

版权方代表：李刚，空政电视艺术中心副主任。

空政出品：《炊事班的故事》、《鹰隼大队》、《长空铸剑》。

李刚：我们现在也积极地关注这个事，通过今天这个节目，我们更加坚定这种信心，将来与其他的合作方一起共同维护我们的权利。

张绍刚：好，谢谢，希望这样的合作更加直接有效。欣宜是绿书签团的，一直在那跃跃欲试，作为演员有话要说是吧？

李芯逸：今天我是双重身份坐在这儿，刚刚看那个短片，说现在电视在网络的版税跟房价一样飙升，作为演员的身份我很高兴，说明我们的产业欣欣向荣。但是作为观众的角度来讲呢，我又有点紧张，为什么会紧张，假如说版税这么高，不可能达到每一个网站都可能去购买他的版权，如果说一定要规范它的话，会不会以后网络转嫁给网民要收费去看，那我想这些网民们肯定是不高兴的。

【导视】

网络视频的飞速发展，版权成为了各大视频网站生死之争的关键环节，然而混战过后，节节攀升的版权价格，也让各大网站难以承受。接下来作为版权所有者将会如何回应绿书签观察团的质疑？价格的高涨是否会成为视频网站使用正版的阻碍？正当现场双方各执一词的时候，优酷网当家人古永锵的一番话让大家始料未及。

古永锵：我可以为制作方再说句话吗。那么究竟是谁抬高了网络视频版权价格？未来，网站和版权方究竟该怎样应对网络的版权问题？《绿书签行动2010》继续播出。

【演播室】

张绍刚：这样，中视的张华先生，来回应一下这个问题吧，中视是大的电视剧制作公司，现在普通观众，还不是网站在抱怨，普通观众听说一集电视剧卖给网站的价格都太高了。

版权方代表：张华，中视影视制作有限公司总经理。

中视出品：《大宋提刑官》、《卧薪尝胆》、《杨门女将》。

撒贝宁：连演员都抱怨，怎么这么贵。

张华：首先这个数字不是很准确，据我们所知，现在没有卖那么高，最高也就 15 万左右。

主持人：稍等稍等，您稍等，网络上买一集剧 15 万，大家觉得贵还是便宜？

观众：贵。

主持人：听一下来自观众的声音，真不是网站的托。

张华：我觉得是这样，大家可能不太了解这个价格的问题，因为听起来 15 万，但是它是全国多少年的播放权，实际上对于投资人来说，这一部分的钱，在他的投资总额中，占的比例非常小。

古永锵：我可以为制作方再说句话吗。

撒贝宁：你为他们再说句话。

古永锵：因为其实刚才说到版权费高，其实我觉得不是因为制作方的问题，其实是我们同行之间的泡沫现象，绝对不是制作方，而且我们经常听到制作方都认为这个价格是过分的。

张绍刚：是，在整个的过程当中，一直在说不怪你们，不怪你们，是我们自己打得太厉害。本是同根生、相煎何太急嘛。咱们内部先团结起来，才能一块跟他们压价。你自己这块打得一窝乱，那肯定人家趁机价格就高。

古永锵：不对，其实大家从媒体的历史去思考这个问题，内容跟发行之间一定要合作，市场要逐渐做大，我们必须要把蛋糕做大了，大家才有得分，如果一开始大家把这个行业扼杀了，那这样就没蛋糕，以后内容方跟发行方都没有一个好的市场可经营。

王志琦：说到版权价格 15 万，其实我们也面临到更高的一些报价。我们感觉很纠结的是说这个价格是怎么定出来的，因为目前在版权交易市场上有没有一个合理透明的延续规则。还有另外一点，在目前我们购买版权的过程当中，经常会碰到说版权人很分散，还有就是说授权链也不清楚，刚才古总和徐总都提到过这样的问题，就是说我们花了这么多钱买过来的一个作品，是不是真正具有授权的作品，能不能保证我们在花了这么多钱之后，就不再被大家说我们是盗版了，所以我觉得大家合作去制定一个市场游戏规则，其实是非常重要的一件事情。

撒贝宁：谢谢。

张绍刚：谢谢，网络最大的优势 —— 自由，但是任何的自由只要是一过度，往下再走，一定是失去自由，因此，我们怎么能够让自由的空间自由的魅力尽情地展示出来，撒贝宁，来，我们现在邀请各位来开始我们这次绿书签行动 2010 年的第一个行动。

【小片】

三协会联手推出规范。

【演播室】

撒贝宁：加入绿书签，分享正版生活，接下来让我们掌声有请全国"扫黄打非"工作小组副组长兼办公室主任、新闻出版总署副署长蒋建国进行"绿书签行动 2010"年度发布，有请。其实刚才所有的讨论环节，您都看见了，无论是作为创作者也好，版权的提供方也好，版权的使用者也好，包括我们普通的观众，其实我们大家都有自己的想法，也有自己的

▶ 全国"扫黄打非"工作小组副组长兼办公室主任、新闻出版总署副署长蒋建国出席《绿书签行动 2010》晚会

诉求。而且我们看到了一个规则的诞生，但是我想更多的规则可能来有赖于我们的法律法规，我们政府的有关部门，因为你们将是更多规则的制定者和执行者。那么未来作为政府部门来讲，对于保护知识产权有怎样的规划和想法？

　　蒋建国：版权问题呢，它不仅关系到保护我们民族国家的创新能力，而且是满足需求，特别是有力地推动相关产业的发展。比如说我举个例子，新闻出版产业去年一年的总产值已经超过了一万亿，去年一年增长20%，其中首次出版就达到了750个亿，增长了40%，那么这样一个成效呢，基本上是加强版权创造、民用、保护和管理工作的结果。所以我国政府是高举知识产权的旗帜，高度重视打击侵权盗版行为，那么打击侵权盗版行为的目的就是为了维护民族的创造力，也是为了我们在国际上履行我们的国际承诺，为我们国家的发展争取更大的国际空间。同时也是国内规范秩序、保护我们知识劳动者的合法权益。打击侵权盗版开展"扫黄打非"，最离不开的就是全社会的广泛参与，只要我们大家都做到厌恶盗版、反对盗版、拒绝盗版、抵制盗版、检举盗版、揭发盗版，配合政府部门打

▶ 蒋建国副署长在《绿书签行动2010》晚会上接受主持人访谈

击盗版，那么侵权盗版行为就无处藏身，也可能销声匿迹，这就是我们现在要开展绿书签行动的意义和目的所在。

撒贝宁：谢谢。每年我们的绿书签行动，都会有很多实质性的行动，也有很多宣言，很多规则，但同时我们也需要一些引领绿书签的形象，接下来就让我们有请国家新闻出版总署副署长蒋建国为我们授予今年的反盗版形象大使。

蒋建国：我宣布绿书签行动2010年反盗版形象大使是唐国强先生、麦家先生。

撒贝宁：有请两位。

撒贝宁：这是一份荣誉但同时也是一份责任。

张绍刚：撒贝宁说到这是荣誉也是责任。接下来要做的事情，今天呢，我们也想请蒋署长，想请麦家先生和唐国强先生，包括互联网的代表、版权方的代表来做一件事情，这件事情很简单，就是我们印制的绿书签。

撒贝宁：把我们象征着正版生活的标志分发到每一个人手中。

撒贝宁："绿书签行动2010"，我们相聚的时候是踏着斑马线进来的，在我们说再见的时候，我们也希望每一个人踏着斑马线离去，应该说选择

▶ 蒋建国副署长授予唐国强、麦家"反盗版形象大使"称号

▶ 中央电视台播出《绿
书签行动 2010》晚会

正版就应该像我们过马路选择走斑马线一样成为我们的习惯，成为我们的规则。

张绍刚：而且我希望这样的习惯和规则，不要每年在 4 月 26 日这一天才提起，它应该成为每一年、每一个月、每一天贯穿我们生活的一种方式。感谢您收看我们今天的节目，希望在明年 4 月 26 日，我们一起再次把支持正版的主题畅想。

撒贝宁：让我们明年再相聚绿书签，再见。

张绍刚：再见。

中国推出知识产权日主题活动　审结三起手机涉黄案
资料来源：中国新闻网 2010 年 4 月 26 日

中新网北京 4 月 26 日电（记者孙自法）今年的 4 月 26 日是第 10 个世界知识产权日，中国全国"扫黄打非"工作小组办公室、新闻出版总署、国家版权局、中央电视台共同举办"绿书签行动 2010"，定于 26 日晚在 CCTV-12 播出 90 分钟大型主题晚会《绿书签行动 2010》，以迎接和庆祝"4·26"世界知识产权日。

全国"扫黄打非"办公室介绍说，"绿书签行动"是围绕"4·26"专门打造的年度主题活动，从2008年开始，今年已经是第三年。在今年的《绿书签行动2010》大型主题晚会中，将围绕影视产业、动漫产业、互联网视频侵权盗版和世博的知识产权保护等内容展开。来自文化创意产业的代表、影视产业的代表以及知识产权高官将揭秘侵权盗版背后的真相，发布侵权盗版年度大案，同时直面保护知识产权的典型困惑，共同寻求解决之道，全面展示国家保护知识产权的成就。

记者当天还从全国"扫黄打非"办公室获悉，近期，随着打击手机网站传播淫秽色情专项行动的深入开展，各地依法对相关案件进行审理，先后审结一批典型案件。其中，广东、上海、江西三起审结的手机网站传播淫秽色情信息案件，9名案犯分别被判处有期徒刑13年至2年。

广东江门"7·01"网络传播淫秽色情信息案主犯被判处有期徒刑13年。2010年1月19日，广东省江门市中级人民法院审结江门"7·01"网络传播淫秽色情信息案，判处黄某有期徒刑13年，并处罚金10万元

▶ 中国新闻网关于"绿书签行动2010"的报道

▶ 新浪网关于"绿书签行动 2010"的报道

▶《中国文化报》关于"绿书签行动 2010"的报道

人民币。

　　上海"5·22"手机网站传播淫秽色情信息案主犯被判处有期徒刑 11年零 6 个月。2010 年 3 月 24 日，上海市普陀区人民法院审结"彩蛙网"

传播淫秽色情信息案，判处主犯盛某有期徒刑 11 年零 6 个月，并处罚金 10 万元人民币；判处其余 6 名案犯有期徒刑 6 年零 6 个月至 1 年，并处人民币 2 万元至 1 千元不等罚金。

3 亿多网民加入"绿书签行动 2010"

柳斌杰推广"绿书签行动"
资料来源:《中国新闻出版报》2010 年 4 月 25 日

　　本报讯（记者冯文礼）"希望大家反对盗版，支持正版，加入绿书签，分享正版生活，保护知识产权"。4 月 24 日上午，全国"扫黄打非"工作小组副组长、新闻出版总署署长、国家版权局局长柳斌杰，在成都世纪城新国际会展中心向参加书博会的数百名读者代表发出倡议，推广"2010绿书签行动"，并向现场的读者发放了绿书签。

　　新闻出版总署副署长、国家版权局副局长阎晓宏，四川省副省长黄彦

▶《中国新闻出版报》关于"绿书签行动 2010"的报道

蓉等出席"2010绿色书签行动"推广活动。

书签是中国传统出版行业的副产品，赋予书签绿色，是为了展现一种纯净的、有生命力的希望。为进一步提高公众抵制非法出版物和侵权盗版制品的意识，我国从2008年开始实施"绿书签行动"，迄今已是第三届。

为迎接"4·26"世界知识产权日，全国"扫黄打非"工作小组、新闻出版总署、国家版权局和中央电视台4月12日在北京共同启动了"2010绿书签行动"系列宣传活动。活动从4月12日起至4月底，在全国31个省（区、市）同期展开。中央电视台将于4月26日推出大型主题晚会《绿书签行动》。

在书博会期间，"2010绿书签行动"得到了参展人员和与会读者的积极响应。

3亿网民加入"绿书签行动"
资料来源:《人民日报》2010年5月14日

本报北京5月13日电（记者张贺）自4月12日起至4月底，全国"扫黄打非"办公室、新闻出版总署、国家版权局、中央电视台共同组织开展了以"加入绿书签，分享正版生活"为主题的"绿书签行动2010"系列宣传活动。据不完全统计，已有超过3亿的网民加入了"绿书签行动"。

"绿书签行动2010"已成为一项社会行动，吸引了全国100家出版社、1000家图书（音像）店、100家网站、100家电影院及100家中小学的参与。人民网等重要门户网站首页显著位置还登出专题，一周内点击率超过400万次。在当当网，60万册在售图书简介上加入了绿书签标识。

▶《人民日报》关于"绿书签行动 2010"的报道

全国超 3 亿网民参加拒绝侵权盗版"绿书签行动"

资料来源：新华网 2010 年 5 月 13 日

　　新华网北京 5 月 13 日电（记者璩静）记者获悉，由全国"扫黄打非"办公室、新闻出版总署、国家版权局等单位联合开展的"绿书签行动 2010"活动在全国掀起了保护知识产权新热潮，有效提高了群众对"扫黄打非"的认知度和支持度。

　　在此次主题为"加入绿书签，分享正版生活"的活动期间，全国共有 100 家出版社、1000 家图书（音像）店、100 家网站、100 家电影院、100 家中小学参与了派送绿书签，还有超过 3 亿网民加入"绿书签行动"。

　　据悉，绿书签派送活动和"拒绝盗版，从我做起"签名活动自 4 月起

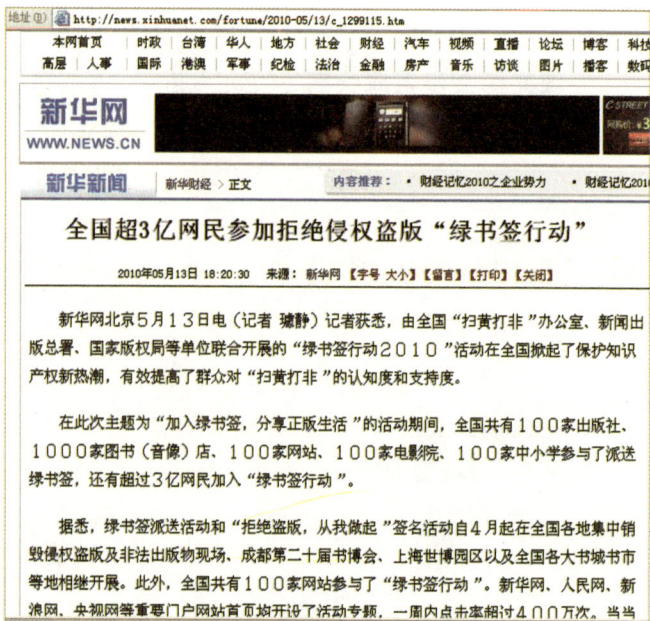

▶ 新华网关于"绿书签行动 2010"的报道

在全国各地集中销毁侵权盗版及非法出版物现场、成都第二十届书博会、上海世博园区以及全国各大书城书市等地相继开展。此外，全国共有100家网站参与了"绿书签行动"。新华网、人民网、新浪网、央视网等重要门户网站首页均开设了活动专题，一周内点击率超过400万次。当当网在售的60万册图书简介也加入了绿书签标识。

此外，在4月26日举行的"绿书签行动2010"大型电视晚会上，中国互联网协会网络版权工作委员会、中国电影著作权协会等单位发布了《互联网影视版权合作及保护规则》。新浪、优酷、土豆等18家网站与北京电视艺术中心、中视影视制作有限公司等24家版权单位进行了签约。

拒绝盗版3亿多网民加入"绿书签行动2010"

资料来源：人民网 2010 年 5 月 17 日

人民网北京 5 月 17 日电（记者文松辉）据全国"扫黄打非"办公室

近日通报，超过 3 亿网民加入"绿书签行动 2010"。

　　围绕迎接"4·26"世界知识产权日和上海世博会，全国"扫黄打非"办公室、新闻出版总署、国家版权局、中央电视台自 4 月 12 日起至 4 月底共同组织开展了以"加入绿书签，分享正版生活"为主题的"绿书签行动 2010"系列宣传活动。整个宣传活动形式多样、内涵丰富，声势大、效果好，掀起了保护知识产权的新热潮，有效提高了广大群众对"扫黄打非"的认知度和支持度，进一步强化了"尊重创造，保护正版"的良好风尚和舆论氛围。

　　活动期间，中央电视台社会与法频道特别制作并播出五期版权保护专题节目和一台"绿书签行动 2010"大型电视晚会。全国"扫黄打非"办公室、新闻出版总署、国家知识产权局等负责同志在节目中与电影、电视、动漫、互联网等文化创意产业的代表性人物一起深入探讨了打击盗版、保护知识产权的相关问题，充分展示我国保护知识产权的决心。节目选取国产动漫"喜羊羊"、网络影视剧、上海世博会等大众题材，生动地

▶ 人民网关于"绿书签行动 2010"的报道

表明打击盗版与每个人生活的紧密关系。以江西景德镇瓷器、江苏昆山纸制玩具等版权保护典型为例，进一步阐述了版权创造财富的理念。节目还搭建起一个沟通平台，首次邀请优酷网、土豆网等 6 大视频网站 CEO 与华谊兄弟、八一电影制片厂等版权方代表面对面探讨建立互联网版权保护的合作模式，既让行业内各方的合法权益受到保护，又使消费者享受到网络带来的便利，并在现场发布了《互联网影视版权合作及保护规则》。新浪、优酷、土豆等 18 家网站还与北京电视艺术中心、中视影视制作有限公司等 24 家版权单位进行了签约。各方一致认为，"绿书签行动 2010"直接推进了互联网版权保护工作。

"绿书签行动 2010"系列宣传活动已实实在在地成为一项"社会行动"。全国 100 家出版社、1000 家图书（音像）店、100 家网站、100 家电影院、100 家中小学参与了派送绿书签、签名加入"绿书签行动"的活动。在全国各地集中销毁侵权盗版及非法出版物现场，在成都第二十届书博会上，在上海世博园区内，在北京图书大厦、地坛书市，在西安、青岛等地书市上，绿书签在民众手中传递，"拒绝盗版，从我做起"签名活动火热进行。百家网站参与"绿书签行动"，掀起网上宣传热潮。"绿书签行动 2010"专题出现在人民网、新华网、央视网、新浪网等重要门户网站首页显著位置，一周内点击率超过 400 万次。在当当网，60 万册在售图书简介上加入了绿书签标识。绿书签标识还通过"360 安全卫士"进行皮肤传递。据不完全统计，在整个系列宣传活动期间，有超过 3 亿网民加入"绿书签行动"。

> ### "尊重创造保护正版"提高社会知识产权认知度
> ### 3 亿网民参加绿书签行动拒绝盗版
> 资料来源：《中国知识产权报》2010 年 5 月 20 日

本报讯（记者窦新颖）记者从全国"扫黄打非"办公室获悉，由全国"扫黄打非"办公室、新闻出版总署、国家版权局、中央电视台等单位联合开展的"绿书签行动 2010"活动日前圆满结束。此次行动在全国掀起

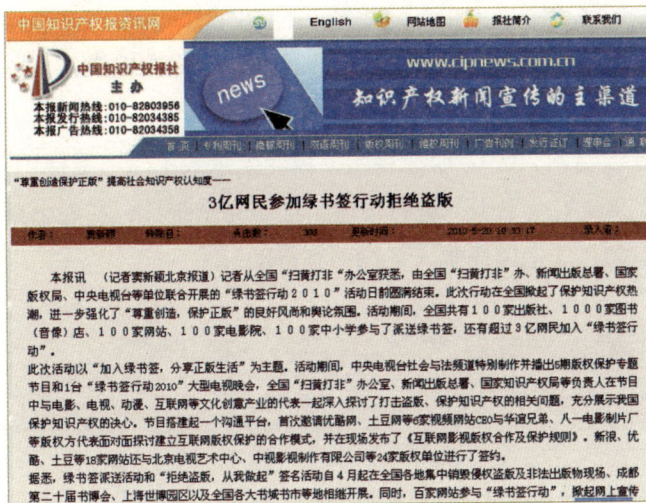

▶《中国知识产权报》关于"绿书签行动2010"的报道

了保护知识产权热潮，进一步强化了"尊重创造，保护正版"的良好风尚和舆论氛围。活动期间，全国共有100家出版社、1000家图书（音像）店、100家网站、100家电影院、100家中小学参与了派送绿书签，还有超过3亿网民加入"绿书签行动"。

此次活动以"加入绿书签，分享正版生活"为主题。活动期间，中央电视台社会与法频道特别制作并播出5期版权保护专题节目和1台"绿书签行动2010"大型电视晚会，全国"扫黄打非"办公室、新闻出版总署、国家知识产权局等负责人在节目中与电影、电视、动漫、互联网等文化创意产业的代表一起深入探讨了打击盗版、保护知识产权的相关问题，充分展示我国保护知识产权的决心。节目搭建起一个沟通平台，首次邀请优酷网、土豆网等6家视频网站CEO与华谊兄弟、八一电影制片厂等版权方代表面对面探讨建立互联网版权保护的合作模式，并在现场发布了《互联网影视版权合作及保护规则》。新浪、优酷、土豆等18家网站还与北京电视艺术中心、中视影视制作有限公司等24家版权单位进行了签约。

据悉，绿书签派送活动和"拒绝盗版，从我做起"签名活动自4月起在全国各地集中销毁侵权盗版及非法出版物现场、成都第二十届书博会、上海世博园区以及全国各大书城书市等地相继开展。同时，百家网站参与"绿书签行动"，掀起网上宣传热潮。"绿书签行动 2010"专题出现在人民网、新华网、央视网、新浪网等重要门户网站首页显著位置，1 周内点击率超过 400 万次。在当当网，60 万册在售图书简介上加入了绿书签标识。绿书签标识还通过"360 安全卫士"进行传递。据不完全统计，在整个系列宣传活动期间，有超过 3 亿网民加入"绿书签行动"。

中国逾 3 亿网民加入"绿书签行动"支持正版
资料来源：搜狐网 2010 年 5 月 13 日

中新网北京 5 月 13 日电（记者孙自法）中国全国"扫黄打非"工作小组办公室 13 日向媒体发布消息说，由该办、新闻出版总署、国家版权局等共同组织开展的"绿书签行动 2010"系列活动，启动以来产生广泛社会影响，据不完全统计，迄今有超过 3 亿网民加入"绿书签行动"。

围绕迎接"4·26"世界知识产权日和上海世博会，中国官方上月 12 日起在全国开展"绿书签行动 2010"系列活动，其主题为"加入绿书签，

▶ 搜狐网关于"绿书签行动 2010"的报道

分享正版生活",旨在有效提高公众对"扫黄打非"的认知度和支持度,进一步强化"尊重创造,保护正版"的良好风尚和舆论氛围。

活动期间,主办方推出一台"绿书签行动2010"大型电视晚会,中国"扫黄打非"和版权官员在晚会节目中与电影、电视、动漫、互联网等文化创意产业的代表性人物,一起深入探讨打击盗版、保护知识产权的相关问题,充分展示中国保护知识产权的决心。

该节目还搭建起一个沟通平台,首次邀请多位版权方代表面对面,探讨建立互联网版权保护的合作模式,既让行业内各方的合法权益受到保护,又使消费者享受到网络带来的便利,并在现场发布《互联网影视版权合作及保护规则》。

据悉,"绿书签行动2010"系列活动已实实在在地成为一项"社会行动",全国100家出版社、1000家图书(音像)店、100家网站、100家电影院、100家中小学参与了派送绿书签、签名加入"绿书签行动"的活动。在全国各地集中销毁侵权盗版及非法出版物现场,在成都第20届书博会,在上海世博园区,在北京图书大厦、地坛书市,在西安、青岛等地书市,"绿书签"在民众手中传递。

3亿网民加入"绿书签" 人民网首页显著位置登出专题
资料来源:凤凰网2010年5月25日

本报北京5月13日电(记者张贺)自4月12日起至4月底,全国"扫黄打非"办公室、新闻出版总署、国家版权局、中央电视台共同组织开展了以"加入绿书签,分享正版生活"为主题的"绿书签行动2010"系列宣传活动。据不完全统计,已有超过3亿的网民加入了"绿书签行动"。

"绿书签行动2010"已成为一项社会行动,吸引了全国100家出版社、1000家图书(音像)店、100家网站、100家电影院及100家中小学的参与。人民网等重要门户网站首页显著位置还登出专题,一周内点击率超过400万次。在当当网,60万册在售图书简介上加入了绿书签标识。

▶ 凤凰网关于"绿书
签行动 2010"的报道

第三篇
专项行动

打击互联网和手机媒体传播淫秽色情信息专项行动

全国"扫黄打非"办公室
"黄网"举报人重奖兑现
建议公众网上举报
资料来源:《人民日报》2010年1月7日

本报北京1月6日电(记者张贺)记者从全国"扫黄打非"办公室获悉,近日,该办公室根据社会公众举报,转请有关部门依法查封"某某成人社区"等一批淫秽色情网站,并已按照《举报互联网和手机媒体淫秽

▶《人民日报》关于打击互联网和手机媒体传播淫秽色情信息专项行动的报道

色情及低俗信息奖励办法》，向北京、河北、黑龙江、山东等地举报人兑现奖金。

据悉，2009 年 12 月 4 日至 2010 年 1 月 4 日，全国"扫黄打非"办公室举报中心受理社会公众举报 61 982 条，查找并向相关部门转送淫秽色情及低俗信息网站的 IP 地址、网站属地和备案信息 58 614 条。

2009 年 12 月 5 日，举报中心收到山西省忻州市一位刚毕业大学生的来信，信中讲述了他本人及同学深受色情网站之害及对手机"扫黄"的坚决支持，随信还举报了 32 个淫秽色情网站。此次，该学生获得最高限 1 万元的奖励。

据悉，这次获奖的举报人都是第一时间向全国"扫黄打非"办公室举报，经核实、排重后兑奖的。北京市海淀区的李先生、北京市西城区的贺女士等举报人各获得 1000 到 2000 元不等的奖励。

全国"扫黄打非"办公室有关负责人感谢公众热情举报，表示下一步将随时核定有关信息、更大规模兑现奖金。由于电话举报难免存在记录困难和偏差，建议公众登录中国"扫黄打非"网举报。

网上举报：中国"扫黄打非"网（http：//www.shdf.gov.cn）主页右侧"在线举报"；电话举报：全国"扫黄打非"办公室 12390，010—65212870，010—65212787；通信地址：北京市宣武门外大街 40 号，全国"扫黄打非"办公室、新闻出版总署、国家版权局联合举报中心，邮编：100052。

一大学生举报色情网获奖 1 万
资料来源：《京华时报》2010 年 1 月 6 日

本报讯（记者于杰）昨天，记者从全国"扫黄打非"办公室了解到，根据新近发布的《举报互联网和手机媒体淫秽色情及低俗信息奖励办法》，全国"扫黄打非"办公室对北京、河北等地举报人兑现了奖金，最高者获得 1 万元奖励。

全国"扫黄打非"办公室举报中心于 2009 年 12 月 5 日收到山西省忻州市一位刚毕业大学生的来信，讲述了他本人及身边同学深受色情网站之

▶《京华时报》关于打击互联网和手机媒体传播淫秽色情信息专项行动的报道

害，表示对手机上"扫黄"坚决支持，并在信中举报了 32 个淫秽色情网站。此次按最高限给予其 1 万元的奖励。

这次获奖励的举报人，都是第一时间向全国"扫黄打非"办公室举报淫秽色情和低俗信息网站，经核实后兑奖的。北京市海淀区的李先生、北京市西城区的贺女士、天津市津南区的李先生、河北省沙河市的赵先生、海南省三亚市的王先生等多名举报人按规定各获得了 1000 元至 2000 元不等的奖励。

举报黄网大学生已领取 1 万元奖金
资料来源：网易网 2010 年 1 月 11 日

全国"扫黄打非"办公室 1 月 8 日召开颁奖会，奖励举报有功人员，山西省一位大学生小张因写信举报 32 个淫秽色情网站受到万元重奖。

朋友生怕领奖是骗局

8 日上午，在全国"扫黄打非"办公室的一间会议室内，小张从全国"扫黄打非"办公室负责人黄晓新手中接过万元现金。小张去年 12 月 5 日

举报黄网大学生已领取1万元奖金(图)

2010-01-11 11:44:03 来源: 环球时报-环球网(北京) 跟贴 4 条 手机看新闻

1月8日,小张(左)在扫黄打非办领到一万元的举报奖金

环球时报-环球网1月11日报道 本报讯 全国"扫黄打非"办公室1月8日召开颁奖会,奖励举报有功人员,山西省一位大学生小张因写信举报32个淫秽色情网站受到万元重奖。

朋友生怕领奖是骗局

▶ 环球网关于打击互联网和手机媒体传播淫秽色情信息专项行动的报道

通过传真给全国"扫黄打非"办公室发了一封信,信中他讲了自己和周围同学所受"黄网"之害,并举报了32个黄色网站。

全国"扫黄打非"办公室接到小张的举报后,将其举报的黄色网站通报给相关部门,目前这32个网站已被关闭或封堵。全国"扫黄打非"办公室通过小张举报信上留的电子邮箱,联系上小张,让他前来领取奖金。

小张目前在江西庐山一处风景区实习,接到领奖通知后,他向单位请假,坐火车于7日上午7点多到北京,直接从西客站赶到全国"扫黄打非"办公室。小张的朋友怕他受骗或遭到报复,陪同他一起到全国"扫黄打非"办公室楼下才放心。

小张说他将从奖金中拿出2000元捐给慈善事业,剩下的钱用于贴补个人生活。

将更大规模兑现举报奖金

互联网违法和不良信息举报中心、全国"扫黄打非"办公室举报中心等4部门举报中心2009年12月4日发布了《举报互联网和手机媒体淫秽色情及低俗信息奖励办法》,此次兑现奖励的都是第一时间举报的举报人,比如小张就是奖励办法发布次日举报了 32 家黄网。

和小张一样获得现金奖励的还有来自北京、天津、河北、海南等省市的多位举报者，他们分别获得了 1000 元到 2000 元不等的奖金。全国"扫黄打非"办公室负责人黄晓新介绍，从去年 12 月 4 日到今年 1 月 4 日这一个月里，举报中心受理社会公众举报淫秽色情和低俗信息的网站一共 61 982 条。

黄晓新表示，下一步将随时核实有关举报信息，按照相关奖励办法，更大规模兑现举报奖金。

新闻链接： 获重奖举报信节选　"黄网导致寝室 8 人中 6 人有性经历"

2009 年 12 月 11 日，新华社将小张的举报信刊发，节选如下：

您好，我是一名刚走出校园的大学毕业生，家住山西省忻州市。在我考上大学以后，发现大学生也是网络色情、手机色情重灾区，随着科技的进步和经济的发展，这些现象变得越来越严重。浏览色情网页成为一种习惯，关于性的话题变成口头禅，成为一种流行的态度。更糟糕的是它已经渗透入我们的现实生活，同寝室 8 位同学中，有 6 位有过性经历，其中两位让女生堕过胎，两位有过去色情场所的经历，只是追求所谓的快乐。

出于对青少年的关怀和作为公民的责任以及对网络色情的痛恨和对自己过去错误行为的反省，我专门用一下午时间检索了一些色情网站举报出来。

扫除一个色情网站胜过 100 位教师的循循诱导，胜过 100 位母亲的苦口婆心，胜过 100 位父亲的严厉教导，胜过 100 本好书的日日熏陶，因为这一切会在几张色情图片、一段色情视频或几行色情文字的引诱下土崩瓦解，因为他们是孩子，天真而好奇，纯洁而无知。

> **"扫黄打非"举报人：我为什么叫板"黄毒"网站**
> 资料来源：《中国文化报》2010 年 1 月 15 日

（记者白炜）进入 2010 年，北京降下了半个世纪以来最大的一场雪，天寒地冻，气温持续偏低。

1月8日早上7点多钟，在火车上度过了近12个小时的24岁小伙子小张和好朋友小王一同走出了北京西站。彻骨的寒气令他们都有些瑟瑟，两人不禁缩着脖子，把手揣进了衣兜。

这是小张第二次来北京，上一次是八九岁时父母带他来的，之后他就一直想再来北京看看，尤其是北京奥运会那一年，但一直没能成行。可现在他突然间就站在了繁华的北京街头，更让他难以置信的是，还有万元大奖在等着他去领取。

举报后意外获万元奖金

2009年12月5日，全国"扫黄打非"办公室举报中心接到了来自山西省忻州市的一名刚毕业大学生的举报信，作者对淫秽色情网站深恶痛绝，一次性举报了32家淫秽色情网站，并在信中讲述了那些涉黄网站对自己和身边同学们的毒害，呼吁政府加大力度整治和关闭这些网站，不要让青少年的心灵再受到伤害，还对"扫黄打非"工作提出了建议。其中，在信中特别提醒"扫黄打非"部门，"应该且必须对搜索网站进行严处，联合媒体曝光，他们是受益者和背后推手，因为我所检索的网站全部来自于搜索网站。"

这封举报信引起了举报中心的重视，并向社会予以公布。经媒体刊发和网络转载之后，举报信迅速传播，不少同样受淫秽网站毒害的青少年表示，这封信道出了他们的心声。全国"扫黄打非"办公室在加紧核实这些举报信息有效性的同时，也在不停地向发送这封举报信的电子邮箱发送邮件，希望能与举报人取得联系。

经核实，这封举报信上的举报信息都是真实有效的，全国"扫黄打非"办公室决定按照"举报互联网和手机媒体淫秽色情及低俗信息"最高限，给予此举报者1万元的奖励。

据全国"扫黄打非"办公室负责人介绍，目前被举报的这32家淫秽色情网站已经全部被查封。

来京"现身说法"

记者在全国"扫黄打非"办公室见到小张和他的朋友是1月8日上午9点多钟。据说两人下了火车，在火车站附近简单吃了点早餐后，便乘坐

▶《中国文化报》关于打击互联网和手机媒体传播淫秽色情信息专项行动的报道

地铁一路打听着找来。

站在记者面前的小张中等身材，略显黑瘦，平头，带黑框眼镜，看上去很朴实。面对话筒、摄像机、照相机和记者们的提问，他显得有些紧张。不过，他的表达能力很好，有问必答，而且很多回答都能说到点儿上，据他自己介绍，他现在在单位从事的就是新闻宣传工作。

"举报淫秽色情网站对我来说已经不是第一次了，上大学的时候就举报过，去年夏天大学毕业以后继续举报，但是效果都不太显著，举报过的很多色情网站不仅继续开着，而且越办越火，我心里挺失望的。不过，这次举报之前我心里感觉可能会有点效果，因为这一次打击手机淫秽色情网站声势和力度都挺大的，《新闻联播》好几天都播了这方面的内容。后来看到'扫黄打非'办公室真的给我回复了电子邮件，还说要给我奖励，我非常高兴，功夫不负有心人，总算是有点成效了。"小张说。

小张告诉记者，他是山西省忻州市人，去年夏天从山西某高校行政管理专业毕业。毕业后他一直没有找到合适的工作，直到12月初经朋友介绍才找到了现在的工作——在江西某风景区做新闻宣传工作，这次来北京他是从江西坐火车来的。原来他想自己一个人来，可听一位朋友说快过年了，外面比较乱，何况还要带那么多领到的奖金回去不安全，所以就请朋友小王陪他一起来。小王比他高大，也比他见过的世面多，"有个伴儿至少可以壮壮胆。"

"为什么 20 多天都联系不上你，发了举报信之后你一直没再上网吗？"记者听说举报中心在接到小张的举报后很快便试图与他取得联系，但却迟迟联系不上。

"我现在很少上网，因为现在网上不良信息太多了，想躲都躲不开，我这个人自制力不是很强，曾经有过陷入'黄毒泥潭'的经历，那种感觉现在回想起来还很痛苦，我怕自己再陷下去。"小张告诉记者，去年母亲曾说要给他买台笔记本电脑，但他没要，他想让自己尽量远离互联网。

接着，他开始陈述色情网站对自己造成的伤害。"初中的时候，我学习成绩很好，很健康、阳光，可上高中之后接触到了一些淫秽色情网站，开始只是好奇看一些美女图片，后来经常浏览那些黄色网站，渐渐地不能自拔，学习成绩不断下滑，经常胡思乱想，有时感觉抑郁，心理挺阴暗的。本来可以考上本科的，可受到的影响太大，结果只考上了专科。"

上了大学，小张发现问题更严重了。男生们在一起经常相互交流色情网站的内容，谁的手机里要没几张色情图片，似乎就落伍了。面对这种状况，他心里很焦虑，就在同学中收集色情网站的资料写信举报。但许多同学对他的行为都不支持，还劝他别去举报，免得那些网站被关闭，自己没得看了。由此，他进一步意识到色情网站对心智尚未成熟、健全的青少年的毒害之深。

而最直接触动他再次拿起笔写举报信的事由，是因为有一次看到央视的《焦点访谈》和《新闻联播》中一位母亲的哭诉，他感到十分震惊和痛心，"现在网络'黄毒'已开始侵害中小学生，让那些幼小无知的孩子们接触到那些东西，后果不堪设想，这关系到一个民族的未来"。看过那期节目后，他下决心要再写举报信。

小张用一个下午的时间在网上搜索淫秽网站，加上以前积累的淫秽网站信息，一口气写完了举报信。由于在搜索时不停地有色情网站的链接跳出来，他越写越气愤，所以最后还写了一段文字抒发感想："扫除一个色情网站胜过一百位教师的循循诱导，胜过一百位母亲的苦口婆心，胜过一百位父亲的严厉教导，胜过一百本好书的日日熏陶，因为这一切会在几张色情图片、一段色情视频或几行色情文字的引诱下土崩瓦解，因为他们是孩子，天真而好奇，纯洁而无知。"或许是这段感想所传递的真情实感打动了举报中心的工作人员，很快，小张的举报信就引起了举报中心的重视，并因此成功查封了 32 家淫秽色情网站。

编后记：这是社会责任感

写举报信这件事，小张没有告诉同事，也没有告诉父母。接到全国"扫黄打非"办公室的电话请他到北京领奖，他去向单位领导请假时，也没说明事情的真相，只说自己有点事要去一趟北京。得知可能还会有媒体采访自己，小张觉得自己没有一件像样的衣服，所以特意出去买了现在身上穿的这件防寒服。

通过对小张的采访，记者感觉他是个很有社会责任感的年轻人。他说现在的网站为追求点击率，或多或少都会以低俗内容吸引眼球，即便是正规的门户网站也不例外，政府应出面引导；他还希望加强对未成年人的教育，要特别重视孩子们的心理和生理健康；尽管他现在在江西的工作还在试用期，每月只有 1200 元的试用期工资，但他表示，愿从这 1 万元奖金中拿出 2000 元捐给慈善事业。

领奖后的第二天小张就将返回江西。他告诉记者，如果有时间他想去国家体育场"鸟巢"看看，那是他来北京最向往的一个景点。（应受访者要求，文中人物采用了化名）

据国务院新闻办网络局负责人介绍，自去年 12 月初《举报互联网和手机媒体淫秽色情及低俗信息奖励办法》公布以来，中国互联网协会互联网违法和不良信息举报中心、全国"扫黄打非"办公室举报中心等四家举报受理机构共接到公众举报 25.7 万多件次，已根据《奖励办法》向北京、河北、山西、黑龙江、山东、湖北、广东、海南、四川、甘肃等地的 59 位举报人发放奖金 7.8 万元。

该负责人说，公众举报在整治互联网和手机媒体淫秽色情及低俗信息中发挥了重要作用。根据公众提供的线索并经有关部门核查，一批淫秽色情网站和有大量损害青少年身心健康的低俗内容的网站被依法关闭或被曝光、谴责，62 起网络淫秽色情违法犯罪案件被公安机关立案侦查。

据介绍，举报奖励标准是根据提交举报时间先后及所提供线索重要程度核定的，对举报人员分别给予 1000 元至 1 万元人民币奖励。

全国"扫黄打非"办公室向 215 名举报人兑现奖金
资料来源：《人民日报》2010 年 1 月 19 日

本报北京 1 月 18 日电（记者张贺）记者今天从全国"扫黄打非"办公室获悉：从 2009 年 12 月 4 日下午 16 时 47 分至 2010 年 1 月 15 日上午 8 时止，全国"扫黄打非"办公室、新闻出版总署、国家版权局联合举报中心共计接收有效举报信息 90 253 条，其中，网上举报 88 421 条，电话记录 1832 条。按规定已核查网站 IP、网站属地及备案信息 85 128 条并转

▶《人民日报》关于打击互联网和手机媒体传播淫秽色情信息专项行动的报道

办处理。截至1月15日，按规定已向215名举报人兑现奖金共计22.4万元。

近来，全国各大新闻媒体报道了全国"扫黄打非"办公室重奖山西忻州市毕业大学生小张10 000元后，举报中心接报数量巨增，公众举报又一次出现高峰。仅1月6日至15日就共计接报28 118条。平均每天接报3000余条。

举报中心根据社会公众的举报，转请有关部门采取措施依法查封"丁香成人社区"、"免费激情电影"、"裸聊吧"等一大批淫秽色情网站，并按照《举报互联网和手机媒体淫秽色情及低俗信息奖励办法》，对北京、上海、河北、黑龙江、山东、湖北、广东、海南、四川、甘肃、广西、江苏、湖南、重庆等26个省（市、区）的215名举报人兑现了奖金。

以上获奖励的举报人，都是向全国"扫黄打非"办公室举报淫秽色情和低俗信息网站，经核实转有关部门处理并经排重后给予兑现奖金的，按规定各获得了1000元到10 000元不等的奖金。举报中心下一步将更加及时核定有关举报信息，更大规模兑现举报奖金，鼓励公众积极举报。

"扫黄打非"办公室接受举报逾10万条
资料来源：《光明日报》2010年1月27日

本报北京1月26日电（记者庄建）从全国"扫黄打非"办公室获悉，截至今天中午12时，全国"扫黄打非"办公室、新闻出版总署、国家版权局联合举报中心共计接收有效举报信息106 633条，其中，网上举报104 312条，电话记录2321条。全国"扫黄打非"办公室举报中心按规定已核查网站IP、网站属地及备案信息98 408条并转办处理。目前按规定已向215名举报人兑现奖金共计22.4万元。

据介绍，全国各大新闻媒体报道全国"扫黄打非"办公室重奖山西忻州市毕业大学生一万元后，举报中心接报数量巨增，公众举报又一次出现高峰。仅1月6日至15日就共计接报28 118条，平均每天接报3000余条。举报中心下一步将更加及时核定有关举报信息，更大规模兑现举报奖金，鼓励公众积极举报。

▶《光明日报》关于打击互联网和手机媒体传播淫秽色情信息专项行动的报道

▶《中国青年报》关于打击互联网和手机媒体传播淫秽色情信息专项行动的报道

全国"扫黄打非"办公室重奖215名黄网举报人
最高奖1万 已兑现22万元

资料来源:《中国青年报》2010年1月19日

本报北京1月18日电（记者刘声）全国"扫黄打非"办公室今天宣布，从2009年12月4日16时47分至2010年1月15日8时，全国"扫黄打非"办公室、新闻出版总署、国家版权局联合举报中心共接收有效举报信息90 253条，其中网上举报88 421条，电话记录1832条。按规定已核查网站IP、网站属地及备案信息85 128条并转办处理。截至1月15日，按规定已向215名举报人兑现奖金共计22.4万元。

据介绍，下一步举报中心将更加及时地核定有关举报信息，更大规模地兑现举报奖金，鼓励公众积极举报。

举报中心根据社会公众举报，转请有关部门采取措施，依法查封了"丁香成人社区"、"免费激情电影"、"裸聊吧"等一大批淫秽色情网站，并按照《举报互联网和手机媒体淫秽色情及低俗信息奖励办法》，对北京、上海、河北、海南等26个省（区、市）的215名举报人兑现1000元至1万元不等的奖金。

公众举报热情高涨
网络扫黄亟待司法解释出台

资料来源：搜狐网2010年1月25日

（本报记者廖鸿翔）社会各方的"扫黄打非"全面升级，大大带动了公众举报热情。但短期的专项整治恐难彻底根除眼下的网络黄毒。要治标治本，网络扫黄更期待相关司法解释尽快出台。短短一个月时间，全国"扫黄打非"办公室、新闻出版总署、国家版权局联合举报中心接到的举报数量剧增：收到9万条举报信息，并向215名举报人兑现奖金共计22.4万元人民币。公众举报热情又一次出现高峰。

2009 年年末掀起的"扫黄打非"工作不但是国家关注的重点，更得到了普通百姓的支持。但仅仅依靠群众举报查处仍不足以遏制网络黄毒，治标更要治本，短期的专项整治行动效果远不如法律法规的长期监督行之有效，网络"扫黄打非"更期待相关司法解释出台。

扫黄打非力度再加强

近期，占据媒体头条的网络扫黄专项整治活动还在继续升温。1 月 15 日，第二十三次全国"扫黄打非"工作电视电话会议在京召开，部署 2010 年"扫黄打非"工作。中共中央政治局委员、中央书记处书记、中宣部部长、全国"扫黄打非"工作小组组长刘云山在会上强调，"扫黄打非"工作要深入贯彻党的十七大和十七届三中、四中全会精神，坚持以邓小平理论和"三个代表"重要思想为指导，深入贯彻落实科学发展观，坚定不移地保护知识产权，坚决打击各类非法出版活动，坚决清除淫秽色情等文化垃圾，促进未成年人身心健康，促进社会主义文化繁荣发展，为全面建设小康社会营造良好社会文化环境。

整个"扫黄打非"活动中，网络扫黄和手机扫黄无疑是当前工作的重中之重。由于互联网的传播速度快、传播面积广和传播成本低，使得互联网成为色情内容输出的"集散地"。

近年来，我国互联网进入高速发展期，普及率进一步提升。据统计，截至 2009 年 12 月，我国网民规模已达 3.84 亿人，普及率达到 28.9%。其中，未成年人网民所占比例在 30% 以上。另外，随着 3G 元年的到来，我国手机网民增加 1.2 亿，手机上网已成为我国互联网用户的新潮流。

这一切都在增加着色情信息传播的风险，即借助网络，色情信息可谓"通达四海"，尤其未成年网民更是容易受到这些色情信息的毒害。对此，已有不少家长要求加强对网络色情的打击力度。

记者在第二十三次全国"扫黄打非"工作电视电话会议上获悉，继续开展网上"扫黄打非"成为今年的重点任务之一。

据了解，网上"扫黄打非"的主要内容包括封堵网上传播政治性有害信息、屏蔽网络淫秽色情内容等。2009 年，我国共查处 3 万多家违法网站。

围追堵截抓源头

去年开展专项整治活动以来，根据九部委的工作部署，工信部随即出台了五项针对网站域名严管措施，一旦发现违规网站，除了该网站要被处理外，连带其所属的网络运营商都要被处罚，处罚力度之大令运营商人人自危，纷纷开始了更严格的自我审查，实施"黑名单"制度，没有相关证照、不入名单者一律先关闭再审查。将近 10 万中小网站因此关闭。

中国各级法院强化"扫黄打非"工作，通过审理一批大案、要案，严厉惩处了一批犯罪分子。据统计，2009 年 1 月至 10 月，全国法院共受理上述罪名的案件 1414 件、1744 人，审结 1273 件、1580 人。

短短一个多月的网络色情专项治理活动已然让通信业和互联网风声鹤唳。随着专项整治活动的深入，运营商逐渐成为整治重点。更有观点认为，"电信运营商为色情信息传播打开方便之门"。

对于这样的观点，北京邮电大学教授、校长助理吕廷杰认为，"各种报道总是将责任推给运营商，我认为这是走到极端的做法，非常不妥。"

▶ 搜狐网关于打击互联网和手机媒体传播淫秽色情信息专项行动的报道

他表示，运营商仅仅是整个移动网络、移动互联网中的一环而已，"运营商只是个运动员，但是现在又要他承担裁判员的角色，这确实会让运营商很为难"。

尤其在 18 日更有媒体误传，为遏制色情信息传播，就连转发"荤段子"的手机也将被终身停机。网络、手机扫黄已经到了草木皆兵的地步。对此，吕廷杰认为，运营商"扫黄打非""到这个地步，已经是被各种要求吓怕了、打怕了"，"因为有苍蝇进来，最后不得不关了窗户"。

治本还需司法解释"撑腰"

但问题在于，紧紧抓住运营商并不能遏制色情信息的源头。目前而言，运营商所做的是 IDC 托管和互联网接入，而且目标较大，从运营商入手往往能够快速找到不法分子藏匿的有害信息。但是仅仅盯住运营商并不能有效遏制网络色情的传播。由于暴利驱使，犯罪分子完全可能避过严打的风头，等待专项整治行动结束之后，继续"放毒"。

而运营商承担着普遍通信服务，牵涉的是公民的通信权利和隐私权，一旦采取的措施稍有过激，很容易引起群众的不安。此前关于"转发'涉黄'短信将被永久停机"的传闻正是一种极端表现。

应该说，要想彻底铲除网络、手机色情，要治标即采取围追堵截的方式，抓住一个，查封一个绝不手软；更要治本，即从根源上杜绝色情有害信息的传播。这一切都需要有相应的司法解释作为依据。

但我国当前法规中，并没有关于网络和手机传播色情淫秽内容的相关详尽条文。根据刑法规定，"扫黄打非"专项行动涉及的刑事案件主要涉及走私淫秽物品罪，制作、复制、出版、贩卖、传播淫秽物品牟利罪，为他人提供书号出版淫秽书刊罪，传播淫秽物品罪，组织传播淫秽音像制品罪，组织淫秽表演罪，非法经营罪等罪名。其中对网络涉黄，司法解释尚不明确。

吕廷杰教授认为，"扫黄打非"，不能仅仅依赖于计算机、网络技术等硬性指标，"计算机下棋可以看出 100 步骤，在纵向上是足够，但是对于发票短信广告，将'发票'改为'发漂'，计算机很可能就不认识了，也就是说，在宽度这一维度上，计算机和网络技术不是解决问题的根本。'扫黄打非',需要一个根本性的解决方案,而不是单纯靠几个月的专项打击就能够杜绝的。"

根本性的解决方案还在于立法执法监督的整个体系的建立。专项行动作为一定时期的重点打击活动,势必能取得积极的成效,但是这样的效果就如同拔出野草一样,如若不连根拔起,死灰复燃的可能性就相当大。

因此,立法应当详尽,尤其针对互联网和手机网络中色情信息的传播应有更为明确的监管职责界定,对于违法行为更应有明确查处量刑标准,同时在监管中要严格执行法律法规,严肃查处绝不手软。如果仅仅是简单罚款并不足以震慑不法分子为牟取暴利的铤而走险之行。据悉,最高法院积极采取措施,应对打击手机淫秽色情信息犯罪的需要,正在制定完善有关整治手机淫秽色情的司法解释。目前相关司法解释已在审议阶段,即将出台。我们期待相关法规条例的出台能快一点,再快一点。大鼓需重锤,网络扫黄需治本。

全国"扫黄打非"办公室探营
资料来源:《瞭望东方周刊》2010 年 5 月 31 日

(记者王开)一幅幅不堪入目的黄色图片呈现在电脑屏幕上,陶君如(化名)迅速地拉动着滚动条。"这非常厉害!"他轻声说。如今,他已经不敢再点开这些黄色图片了。半年多以来,他的电脑已经重装了四五次——黄色网站的病毒实在太多。

2009 年 11 月,全国"扫黄打非"办公室、新闻出版总署、国家版权局决定将各自原有的举报中心合并为全国"扫黄打非"办公室举报中心,原本在中国版权保护中心工作的陶君如被安排到了这里。自那时起,赶上了网络扫黄专项行动的陶君如每天都要打开上千条黄色网站的链接。

电话铃声不断响起,在这间 50 多平方米的办公室里,全国"扫黄打非"办公室举报中心的四名工作人员,每天都在忙碌地重复着同一个动作——输入举报人提供的网络地址,核实是否为黄色内容,然后分类备案并转给相关职能部门。

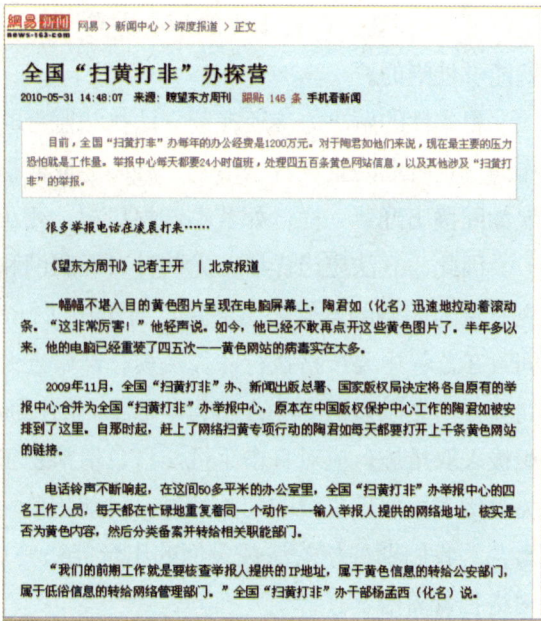

网易网关于打击互联网和手机媒体传播淫秽色情信息专项行动的报道

"我们的前期工作就是要核查举报人提供的 IP 地址，属于黄色信息的转给公安部门，属于低俗信息的转给网络管理部门。"全国"扫黄打非"办公室干部杨孟西（化名）说。

四个月收到 14 万条举报

他们属于幕后的网络扫黄英雄，按照规定，他们的姓名与身份严格保密。虽然全国"扫黄打非"办公室是高规格的领导机构，但举报中心这四名工作人员大多选调于国家新闻出版总署下属的事业单位，属于事业编制。

面积足够大的举报中心办公室里，左半部分专门辟出一块会客区，用来接待来访的举报者。当然，除了来访，这里还接受电话、邮件等任何举报方式。

在陶君如的邮箱内，满屏都是举报信件。每一封举报邮件他都要复制链接，打开页面，分类转递。除此之外，他还需拆开无数快递信件，海量的黄色信息从全国各地涌到了这位 38 岁的中年男子面前。

仅仅到 2010 年 4 月，举报中心已经接到相关举报线索 14 万多条，查找核实互联网与手机 WAP（无线应用协议）网站上淫秽色情和不良信息的网站 IP 地址和网站属地共计 13 万多条。

2010 年初，全国"扫黄打非"办公室对山西一名举报 32 个淫秽色情网站的举报人施以万元重奖，引起一轮举报黄色信息的热潮。

这位署名"山西省忻州市一名刚毕业大学生张某某"的举报人，利用一下午的时间搜到 32 个淫秽色情网站，并结合自身以及周边同学的经历，写下近 2000 字的举报信。"现在，这封信成了一个格式，在那之后全国'扫黄打非'办举报中心接到的许多举报信，都模仿了小张的写法。"杨孟西笑着说。

陶君如已经非常熟悉业务，但他仍然惊诧于网络上的黄色信息居然如此之多。他当过十几年兵，做到营级干部。军队有自己的网络系统，他并没有多少机会接触互联网。即便是后来转业到中国版权保护中心，他也没有与网络打太多交道。

对于举报信息，陶君如都会非常仔细地筛选。这个活儿并不轻松。"经常有举报者不理解我们。"他说，"有些举报者质问为什么他们举报了数量庞大的黄色网站，却并没有得到奖励"。

在全国"扫黄打非"办公室举报中心接到的举报信件中，有的举报者甚至列出了多达 700 多条黄色网站地址。他们不知道的是，被举报的黄色网站必须是在全国"扫黄打非"办公室、公安部等几家举报中心没有举报过的，必须是第一举报人，才能得到奖励。而目前举报中心接到的举报信息中八九成都是重复举报。

网址已经变了，但网页仍然是那个网页

对于这些被重复举报的网站，陶君如说绝大部分使用的都是境外服务器，"我们没有办法干涉。关掉一个网址，黄色网页会自动跳转，十多个乃至更多的地址都指向同一个页面，根本没办法彻底清除"。

但举报者并不相信相关部门处理不了境外服务器，许多人愤怒地指责扫黄行动是"雷声大，雨点小"。

"我们解释不好，很多人就接受不了。"陶君如说。他随意打开一封举报邮件，复制链接，放在专门的 IP 地址查询网站。查询结果显示该黄色网站属地是美国。"大部分在美国，也有加拿大的。"据他了解，相关职能部门对于这类网站曾在技术上做过努力，但目前并无结果。

"甚至，公安部门所使用的 IP 地址查询信息库也是旧版本的，新版本只有工信部门才有。"一位不愿透露姓名的扫黄工作人员说。

4 月 16 日，在一次扫黄行动相关部门的会议中，迫于举报者质问处理效果的压力，公安部相关人员表示，公安部已经将著名的黄色网站"草榴社区"列为重点督办案件，必要时甚至准备采用非常手段，通过国际刑警组织对该网站采取行动。

陶君如对"草榴社区"非常熟悉，在他的邮件内，对"草榴社区"的举报信件不胜枚举。实际上，"草榴社区"的国内维护人员，在 2009 年 4 月已经被法院以传播淫秽物品牟利罪判处有期徒刑 3 年，缓刑 3 年，并处罚金 5000 元。

但是，"草榴社区"的运行并没有终止，人们仍然可以在网络上搜索到它。陶君如随意打开几个举报信中的网络链接，几乎无一例外地最终都指向"草榴社区"。

"IP 地址是动态的。治理黄色网站，只是把国内搞维护的人抓起来而关不了服务器的话，网站通常都还在运行，这不只是'草榴社区'一家。"陶君如说，诸如"白宫会所"、"奸夫淫妇网"等黄色网站，情况与"草榴社区"一样。网址已经变了，但网页仍然是那个网页。

据了解，对于那些设在境外服务器的黄色网站，应公安部门的要求，全国"扫黄打非"办公室只作备案，已经不再转递给他们。使用国内服务器开设黄色网站，打击非常简单，而要通过观察那些使用境外服务器的黄色网站运行中的蛛丝马迹来抓捕其在国内的维护者，难度相当大。

对于接下来的网络扫黄行动来说，这是一个绕不开的难题。

模糊的"低俗十三条"

作为一个高规格的协调机构，全国"扫黄打非"办公室的成员单位包括了 28 个部门，占了国家党政部门的一半。另外还包括最高人民法院、最高人民检察院。

"谁主管谁负责"一直是"扫黄打非"办公室的工作原则。然而，什么信息是黄色的？什么信息是低俗的？目前并没有明确的划定界限。

即便是作为全国"扫黄打非"办公室的工作人员，对于黄色与低俗，也大多是个人判断。"手机黄段子应该属于黄色内容吧"，陶君如不大肯定。

"黄色还好判断，低俗比较难办。"他接着说，在全国"扫黄打非"办公室举报中心，许多举报人都会举报一些视频网站中的搞笑视频，以及泳衣之类的图片。举报者言之凿凿，认定那些视频和图片都属于低俗范畴。

由于有太多的举报者举报网络上的避孕广告图片、仿真器具、内衣广告等内容，陶君如曾经专门咨询过相关部门，他得到的答案是，这些都经过相关国家部门许可，并不属于低俗范畴。

对于黄色与低俗，他们曾经向拥有最终解释权的国务院新闻办公室了解过。新闻办公室给他们传来了一份专门为清理整治网上低俗内容而发的低俗"十三条"。

在这十三条中，"传播一夜情、换妻、性虐待等的有害信息"，"恶意传播侵害他人隐私的内容"，"推介淫秽色情网站和网上低俗信息的链接、图片、文字等内容"，"非法性药品广告和性病治疗广告等相关内容"等，都属于低俗内容。

陶君如认为，这样一来，许多原本应该是黄色内容的却列入低俗范围去了。而对十三条中"以庸俗和挑逗性标题吸引点击的内容"、"直接暴露和描写人体性部位的内容"等等却又缺乏可操作性。

"艺术图片没办法说是低俗吧，但它却直接暴露和描写了人体性部位。庸俗和挑逗性也没有标准。"陶君如说。

某著名网站的质检组主编向本刊记者介绍，他们在分辨黄色与低俗时，通常也是依据各自经验。就她个人而言，露点是绝对不允许的，即便是一些内衣广告、仿真器具等商品网站，也同样不允许露点。

"不如只谈黄色"，陶君如说。低俗既然这么难以界定，那就没有必要去专门整治。目前，全国"扫黄打非"办公室举报中心转递到职能部门的低俗内容举报只有不到 1%。

很多举报电话在凌晨打来

1 月 15 日，在第二十三次全国"扫黄打非"工作电视电话会议上，2010 年的工作重点被概括为：打击非法出版物作为"重中之重"，打击互联网和手机传播淫秽色情信息作为"突出任务",打击侵权盗版和非法报刊作为"日常监管的重点"。

作为"突出任务"的互联网和手机扫黄正在步入高潮。据了解,在 4 月 16 日扫黄行动相关部门的会议中,公安部门表示将在近期公布一批各地破获的大案要案。全国"扫黄打非"办公室也发出通知,其督办案件最高可获得 20 万元的经费补贴。

对于给举报者的奖励,截至 4 月 6 日,今年举报中心向 491 名举报人发放了共计 49.7 万元奖励,但有些举报者却选择了放弃。"领取奖励需要对方的一些个人信息,许多人担心是诈骗。"杨孟西笑着说。

另外,为了激励职能部门,全国"扫黄打非"办公室每年都会给他们一定的办案补贴。除此之外,每年年终都会举办一次评奖活动,奖励先进个人与集体。通常情况下,先进个人的奖金是 1 万元,先进集体的奖金是 4 万元,这比以前翻了一番。

目前,全国"扫黄打非"办公室每年的办公经费是 1200 万元。每年年终的评奖活动加上日常办案补贴,大概花去他们办公经费的一半——600 万元。

对于陶君如他们来说,现在最主要的压力恐怕就是工作量。举报中心每天都要 24 小时值班,处理四五百条黄色网站信息,以及其他涉及"扫黄打非"的举报。"很多举报电话都是在凌晨两三点、四五点打来,每天都有。"陶君如说。

这些都由他们四人完成。前不久,《瞭望新闻周刊》撰文分析说,鉴于"扫黄打非"工作的经常性、重要性,"扫黄打非"办公室这样一个议事协调的临时机构"做实"的趋向明显。但全国"扫黄打非"办公室尚未听到任何此类信息。"现在要编制太难了。"杨孟西说。

涉黄网站境外服务器境内维护人员将受到法律制裁
资料来源:中央政府门户网站 2010 年 2 月 22 日

新华社北京 2 月 22 日电(记者璩静)一些不法分子利用境外淫秽色

▶ 中央政府门户网关于打击互联网和手机媒体传播淫秽色情信息专项行动的报道

情网站难监管、难查挖的特点，纷纷将淫秽色情网站向境外服务器转移。对此，全国"扫黄打非"办公室相关负责人 22 日表示，将淫秽色情网站转移到境外服务器，境内建立维护等人员仍将受到法律制裁。

全国"扫黄打非"办公室有关负责人介绍，各地公安网监部门已根据淫秽色情网站服务器设在境外而建立维护者在境内的特点，摸索出一套查办方法，做到了落地查人。2009 年 12 月，四川省眉山市公安网监部门根据线索得知一服务器设在美国的淫秽色情网站的运营人员在该市，通过线索摸排，公安网监部门于 2010 年 1 月 8 日将其成功抓获。据交代，犯罪嫌疑人通过下载建站程序和模板后，将填充内容后的淫秽色情网站上传到其租用的境外空间进行运营。近期，四川凉山、广东深圳公安网监部门也通过类似技术破获了一批服务器设在境外的网站传播淫秽色情信息案。

全国"扫黄打非"办公室还要求各地各部门进一步加大整治、打击力度，坚持把抓源头、抓大案作为突破口，采取多种手段侦破此类案件。

公安网监部门连破服务器设在境外网站传播淫秽色情信息案
全国"扫黄打非"办公室：境内维护人员难逃法网

资料来源：《中国新闻出版报》2010 年 2 月 12 日

　　本报讯（记者赖名芳） 随着当前开展打击互联网和手机传播淫秽色情信息专项行动的逐步深入，一些不法分子为了逃避打击，利用境外淫秽色情网站难监管、难查挖的特点，将淫秽色情网站纷纷向境外服务器转移。对此，全国"扫黄打非"办公室称：将淫秽色情网站转移到境外服务器，境内建立、维护等人员仍将受到法律制裁。同时要求各地各部门进一步加大整治、打击力度，坚持把抓源头、抓大案作为突破口，采取多种手段侦破此类案件，以有效震慑违法犯罪。

　　全国"扫黄打非"办公室有关负责人介绍，各地公安网监部门根据淫

▶《中国新闻出版报》关于打击互联网和手机媒体传播淫秽色情信息专项行动的报道

秽色情网站服务器设在境外而建立、维护者在境内的特点，已摸索出一套行之有效的查办做法，做到了落地查人，并取得了明显成效。2009 年 12月，四川省眉山市公安网监部门根据线索得知一服务器设在美国的淫秽色情网站的运营人员在该市，通过详细的线索摸排，公安网监部门锁定了 3名犯罪嫌疑人所在地，并于 2010 年 1 月 8 日将其成功抓获，此时距该淫秽色情网站开办仅仅过去一个半月，牟利仅 2000 余元。据犯罪嫌疑人交代，他们通过在网上下载建站程序和模板后，将内容填充后的淫秽色情网站上传到其租用的境外空间，利用租用的维护通道进行运营。近期，四川凉山、广东深圳公安网监部门也通过类似的技术手段破获了一批服务器设在境外的网站传播淫秽色情信息案。

将淫秽色情网站转移到境外服务器仍将受到法律制裁
资料来源：《光明日报》2010 年 2 月 12 日

本报北京 2 月 11 日电（记者庄建）针对打击互联网和手机传播淫秽色情信息专项行动中出现的一些不法分子为逃避打击，将淫秽色情网站纷

▶《光明日报》关于打击互联网和手机媒体传播淫秽色情信息专项行动的报道

纷向境外服务器转移的情况，全国"扫黄打非"办公室有关负责人称：将淫秽色情网站转移到境外服务器的境内建立、维护等人员仍将受到法律制裁。据介绍，各地公安网监部门根据淫秽色情网站服务器设在境外而建立维护者在境内的特点，已摸索出一套行之有效的查办方法，做到了落地查人，并取得了明显成效。

2009 年 12 月，四川省眉山市公安网监部门根据线索得知一服务器设在美国的淫秽色情网站"奸夫淫妇导航网"（www.jfyfdh.com）的运营人员在该市，通过详细的线索摸排，锁定了 3 名犯罪嫌疑人所在，并于2010 年 1 月 8 日将其成功抓获，此时距该淫秽色情网站开办仅仅过去一个半月，牟利仅 2000 余元。据犯罪嫌疑人交代，他们通过在网上下载建站程序和模板后，将内容填充后的淫秽色情网站上传到其租用的境外空间，利用租用的维护通道进行运营。近期，四川凉山、广东深圳公安网监部门也通过类似的技术手段破获了一批服务器设在境外的网站传播淫秽色情信息案。

黄网服务器"出国"境内网管难逃制裁
资料来源：新浪网 2010 年 2 月 23 日

（据新华社电）一些不法分子利用境外淫秽色情网站难监管、难查挖的特点，纷纷将淫秽色情网站向境外服务器转移。对此，全国"扫黄打非"办公室相关负责人 22 日表示，将淫秽色情网站转移到境外服务器，境内建立维护等人员仍将受到法律制裁。

全国"扫黄打非"办公室有关负责人介绍，各地公安网监部门已根据淫秽色情网站服务器设在境外而建立维护者在境内的特点，摸索出一套查办方法，做到了落地查人。

2009 年 12 月，四川省眉山市公安网监部门根据线索得知一服务器设在美国的淫秽色情网站的运营人员在该市，通过线索摸排，公安网监部门于 2010 年 1 月 8 日将其抓获。据交代，犯罪嫌疑人通过下载建站程序和模板后，将填充内容后的淫秽色情网站上传到其租用的境外空间进行运

▶ 新浪网关于打击互联网和手机媒体传播淫秽色情信息专项行动的报道

营。近期，四川凉山、广东深圳网监部门也通过类似技术破获了一批服务器设在境外的网站传播淫秽色情信息案。

《我建议 —— 手机扫黄风暴》

资料来源：中央电视台《大家看法》2010年"两会"特别节目 2010年3月5日

【正文】

2010年1月的一天，记者突然接到河北一名家长的求助电话。

【同期】学生家长：我们希望这种东西能够得到治理，这是我们要跟你联系，希望你们能帮助我们。

【正文】

打电话的是一位12岁男孩的父亲，最近一段时间他的孩子饱受淫秽色情手机网站毒害，让他忧心忡忡。

【同期】

河北观众、学生家长：

没有想到，因为我们平时，我们的手机都不是这样的，直接只是打电话就可以了。而且我们也没有说像孩子他们上网之类的，所以也想不到这个事情。

记者：那您当时什么反应啊？

男：我真是脑子"嗡"的一下，我就想成绩下来就是因为它，肯定就是因为它。

记者：他原来学习情况怎么样啊？

男：中上等。

记者：现在呢？

男：现在，现在没法说了现在，现在在最后，将近是最后了。

记者：变化这么大？

男：是，就这么短短几个月。

【正文】

这名伤心欲绝、万般无奈的父亲，把孩子的这部智能手机收缴后寄给了记者，打开手机，进到图片和视频界面，里面是一张张赤裸裸、不堪入目的图片，成年人看了都会面红耳赤、令人作呕。而且记者注意到，这部手机里存储的淫秽色情图片和视频，下载的时间多数集中在夜里两点钟至四点钟之间。无法想象，夜深人静，大人们早就进入梦乡的时候，一名12岁男孩却躲在被窝里津津有味地浏览下载性爱图片、视频，那是怎样的一个场景。

记者在进一步地调查中发现，中小学生受手机不良信息伤害的事情，还远不止这一个。

太原的安女士，知道自己的孩子通过手机浏览色情网站出现了种种问题之后，焦急的她不知所措。

【同期】

山西省教育专家专业委员会林和凤：

到我们这边来做治疗的时候，我们发现这个孩子心理健康水平也下降到一个非常低的水平上，后来妈妈想了一些办法，比如说把孩子能上网的彩屏手机换成了黑白的不能上网的手机。但是孩子他会有自己的应对方式，比如说拿自己的手机和同学换。

中学老师：

大部分同学我所观察的，他对于手机有一个依赖心理，可以说把手机的所有功能已经开发到极限了，聊天、玩游戏、发短信、上网、包括挂QQ、挂游戏、还有现在流行的偷菜种菜，都通过手机来完成。

【正文】

拥有一部能上网的手机对于如今的孩子们来讲已经是一件非常普通的事情，但是孩子们在享受手机上网的便捷时，泛滥的"黄毒"也在以同样快捷的方式向孩子们"逼近"。大量手机淫秽色情信息的传播，会引发青少年网络成瘾，失眠、神经衰落，应急障碍等等精神疾病，正常的作息和学习也会受到极大冲击。如何切断这些黄色信息的来源，让孩子远离黄色信息的伤害，为此学校和家长也头疼不已。（网页家长留言）

【正文】

2009 年 11 月，全国"扫黄打非"工作小组办公室联合九部委深入开展了打击手机网站制作、传播淫秽色情信息活动专项行动，几个月来，全国已关闭包括手机淫秽色情网站在内的违规违法网站 14 万多个，查办大案要案 110 多起。虽然取得了一定的成效，但是因为手机使用上的便捷和隐蔽，依然让很多家长们担心、困惑。那么如何才能从根本上斩断传播淫秽色情获利的利益链条？为青少年创建一个健康的社会文化环境，我们还该做些什么呢？今天，全国"扫黄打非"工作小组副组长兼办公室主任、

▶ 全国"扫黄打非"工作小组副组长兼办公室主任、新闻出版总署副署长蒋建国做客中央电视台 2010 年"两会"特别节目《我建议——手机扫黄风暴》

国家新闻出版总署副署长蒋建国走进"两会"特别节目《我建议》倾听大家的建议。

蒋建国：我经常说对成绩不能估计过大，对难度不能估计过小，所以我今天来，就是想听听大家的意见，怎样把这个打击活动进一步深入。

【演播室】

主持人：今天我们的第一位建议人，全国人大代表王明雯女士，欢迎王代表。王代表，您的建议。

王明雯：我建议是限制未成年人使用手机。

主持人：这里面您所说到的限制指的是？

王明雯：这个限制可以根据未成年人不同的年龄阶段作出不同的限制范围，比如说对于 10 周岁以下的，或者说现在很多人提的 12 周岁，以这个年龄阶段以下的孩子是否可以考虑，就是说对他的限制可以接近到禁止的这样一个范围。

主持人：所谓 12 周岁以下，其实就约等于是小学的状态嘛，严格点限制，甚至于可以到禁止的程度。

王明雯：对。

主持人：那大一些呢，初中。

王明雯：大一些呢，我觉得比如说在学校，他在学校生活期间，要求他不能够使用手机，但是在学校之后，比如说满足孩子和家长的联系，这样一种要求，我觉得他可以使用。但是呢，这个也不是说放任自流，而是说家长有一个监管的义务，

主持人：就是 12 岁到 18 岁这个阶段，家长要监督，而 12 岁以下的小朋友们，可能要更严重一些，甚至于到禁止的程度。

王明雯：对，对，对。

主持人：您后边都是小学生。

观众：六年级。

主持人：全都是六年级的。在座的各位同学，谁没有手机，举手，只有你一个人没有，来，这位同学请起立。你们班没有手机的人多吗？

女：基本上不多，10 个以内。

主持人：10 个以内，你们班一共。

女：45 个人。

主持人：就是五分之一左右没有。

女：对。

主持人：好，为什么你没有手机，是爸妈不给？

女：三年级那会儿吧，特想要手机，然后是我爸爸妈妈不让，最近六年级这段时间，也觉得好像手机也不是特别好。

主持人：手机对于你来说是比较陌生的。

女：对，听说手机很便利，可以发短信什么的。

主持人：你说都什么时代了，有人听说手机很便利。手机确实很便利，不是听说的（笑）。

主持人：好的，后面是这位女生的父亲。您同意王代表的这个建议吗？

父亲：我觉得我同意。

主持人：同意。

父亲：为什么，因为我感觉到小孩手机，首先一条，听孩子们说，有时候在课堂上，有孩子就鼓捣这个手机，我觉得对小孩的学习非常有害。

▶ 全国人大代表王明雯在中央电视台《我建议——手机扫黄风暴》节目中提出建议

主持人：那孩子其实是跟您要过手机的，对不对？

父亲：要过。

主持人：然后您就坚持不给。

父亲：我说你呢，大了需要的时候呢，我再给你。我觉得手机对他呢，也没什么用处，所以说你拿手机，我觉得就是一个玩，我感觉。

主持人：好，谢谢，谢谢这位父亲，谢谢您，现场的朋友，同意王代表这个建议的，对未成年人限制使用，年龄更小的可能限制到禁止的程度，同意王代表这个建议的举赞同牌，不同意的举反对牌，请大家举牌。绝大多数的同学和朋友是同意的。但是也有人表示反对，来这位小朋友，你为什么反对。

男：我们现在上的课外班越来越多，有时候家长有事，或者出差，就接不了我们，这时候我们可以打个电话跟他们通讯一下，而且就我的手机

▶ 中央电视台《我建议——手机扫黄风暴》节目现场

来说呢，我的那个卡是不会接到垃圾短信这些东西的。

主持人：你的卡是被限制过的卡。

男：不是，就是它有特殊功能。

主持人：你父母自己在家做了一个绿坝给你。

男：对，可以屏蔽垃圾短信。

▶ 中央电视台《我建议——手机扫黄风暴》节目现场

主持人：真的吗？

主持人：就是你有一个卡很特殊，它可以屏蔽掉所有的垃圾短信。

男：对。

主持人：好，一会儿你给我们介绍一下这项技术，好吗，好谢谢这位同学，谢谢。这是同学们的一个意见倾向，那么接下来的两位嘉宾，对刚才王代表您的这个建议会持一个什么样的看法，我们有请两位嘉宾，一位是一直在关注着未成年人成长健康的宗春山老师。另外一位是我的同行，主持人李静，欢迎二位。

主持人：李静咱家女儿现在会用手机了吗？会玩了吧。

李静：不会。

主持人：还不会呢。

李静：对，很庆幸。在下面听得心惊肉跳，我决定推迟这个时间。

主持人：李静的女儿还小，今年？

李静：应该一周之后6岁，不小了，马上上小学了，所以我今天非常感谢你请我来，太有必要了。

主持人：你同意王老师的这个建议吗？

李静：其实来的路上也许我不同意，想了很多，我觉得她应该有自己

▶ 著名节目主持人李静在中央电视台《我建议——手机扫黄风暴》节目中提出建议

的权利等等，可是我觉得，刚才看完那段片子，我觉得我比较赞成王老师的这个建议，我会觉得王老师的提议会很有建设性。因为刚好在来之前看了一部美国现在最热播的剧叫（××），但是应该知道是讲高中生的故事，他们高中生其实已经很成熟了，他们在上课之前颁布了一个法令在学校，就是拿一个筐箩，让所有学生上课之前，把手机全部扔到这个筐箩里面，下课再发给你，因为他们也是利用手机在发学校内部的绯闻，其实我们觉得美国有的很多的，他开放的连我们这样的家长都非常不赞成，他还是会在上课期间把手机收回来，所以我觉得，大家有必要其实开放性讨论，可以参照一些其他国家学生，他们的做法到底是什么样。

主持人：所以对王明雯代表的这个建议，你现在的意见是支持的。

李静：当然，我觉得在没有她建立一个自我的认知之前，我觉得我们家长和整个这样的一个干预还是有必要的。

主持人：好的，宗春山老师呢？

宗春山：我很欣赏这个提议，我觉得确实应该有限制地使用，刚才王代表也提出了，建议12岁以下不要使用，我觉得这个建议非常好，很创新，我同意。因为手机的使用呢，我想它不仅仅是一个通讯工具，它带来了很多人们生活和习惯上的转变，美国有一项调查发现，美国的孩子吸烟的少了，为什么呢？腾不出手来，他在玩手机。

主持人：您说的是真的，不是开玩笑的吧？

宗春山：真的，我不会开玩笑的，（笑）这个时候哪能开玩笑，这是真的。实际上我想可能很多的家长认为手机就是一个通讯的工具，但是我们通过今天的这几个视频节目可以看到，手机已经成为我们现代人随身的一种信息的媒介了，大量的信息，将来还有更多的信息会通过这样的一个载体传到每一个儿童的手中，所以这样的一个东西，已经突破了原来我们作为喊孩子回家吃饭这样一个功能的使用范围了，因此我们对这问题叫有所防范。

主持人：有家长是反对的。

家长：我同意刚才李静提的建议，就是说像看的电影里面，我们可以用一个管箩上课之前把这些手机收起来。

主持人：收了。

家长：另外还可以让家长去给孩子制定一些套餐，比如说手机使用的套餐，比如说不让他上网这样的，只是作为打电话的通讯工具。

主持人：只是作为通讯工具而已。

家长：但是手机是可以有的。

主持人：所以您是同意，您是同意限制使用。

家长：部分功能的使用。

主持人：部分的使用，而不是说让他们都离开手机。

家长：对。

王明雯：但是有一个问题是什么呢，因为年龄越小的孩子，他的心智发育不健全，他辨别是非的能力还比较差，那么这种情况下，如果你给他，只是说他在校期间可以不用，然后在其他时间可以用，就会带来一个问题，是什么呢？他不可避免地会接触到这些黄色信息，这个时候，他不能分辨是非，其结果对他的影响就可想而知。

主持人：但是你知道我听到过什么样的声音吗？因为今天我们讨论的是手机黄毒，所以就有了王代表提出来的这个建议，这个建议我们在今天录像之前，我们也把它放到了网上征求大家的意见，有很多人把王代表的这个建议给了四个字的评语，叫因噎废食，蒋署长，您听到王代表的这个建议，您个人的观点是什么？

蒋建国：作为党政部门来说，它的主要责任是净化社会文化环境，因为净化社会文化环境，它是确保未成年人健康成长的一个基础性的工程，这一次我们的任务就是要净化手机屏，净化手机屏是比较艰难的，我们在北京以外的省会城市做了一个不记名的调查，大概有两百多名学生参与，这个中学生、高中生有74%的学生在使用手机，那么在这个74%中呢，83%的用手机上网，83%上网的当中，又有82%遇到过淫秽色情信息，我们把它成为三个绝大多数，绝大多数使用手机、绝大多数利用手机上网，绝大多数都碰到了淫秽色情信息，这是一个现实，我们必须要承认这个现实，面对这个现实，改变这个现实，如果说你不引起重视的话，对孩子们本身健康成长，对社会是个健康发展的问题，关键是祖国和民众的危难，都将是一场灾难。所以在这样的情况下，引起了中央领导同志的高度重视，全国"扫黄打非"工作小组的主要领导同志亲自作出部署，我们是去年11月6日下达第一个动员的，开展打击手机淫秽色情的专项行动，到了12月8日，中央外宣办主持，九部委参与，召开联合会议，再次全民部署。到了12月16日，整个主体行动方案全面下来。就是群众讲的手机扫黄风暴就这么刮起来的。

主持人：目前我们好像还有一个举报热线，据说这个举报热线在公布了之后，也取得了非常好的效果。

蒋建国：到现在为止就收到举报接近13万个，我们平均每天要接到的电话举报是600个以上，现在对所谓的信息都实行了核实或者转办，并且对这些举报有功的群众给予奖励，已经奖励了300多人，发出的将近也有30多万了。打击手机淫秽色情信息，它的群众基础非常深厚。

主持人：在2009年有一个人在这方面挺努力的，蒋署长对这个人应该是有了解的，李强博士。

蒋建国：对，李强博士是一个令人尊重的人，他为了打击手机淫秽色情，进行了广泛的调查，深入地研究，并且是不停地奔走，大声地疾呼。所以他为我们开展这场打击行动作出了很重要的贡献，因此他去年被评为

▶ 蒋建国副署长在《我建议——手机扫黄风暴》节目中介绍全国"扫黄打非"办公室开展互联网和手机媒体传播淫秽色情信息专项行动的情况

了全国"扫黄打非"先进个人。

主持人：让我们掌声有请李强。

主持人：我和李强两三个月的时间，这是第三次见面了。你这么坚持下去的理由到底是什么？

李强：我就认为对于我们国家的未成年人，他们是我们国家的希望，我们国家的未来，我们不能让他们接触到这些东西，是很简单的道理。作为一个中国人，任何一个中国人都会这样做的，只不过是我先站出来了，别人没机会而已。

主持人：通过这段时间的治理，刚才蒋处长也说到了治理，也说到了那么多家网站被关停，你觉得，因为你一直在观察。

李强：对，还在观察。

主持人：还在观察，你觉得变化大不大？

李强：我觉得变化很大，我想用一句话来说，是成效很大，任重道远。

主持人：你看现在，我们今天既然叫我建议，王代表的建议是一个引子，如果李强现在让你来建议，你的建议是什么？

李强：我的建议是，第一个呢，就是说我们必须得斩断利益链，第二个问题呢，就是我们说孩子用手机的事情，王代表的建议呢，非常好，我补充一点，就是说他用手机，可能有他的权利，但是我认为，作为监护人，有权利让 14 岁以下的孩子不得用手机上网。

主持人：那你家长怎么禁止啊？

李强：就是说你看，首先就是说他关掉孩子手机的上网功能，然后未经家长书面许可，运营商不得开通，开通了以后他承担法律责任，这是第一条，第二条，在市场上不得有非实名的卡销售，这个我觉得我们是能做到的，那么做到这两条，我认为孩子们拿手机上网的这个可能性，第一个是减小了，第二个是家长可控。

蒋建国：李强博士说到了问题的要害，这就是淫秽色情信息屡禁不止，屡打不绝的关键所在。有一幅漫画有这样一个表示，淫秽色情信息像个魔鬼，它开始是盘踞在报刊上，那么人一打，它就跳到了广播电视上，你再一打，它就传到互联网上，你再一打，它就在低俗音像制品上面，现在是盘踞在手机上。这就是它屡打不绝，屡禁不止，根本原因就是利益链，这个利益链呢，就以这个手机传播淫秽色情为例，这个手机网站他为了部分利益，就上一些淫秽色情信息，那么当中的运营商，增值服务商，广告代理商都可以从中受利，都可以搞利益分成，他乐享其成，因此都不加以制止，这就是问题的要害所在。

我们这次开展行动的一个关键的工作，就是要斩断这个利益链，必须要把它们解构，要把它斩断，我们现在的原则就是谁主管谁负责，谁接入谁负责，谁收费谁负责，严格落实企业的责任、个人的责任。就是刚才李静同志讲的，比如说打就要打痛，打就要打断，这样从根本上才能解决问题。

李静：其实我觉得署长说得非常对，为什么会这样，而且我认为问题的重点就是一定要付出代价，就像我们银行卡一样，你不付钱，你不去，你就永远没信誉了。我觉得这个真的是必要的，否则现在社会这么发达，我们的技术很发达，导致受这种东西的影响，以至于道德沦丧，我觉得太可怕了。

主持人：说白了，在利益驱动里面，运营商是一个非常重要的环节，我们今天也请专业人士来，因为涉及技术环节，专业人士可能有更好的发言权，工业和信息化部电信管理局副局长王建文先生，有请。

主持人：王老师一直在听，您同意王代表说的限定吗？

王建文：对于12岁以下的儿童能不能限定他使用手机这个话题，我还不大赞成。那么我个人感觉，现在社会已经进入了信息化的时代，那么信息的交流，我感觉不仅仅是成年人，青少年他也有一种交流，那么包括，因为我也是一个孩子的父亲，而且是一个龙凤胎的父亲，我就有一个体会。

主持人：您孩子多大了？

王建文：这两个孩子不在一个班，我要接这个孩子，同时要接那个孩子，但是下学的时间是不同的，所以你这样的话，跟老师沟通，掌握接他的时间，如果没有一个信息的交流，我感觉会很困难。

主持人：刚才李强博士提到的说父母可以监控孩子用手机上网，这点您同意吗？

王建文：这可以。

主持人：技术上能不能做到？

王建文：技术上可以做到的，而且现在呢，我们已经组织相关的一些软件的开发商，已经开发出来了各种各样的这样的绿色的手机的软件，比如讲，对哪些内容的短信也好，这样的电话也好，我都可以限定它，可以有一个天然的屏障，这样的话，由家长或者学校的老师，在自愿原则的基础上，把这个东西给他搁到手机里面，我感觉它不失为一个有效的手段，其中之一吧。

主持人：目前在开发这样的软件。

王建文：对。实话实说，那么在当今的时代，从技术的角度来讲，是没有任何障碍的，关键是管理问题。

主持人：所以您觉得它的难题并不是技术难题，而是具体在推广的过程当中，管理上的。

王建文：管理上的问题。

王建文：比如说，这个小孩子拿了他父亲的手机去上网，这谁来限定，所以这一系列的问题，所以我感觉呢，全社会都来参与净化互联网的这样的环境，我感觉这是十分重要的。

主持人：加大运营商的责任这事靠谱吗？

王建文：靠谱，现在呢，去年11月份，我们开展了专项行动以后，工信部呢，可以说加大了整治的力度，我们用14个月的时间来进行这样专项的一些行动，现在第一阶段已经结束了，就是2009年11月中旬到年底，那个时候重拳出击，把各种黄源给它堵住，刚才蒋署长也谈到了，到现在为止，我们关闭的网站是14.7万，这是截止到今年的2月份。

王建文：那么现在，看到有关部门的统计，黄源呢，从国内来讲有效地得到了遏制。

主持人：我认为今天王局长给我们带来一个特别好的信息，就是技术上其实不是特别大的难题，以后谁再拿技术说事，基本上我们可以把它忽略不计了，是不是署长？

蒋建国：关键是责任问题，技术问题是可以解决的，即使现在解决不了，通过攻关也可以解决。刚才王局长说到，现在有些把服务器，他就说我这个服务器在国外，现在又是一种技术上的手段其实只要我们在国内坚持落地查人，这个问题也是可以解决的，最近我们抓的有些案子就是在国内落地查人，结果他自己就把国外的关掉了，也是可以做到。

主持人：我们现在就拿责任来落实人，这是最有效的方法。

蒋建国：这是最重要的。

主持人：好，我现在就想请我们各位在刚才王明雯代表建议的基础上，我们再提建议，大家还有什么好的建议。

宗春山：我觉得光靠政府是远远不够的，发动群众的力量、百姓的力量。所以前不久我在去年年底，在北京发起一个妈妈评审团。让母亲们站起来，来帮助我们这些技术部门、政府部门，人力不够、技术不够的问题上，他们来把关。只要他们在网上，在手机上看到以后，就立刻去举报，就立刻向有关部门去反映。

主持人：都是什么人参加？这妈妈评审团？

宗春山：妈妈评审团的成员没有限制，只要你愿意参加，你有时间。

主持人：爸爸也可以?

宗春山：爸爸其实也可以，它总得有一个符号啊，对不对，就是妈妈，因为世上只有妈妈好嘛。

主持人：是，是叫妈妈评审团。

宗春山：对，是叫妈妈评审团，因为我也是成员之一嘛，就是准妈妈，所以在这样的一个情况下，很多人是因为这个角色被感动了。

主持人：我觉得你们的这个方法就和蒋署长他们的举报热线有点像。

宗春山：有点像，但他的是一个，比如他是志愿者，我觉得妈妈的责任要大于志愿者。

李静：那个宣传的效果更好。

宗春山：对，她更容易有亲和力，更容易唤起很多人的响应和呼应，你想，就是那些贩黄的人，她想想哪天她做妈妈的时候，她的闺女儿子要看到这些东西，她有什么感想。

主持人：大家同意宗老师的这个观点吗? 好的，谢谢，您是一位特别强大的一位母亲，谢谢您。王代表，您的一个建议引起轩然大波，如果要让您完善这个建议，您还会不会有补充?

王明雯：我看到第 25 次中国互联网调查报告，里面显示我们的手机网民是 2.33 亿，而且我特别忧虑的一点是我们未成年人的手机网民是多少? 10 岁以下达到 116.5 万人，10 岁到 19 岁达到了是 8830.7 万人，20 岁到 29 岁就不说了，这个都已经成年了，但是你看前面 19 岁以下的达到了多少，加起来的话，已经是 9 千多万人。

主持人：9 千多万。

王明雯：这个很可怕的。我觉得我其实特别想说明一点，就是我提这个建议呢，其实刚才那个妈妈说得挺好，是在我们目前没有办法的一个办法。怎么样让这些孩子能够远离这个黄毒，我觉得我们的主管部门也好，学校、家长都有不可推卸的责任。

主持人：好，谢谢王明雯代表的补充。今天蒋署长和我们一起听了建议有什么感触?

蒋建国：感触良多，四句话，受到了启发，学习了智慧，看到了希望，增强了信心。这次的建议，对我们很有作用，我们下一步的工作嘛，我们现在存在对前段的措施和效果进行调查研究和评估，以求再次找到一个突破点，能够把这个工作进一步往前推，现在初步想法是这样几条，一条，就是进一步协调党政各部门共同行动，要实行齐抓共管，第二个就是要广泛发动群众举报，包括宗老师讲的妈妈评审团大家都要行动起来，第三就是要和我们王局长他们一起进一步落实各个企业的责任，从根本上切断利益链，从根本上、源头上解决问题，说到底它就是要群策群力，群防群治，如果有大家的共同参与，就没有解决不好的问题，也没有做不好的工作。

主持人：谢谢蒋署长，谢谢每一位关注我们节目的朋友，希望您的建议能够更大地发挥自己的作用和价值，感谢各位的收看，感谢每一位朋友的支持，明天见，谢谢。

"扫黄打非"办公室联合有关部门督导检查结果表明
手机网络环境明显净化
资料来源：《光明日报》2010 年 3 月 12 日

本报北京 3 月 11 日电（记者庄建）今天从全国"扫黄打非"办公室获悉，由其组织工信部、公安部、文化部、新闻出版总署等相关部门组成的督导检查组，近日对北京、上海、天津、陕西、福建、江苏、广东等 11 个省市开展的打击手机网站传播淫秽色情信息专项行动情况进行了检查。检查结果表明，96% 的省市在"行动部署"、"宣传教育"、"清理网站"、"查办案件"、"源头治理"、"技术防范"、"落实问责"7 大类工作中表现"较好"。各地在开展专项行动中广泛动员、积极行动，明确职责、加强协调，措施到位、标本兼治，取得了明显成效。

清理、关闭违法违规手机网站是专项行动的重要环节。在专项行动中，各地各有关部门按照管辖和职责分工依法关闭了包括手机淫秽色情网站在内的违法违规网站 14 万多个，网络环境得到了明显净化。各地电信管理部门按照专项行动的部署在网站备案和备案信息核查方面做了大量工作，督查省市的网站备案率均达到 90% 以上，备案信息的准确率也达到 80% 以上，该项工作正在有序推进。同时，按照有关要求，电信、移动、联通等基础运营商也采取了切实措施，从业务推广渠道、手机网站接入、服务器层层转租、手机代收费等相关环节进行了清理整治。

专项行动开展以来，北京市处置网络淫秽色情有害信息 15 万余条，广东省清除 11 万余条，江苏省删除 20 万余条。山东省关闭未备案网站 4356 家，天津市关闭通过手机网站接入的未备案网站 2054 个，河北省处置存在淫秽色情、低俗信息及未备案网站 2763 个，陕西省封堵淫秽色情网址 3319 个，上海市处理涉及色情网站的账号 5229 个。

随着专项行动的深入开展，一大批手机淫秽色情网站浮出水面，公安机关落地查人，查办了一批典型的手机网站传播淫秽色情信息案件，震慑了犯罪者，警醒了跟风者，教育了从业者。北京市破获了"李某某利用手

▶《光明日报》关于全国"扫黄打非"办公室联合有关部门督导检查手机网络环境的报道

机 WAP 网站传播淫秽电子信息案"等 15 起网络传播淫秽色情案件,天津市破获 8 起手机传播淫秽色情信息案件,上海市破获 6 起网络传播淫秽色情信息案件,河南省破获 6 起利用网络传播淫秽色情信息案件,江苏省破获 5 起手机网站传播淫秽色情信息案件。针对一些淫秽色情网站开始向境外转移的特点,湖北等地先后破获多起服务器在境外而创建、维护者在境内的利用手机网站传播淫秽色情案件。

据全国"扫黄打非"办公室有关负责人介绍,自去年 11 月全国开展专项行动以来,各地党委政府高度重视,"扫黄打非"工作领导小组主要领导作出专门批示,成立专门领导小组,制定具体实施方案,对专项行动作出周密部署,形成了各级党委政府统一领导,职能部门各司其职、齐抓共管,全社会广泛参与的专项行动工作格局。工作中,各地充分发挥报刊、广播、电视、互联网等媒体的作用,利用报道、评论、访谈等多种形式,广泛发动群众,深刻揭露手机网站传播淫秽色情信息的社会危害,跟踪报道专项行动的开展情况和取得的成果,公开曝光一批违法违规企业和典型案例,营造了有利于专项行动开展的舆论氛围。各地各部门一边抓打击,一边抓整改,在治标的同时注重治本,逐步建立和完善了网络信息安全管理制度、手机网站备案制度等,探索形成一些行之有效的手机网络监管的长效机制。如江苏省通信管理局加强了对手机网站的日常监管,与省内 13 家互联网文化、安全、专项内容管理部门建立了互联网监管协调工作机制、黑名单管理工作机制;山东公安部门与三大基础运营商建立了 24 小时线索查证反馈机制等。下一步,全国"扫黄打非"办公室将通过推动查办大案要案特别是查处服务器设在境外的手机网站传播淫秽色情信息案件,以及推广成功经验和做法、建立健全长效机制,将打击手机网站传播淫秽色情信息专项行动不断引向深入。

全国"扫黄打非"办公室联合有关部门督导检查打击网站传播淫秽色情信息专项行动，抽查表明 —— 打击手机网站涉黄行动取得阶段性成果　网络环境明显净化

资料来源：人民网 2010 年 3 月 18 日

　　人民网北京 3 月 18 日电（记者文松辉）全国"扫黄打非"办公室日前组织工信部、公安部、文化部、新闻出版总署等相关部门组成督导检查组，对北京、上海等 11 个省市开展打击手机网站传播淫秽色情信息专项行动情况进行抽查，结果表明，专项行动取得阶段性成果，手机网络环境明显净化。

　　记者日前从全国"扫黄打非"办公室了解到，按照关于开展打击手机网站传播淫秽色情信息专项行动实施方案的既定部署，全国"扫黄打非"办公室组织工信部、公安部、文化部、新闻出版总署等相关部门组成督导检查组，于 2 月 23 日至 26 日分别对北京、上海、天津、陕西、福建、

▶ 人民网关于全国"扫黄打非"办公室联合有关部门督导检查手机网络环境的报道

江苏、广东等 11 个省市开展专项行动情况进行了检查。检查结果表明，96% 的省市在 "行动部署"、"宣传教育"、"清理网站"、"查办案件"、"源头治理"、"技术防范"、"落实问责" 7 大类工作检查中表现 "较好"。各地在开展专项行动中广泛动员、积极行动，明确职责、加强协调，措施到位、标本兼治，取得了明显成效。

清理、关闭违法违规手机网站是专项行动的重要环节。在专项行动中，各地各有关部门按照管辖和职责分工依法关闭了包括手机淫秽色情网站在内的违法违规网站 14 万多个，网络环境得到了明显净化。各地电信管理部门按照专项行动的部署在网站备案和备案信息核查方面做了大量工作，督查省市的网站备案率均达到 90% 以上，备案信息的准确率也达到 80% 以上，该项工作正在有序推进。同时，按照有关要求，电信、移动、联通等基础运营商也采取了切实措施，从业务推广渠道、手机网站接入、服务器层层转租、手机代收费等相关环节进行了清理整治。

专项行动开展以来，北京市处置网络淫秽色情有害信息 15 万余条，广东省清除 11 万余条，江苏省删除 20 万余条。山东省关闭未备案网站 4356 家，天津市关闭通过手机网站接入的未备案网站 2054 个，河北省处置存在淫秽色情、低俗信息及未备案网站 2763 个，陕西省封堵淫秽色情网址 3319 个，上海市处理涉及色情网站的账号 5229 个。

随着专项行动的深入开展，一大批手机淫秽色情网站浮出水面，公安机关落地查人，查办了一批典型的手机网站传播淫秽色情信息案件，震慑了犯罪者，警醒了跟风者，教育了从业者。北京市破获了 "李某某利用手机 WAP 网站传播淫秽电子信息案" 等 15 起网络传播淫秽色情案件，天津市破获 8 起手机传播淫秽色情信息案件，上海市破获 6 起网络传播淫秽色情信息案件，河南省破获 6 起利用网络传播淫秽色情信息案件，江苏省破获 5 起手机网站传播淫秽色情信息案件。针对一些淫秽色情网站开始向境外转移的特点，湖北等地先后破获多起服务器在境外而创建、维护者在境内的利用手机网站传播淫秽色情案件。

据全国 "扫黄打非" 办公室有关负责人介绍，自去年 11 月全国开展专项行动以来，各地党委政府高度重视，"扫黄打非" 工作领导小组主要领导作出专门批示，成立专门领导小组，制定具体实施方案，对专项行动作出周密部署，形成了各级党委政府统一领导，职能部门各司其职、齐抓共管，全社会广泛参与的专项行动工作格局。工作中，各地充分发挥报刊、广播、电视、互联网等媒体的作用，利用报道、评论、访谈等多种形式，广泛发动群众，深刻揭露手机网站传播淫秽色情信息的社会危害，跟踪报道专项行动的开展情况和取得的成果，公开曝光一批违法违规企业和典型案例，营造了有利于专项行动开展的舆论氛围。各地各部门一边抓打击，一边抓整改，在治标的同时注重治本，逐步建立和完善了网络信息安全管理制度、手机网站备案制度等，探索形成一些行之有效的手机网络监管的长效机制。如江苏省通信管理局加强了对手机网站的日常监管，与省内 13 家互联网文化、安全、专项内容管理部门建立了互联网监管协调工作机制、黑名单管理工作机制；山东公安部门与三大基础运营商建立了 24 小时线索查证反馈机制等。

全国"扫黄打非"办公室有关负责人透露，下一步，全国"扫黄打非"办公室将通过推动查办大案要案特别是查处服务器设在境外的手机网站传播淫秽色情信息案件，以及推广成功经验和做法、建立健全长效机制，将打击手机网站传播淫秽色情信息专项行动不断引向深入。

蒋建国做客央视"两会"特别节目《我建议》谈手机"扫黄"问题时指出
扫除手机淫秽色情信息关键要斩断利益链

资料来源：《中国新闻出版报》2010 年 3 月 10 日

本报讯（记者赖名芳）3 月 5 日，全国"扫黄打非"工作小组副组长兼办公室主任、新闻出版总署副署长蒋建国做客中央电视台社会与法频道（CCTV-12）推出的"两会"特别专题节目《我建议》，认真倾听了人大代表、青少年心理咨询专家、学校师生、家长、电信管理部门有关负责人关于如何根治手机涉"黄"问题的建议。他表示，大家的建议对今后深入开展打击手机网站传播淫秽色情信息专项行动具有促进作用。全国"扫黄打非"办公室将进一步协调党政各部门共同行动，齐抓共管；广泛发动群众举报，群策群力，群防群治；进一步落实各个企业的责任，从根本、源头上切断手机涉"黄"利益链。

"三个绝大多数"引起高度重视

对于全国人大代表王明雯提出的"根据未成年人不同的年龄段，严格限制未成年人手机使用范围"的建议，蒋建国表示赞同。他解释说，作为党政部门来说，它的主要责任是净化社会文化环境，确保未成年人健康成长。这次我们开展的打击手机网站传播淫秽色情信息专项行动的任务就是要净化手机屏幕。去年我们对北京以外的部分省会城市的学校作了一个不记名的调查。在参与调查活动的中小学生中有 74% 的学生在使用手

▶《中国新闻出版报》关于蒋建国副署长做客央视"两会"特别节目《我建议》谈手机"扫黄"的报道

机，而其中有83%的学生用手机上网，并发现在其中又有82%的学生遇到过淫秽色情信息。我们把这称为"三个绝大多数"，即绝大多数学生使用手机，绝大多数学生利用手机上网，绝大多数学生都碰到过淫秽色情信息，这是一个我们必须承认的现实。如果这个现实还不能引起我们重视的话，对孩子们的健康成长，对社会的和谐发展，对我们的民族都将是一场灾难。手机网络淫秽色情的泛滥直接危害着青少年群体，引发了一系列家庭、社会问题，甚至影响了部分青少年的思想道德价值观，这引起了中央领导同志的高度重视。鉴于此，全国"扫黄打非"战线开展了一系列声势浩大的手机"扫黄"工作：2009年11月16日全国"扫黄打非"办公室发出《关于开展打击手机网站传播淫秽色情信息的紧急通知》，于12月4日对外公布举报电话；12月6日，全国"扫黄打非"工作小组召开专题工作会议部署开展专项行动；12月8日，全国"扫黄打非"办公室与外宣办、工信部等九部委联合召开电视电话会议，12月14日召开"扫黄打非"部分成员单位联络员会议，落实有关要求和部署，讨论《深入开展打击手机网站传播淫秽色情信息专项行动实施方案》，12月16日正式下发实施方案，并与最高法院有关部门联合召开了司法解释协调会。此外，还形成了媒体强大的舆论攻势，发动群众积极举报，快速清理大批"涉黄"网站，查处了一批案件，同时还要求基础运营商、接入服务商、内容提供商的担负起社会责任和管理责任，向社会作出公开承诺。为营造2010年春节和全国"两会"期间健康、有序的文化市场环境和喜庆、祥和的社会文化氛围，今年春节前全国"扫黄打非"办公室再次发出通知，决定从2月上旬至4月底在全国范围内开展以打击手机网站传播淫秽色情信息和净化文化市场为重点的专项行动。这一系列行动就是群众讲的手机"扫黄"风暴。截止到现在，全国"扫黄打非"工作小组办公室联合九部委深入开展打击手机网站制作、传播淫秽色情信息活动专项行动以来，全国已关闭包括手机色情网站在内的违法违规网站14万多个，查办大要案110多起。全国"扫黄打非"办公室共收到举报接近13万个，平均每天要接到的电话举报达600个以上，我们对这些举报的信息都进行了核实或转办，并且对举报有功的群众给予了奖励。目前已经奖励了300多人，发放的奖金达30多万元。

淫秽色情信息屡禁不止根本原因存在利益链条

在回应中国社会科学院科技政策与管理科学研究所李强博士提出的"专项治理行动成效很大，但任重道远，必须斩断相关利益链"的建议时，蒋建国表示，李强博士说到了问题的要害，这就是淫秽色情信息屡禁不止，屡打不绝的关键所在。曾经有一幅漫画形象地将淫秽色情信息比喻为魔鬼。它开始是盘踞在报刊上，人一打，它就跳到了广播电视上；再一打，它就传到互联网上；你再一打，它就在低俗音像制品上面，现在又盘踞在手机上。分析其长期存在的根本原因就是存在利益链条。以手机传播淫秽色情为例，手机网站为了部分利益，就上传一些淫秽色情信息，而相关的电信营运商，增值服务商，广告代理商都可以从中受利，乐享其成，因此都不加以制止，这就是问题的要害所在。这次开展的专项行动的一个关键工作就是要斩断这个利益链！我们现在的工作原则就是谁主管谁负责，谁接入谁负责，谁收费谁负责，严格落实企业的责任、个人的责任。对于那些不负责任、不顾责任、不尽责任的，必须用技术的、经济的、行政的、法律的手段进行严惩，打就要打痛，打就要打断，这样从根本上才能解决问题。

治理技术没有障碍关键是管理

工业和信息化部电信管理局副局长王建文在节目中则建议"为未成年人积极开发绿色的手机软件，因为从技术角度来讲，目前是没有任何障碍的，关键问题是管理问题"。对此蒋建国认为，打击手机网站传播淫秽色情信息关键是责任问题。技术问题是可以解决的，即使现在解决不了，通过攻关也可以解决。随着当前开展打击互联网和手机传播淫秽色情信息专项行动的逐步深入，一些不法分子利用境外淫秽色情网站难监管、难查挖的特点，为了逃避打击，将淫秽色情网站纷纷向境外服务器转移。对此，公安网监部门通过技术手段破获了一批服务器设在境外的网站传播淫秽色情信息案，并抓获了在境内负责维护的犯罪嫌疑人。这表明，将淫秽色情网站转移到境外服务器，境内建立维护等人员仍将受到法律制裁。因此，只要责任落实到人就是最有效的管理方法。

　　蒋建国在倾听了大家的众多建议后感慨道："受到了启发，学习了智慧，看到了希望，增强了信心"。我们将对前段行动的措施、效果进行调查研究和评估，以求再次找到一个突破点。全国"扫黄打非"办公室将协调党政各部门共同行动，实行齐抓共管。同时广泛发动群众举报，群策群力，群防群治，进一步落实各个企业的责任，切断相关利益链。他最后表示，从根本上、源头上解决手机涉"黄"问题，我充满了信心。

大学生来信建言建议推广预装手机"绿坝"软件
"扫黄打非"办公室：76封大学生来信建言网络"扫黄"建议推广预装手机"绿坝"软件

资料来源：新华网 2010 年 3 月 18 日

　　新华网北京 3 月 18 日（记者璩静）"每个淫秽色情网站都有一个国外邮箱地址，提议先封掉该邮箱地址，以消除网站被封后再通过邮件发送新网址的隐患。"一位在校大学生在举报信中建议。记者 18 日从全国"扫

▶ 新华网关于大学生向全国"扫黄打非"办公室来信建言献策的报道

黄打非"办公室获悉，仅今年 1 月 15 日至 2 月 28 日，全国"扫黄打非"办公室举报中心共收到全国在校大学生来信 76 封。

全国"扫黄打非"办公室相关负责人表示，来信有三大特点：一是进一步揭露网络淫秽色情信息对青少年学生健康成长的严重危害。二是充分肯定政府开展专项行动的一系列举措和取得的成效。三是为深入开展打击网络淫秽色情信息专项行动建言献策，包括向"扫黄打非"办公室提供淫秽色情网站查找方案和封堵方法、建议加大网吧整治力度、加强技术研发和防范、建议推广手机出厂前强制性预装"绿坝"软件等。

不少来信反映，在校大学生涉足淫秽色情网站的情况较为普遍。一些同学深受其害，通宵或者逃课上淫秽色情网站已经成为家常便饭。个别同学长期沉溺其中，抱着一种"我堕落，我快乐"的心态，荒废了学业和青春，迷失了人生方向，甚至走上了歧途。76 封来信普遍认为，全国"扫黄打非"办公室为净化手机屏开展了实实在在的行动，成效有目共睹。作为当代大学生，一定要洁身自好，不仅保持自身头脑清醒，还要大力宣传打击网络淫秽色情专项行动重要举措，让更多的人参与"共铸绿色网盾"活动。

随着专项行动深入开展，越来越多的在校大学生积极参与这项"网络清洁工程"。据介绍，全国"扫黄打非"办公室高度重视大学生来信，将进一步加大群众来信受理、转办以及举报奖励工作力度，广泛发动群众，群策群力，群防群治。

大学生踊跃建言打击网络淫秽色情

资料来源：《光明日报》2010 年 3 月 18 日

本报北京 3 月 17 日电（记者庄建）在校大学生积极响应打击手机网站传播淫秽色情信息专项行动，踊跃来信举报网络淫秽色情信息。全国"扫黄打非"办公室有关负责人告诉记者，1 月 15 日至 2 月 28 日，全国"扫黄打非"办公室举报中心收到在校大学生来信 76 件。在来信中，大学生们揭露网络淫秽色情信息对青少年健康成长造成的严重危害，充分肯定政府开展专项行动的一系列举措和取得的成效，并为深入开展专项行动建言献策。

很多同学在来信中反映，在校大学生涉足淫秽色情网站的情况较为普遍。一些同学深受其害，通宵或者逃课上淫秽色情网站。个别同学长期沉溺于其中，寻求刺激，荒废了学业和青春，迷失了人生方向，甚至走上了歧途。

大学生们在来信中指出，全国"扫黄打非"办公室为净化手机屏开展了实实在在的行动，有奖举报等举措并非作秀，且颇见成效；互联网和手机网站环境较前干净多了，广大网民有目共睹。很多同学表示，作为当代大学生，一定要洁身自好，保持头脑清醒，与"黄毒"彻底划清界限；不但要从自身做起，还要向周围同学大力宣传"扫黄打非"重要举措，让更多的人参与到打击网络淫秽色情专项行动中来，共铸绿色网盾。

▶《光明日报》关于大学生向全国"扫黄打非"办公室来信建言献策的报道

　　在信中，大学生们积极为严厉打击淫秽色情网站、加强网络监管出谋划策。有的提供了淫秽色情网站的查找方案，有的为封堵淫秽色情网站提供有效方法，基于每个淫秽色情网站都有一个国外邮箱地址的情况，有的提议先封掉相应的邮箱地址，以杜绝网站被封后再通过邮件发送新网址的隐患，还有的建议加大对网吧的整治力度，防止"黄毒"蔓延，加紧技术研发，强化技术防范，比如推广使用手机"绿坝"软件并在手机出厂前强制安装等。

　　对大学生来信提出的意见、建议，全国"扫黄打非"办公室高度重视。有关负责人表示，将进一步加大群众来信受理、转办以及举报奖励工作力度，广泛发动群众，群策群力，群防群治，不断寻求新的突破口和着力点，将打击手机网站传播淫秽色情信息专项行动引向深入。

大学生踊跃为手机网络"扫黄"建言
全国"扫黄打非"办公室
广泛发动群众，将专项行动不断引向深入

资料来源：《中国新闻出版报》2010 年 3 月 18 日

　　本报讯（记者赖名芳）记者 3 月 17 日从全国"扫黄打非"办公室了解到，随着打击手机网站传播淫秽色情信息专项行动的深入开展，截至目前，全国已关闭包括手机淫秽色情网站在内的违法违规网站 14.7 万个，查办大要案 110 多起。全国"扫黄打非"办公室共接到群众电话、网上、书面举报近 13 万个，目前已有 300 多名举报有功群众获得奖励，政府发放奖金达 30 多万元。

　　这其中包括许多在校大学生的来信举报，仅 1 月 15 日至 2 月 28 日，全国"扫黄打非"办公室举报中心就收到在校大学生的来信 76 封。这些来信不仅列举了网络淫秽色情信息对在校青少年学生健康成长的种种严重危害，还为深入开展打击网络淫秽色情信息专项行动积极建言献策。比如，建议政府加紧技术研发，推广使用手机"绿坝"软件，并在手机出厂前强制安装等。

　　全国"扫黄打非"办公室对在校大学生的来信进行了认真分析，认为这些来信主要具有三方面特点。

　　一是进一步揭露网络淫秽色情信息对在校青少年学生健康成长的严重危害。很多同学在来信中反映，在校大学生涉足淫秽色情网站的情况较为普遍。一些同学深受其害，通宵或者逃课上淫秽色情网已经成家常便饭。个别同学长期沉溺其中，荒废了学业和青春，迷失了人生方向，甚至走上了歧途。

　　二是充分肯定政府开展专项行动的一系列举措和所取得的成效。来信普遍认为，全国"扫黄打非"办公室为净化手机屏开展了实实在在的行动，有奖举报等举措并非作秀且颇见成效；互联网和手机网站环境较前"干净"多了，广大网民有目共睹。很多同学表示，作为当代大学生，一定要做到洁身自好，保持头脑清醒，与"黄毒"彻底划清界限；不但要从自身做起，还要向周围同学大力宣传"扫黄打非"的重要举措，让更多的人参与到打击网络淫秽色情专项行动中来，共铸绿色网盾。

▶《中国新闻出版报》
关于大学生向全国
"扫黄打非"办公室来
信建言献策的报道

三是为深入开展打击网络淫秽色情信息专项行动建言献策。在信中，在校大学生积极为严厉打击淫秽色情网站、加强网络监管出谋划策。有的提供了淫秽色情网站的查找方案，有的为封堵淫秽色情网站提供有效方法。比如，基于每个淫秽色情网站都有一个国外邮箱地址的情况，提议先封掉相应的邮箱地址，以杜绝网站被封后再通过邮件发送新网址的隐患。还有的建议加大对网吧的整治力度，防止"黄毒"蔓延。同时，加紧技术研发，强化技术防范，推广使用手机"绿坝"软件，并在手机出厂前强制安装等。

全国"扫黄打非"办公室有关负责人在接受记者采访时表示，高度重视大学生来信提出的意见、建议，将进一步加大群众来信受理、转办以及举报奖励工作力度，广泛发动群众，群策群力，群防群治，不断寻求新的突破口和着力点，将打击手机网站传播淫秽色情信息专项行动引向深入。

大学生踊跃举报网络淫秽信息

资料来源：《中国青年报》2010 年 3 月 18 日

本报北京 3 月 17 日电（记者刘声）全国"扫黄打非"办公室今天宣

▶《中国青年报》关于大学生向全国"扫黄打非"办公室来信建言献策的报道

布，随着打击手机网站传播淫秽色情信息专项行动的深入开展，在校大学生踊跃来信举报网络淫秽色情信息。仅 1 月 15 日至 2 月 28 日，全国"扫黄打非"办公室举报中心就收到在校大学生的来信 76 件。

据全国"扫黄打非"办公室有关负责人介绍，许多同学来信反映，在校大学生涉足淫秽色情网站的情况较为普遍。一些同学深受其害，通宵或者逃课上淫秽色情网站。个别同学长期沉溺其中，荒废学业和青春，迷失人生方向，甚至走上歧途。

来信普遍认为，全国"扫黄打非"办公室为净化手机网络使用环境开展了实实在在的行动，有奖举报等举措颇见成效；互联网和手机网站环境较前"干净"多了。许多学生表示，要保持头脑清醒，与"黄毒"彻底划清界限。

在来信中，在校大学生积极为严厉打击淫秽色情网站、加强网络监管出谋划策。有的提供淫秽色情网站的查找方案；有的为封堵淫秽色情网站提供有效方法，比如基于每个淫秽色情网站都有一个国外邮箱地址的情况，提议先封掉相应的邮箱地址，以杜绝网站被封后再通过邮件发送新网址的隐患；还有的建议加紧技术研发，强化技术防范，比如推广使用手机"绿坝"软件并在手机出厂前强制安装等。

该负责人说，全国"扫黄打非"办公室高度重视大学生来信提出的建议，将进一步加大群众来信受理、转办以及举报奖励工作力度，广泛发动群众，群策群力，将打击手机网站传播淫秽色情信息专项行动引向深入。

关闭违法违规网站 14 万余家
资料来源：《法制日报》2010 年 3 月 13 日

北京 3 月 12 日讯（记者朱磊）记者日前从全国"扫黄打非"办公室获悉，自打击手机网站传播淫秽色情信息专项行动开展以来，各地各有关部门按照管辖和职责分工，依法关闭了包括手机淫秽色情网站在内的违法违规网站 14 万余家。

据了解，按照专项行动实施方案的部署，全国"扫黄打非"办公室组织工信部、公安部、文化部、新闻出版总署等相关部门组成督导检查组，于 2 月 23 日至 26 日分别对北京、上海、天津、陕西、福建、江苏、广东等 11 个省市开展专项行动情况进行了检查。检查结果表明，96%的省市在行动部署、宣传教育、清理网站、查办案件、源头治理、技术防范、落实问责 7 大类工作检查中表现较好。各地在开展专项行动中也取得了明显成效。

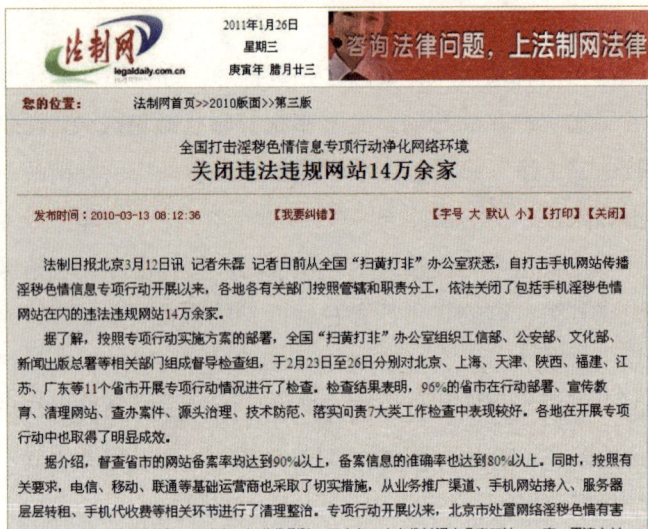

▶ 法制网关于打击互联网和手机媒体传播淫秽色情信息专项行动进展的报道

据介绍，督查省市的网站备案率均达到 90%以上，备案信息的准确率也达到 80%以上。同时，按照有关要求，电信、移动、联通等基础运营商也采取了切实措施，从业务推广渠道、手机网站接入、服务器层层转租、手机代收费等相关环节进行了清理整治。专项行动开展以来，北京市处置网络淫秽色情有害信息 15 万余条，广东省清除 11 万余条，江苏省删除 20 万余条，山东省关闭未备案网站 4356 家，天津市关闭通过手机网站接入的未备案网站 2054 家，河北省处置存在淫秽色情、低俗信息及未备案网站 2763 家，陕西省封堵淫秽色情网址 3319 个，上海市处理涉及色情网站的账号 5229 个。

有关负责人表示，下一步，全国"扫黄打非"办公室将通过推动查办大案要案特别是查处服务器设在境外的手机网站传播淫秽色情信息案件，以及推广成功经验和做法、建立健全长效机制等，将打击手机网站传播淫秽色情信息专项行动不断引向深入。

全国"扫黄打非"办公室发出通知
进一步推进打击手机网站涉黄专项行动
资料来源：《人民日报》2010年4月16日

　　人民网北京4月15日电（记者张贺）全国"扫黄打非"办公室14日发出通知，要求各省（区、市）"扫黄打非"办公室和有关部门进一步推进打击手机网站传播淫秽色情信息专项行动的各项工作，巩固前期工作成果，着力解决突出问题，逐步形成长效监管机制，确保全面完成各项工作任务。

　　《通知》指出，专项行动开展以来，各地各有关部门高度重视，理清了手机网站传播淫秽色情信息的利益链条，关闭了一批违法违规网站，破获了一批大案要案，建立完善了有关长效机制，督促相关企业采取了安全运营措施，营造了良好社会舆论氛围，获得了广大群众的大力支持，专项

▶《人民日报》关于进一步推进打击互联网和手机媒体传播淫秽色情信息专项行动的报道

行动取得了阶段性成果。但是，目前专项行动的工作目标尚未完全达到，有些问题还比较突出，成绩不能估计过高，困难不能估计过小，工作任务仍然十分艰巨。要针对专项行动中发现的各种问题，查漏补缺，不断建立完善手机网站管理的各项长效机制，做到思想不懈怠，工作不放松，力度不减弱，做好打持久战的准备。

《通知》要求，各地各部门要狠抓案件查处工作，始终保持对手机网站传播淫秽色情信息违法犯罪行为的高压态势。要在以往工作的基础上，充分利用最高人民法院和最高人民检察院发布的《关于办理利用互联网、移动通讯终端、声讯台制作、复制、出版、贩卖、传播淫秽电子信息刑事案件具体应用法律若干问题的解释（二）》的相关规定，严查手机网站传播淫秽色情信息的利益相关方。要不断研究手机网站传播淫秽色情信息案件的新特点和破案的新方法，针对手机淫秽色情网站向境外服务器转移的趋势，对已破获的此类案件进行深入研究，寻找规律，总结经验，不断提高"落地查人"的工作力度。针对部分地区出现的手机销售、维修店向消费者提供淫秽色情信息的新情况，要进一步加大对手机销售、维修店的检查力度，严厉打击此类违法犯罪行为。要充分挖掘案件线索，做到有案必查，有责必究，始终保持对传播淫秽色情信息违法犯罪行为的高压态势，不给违法犯罪分子以任何容身之地和喘息之机，坚决防止手机淫秽色情网站死灰复燃。

全国"扫黄打非"办公室推进专项行动手机网站：禁黄

资料来源：《光明日报》2010 年 4 月 16 日

本报北京 4 月 15 日电（记者庄建）全国"扫黄打非"办公室今天发出通知，要求各省（区、市）"扫黄打非"办公室和有关部门进一步推进打击手机网站传播淫秽色情信息专项行动的各项工作，巩固前期工作成果，着力解决突出问题，逐步形成长效监管机制，确保全面完成各项工作任务。

▶《光明日报》关于进一步推进打击互联网和手机媒体传播淫秽色情信息专项行动的报道

　　《通知》指出，专项行动开展以来，各地各有关部门高度重视，深入调研，周密部署，标本兼治，理清了手机网站传播淫秽色情信息的利益链条，关闭了一批违法违规网站，破获了一批大案要案，建立完善了有关长效机制，督促相关企业采取了安全运营措施，营造了良好社会舆论氛围，获得了广大群众的大力支持，专项行动取得了阶段性成果。但是，目前专项行动的工作目标尚未完全达到，有些问题还比较突出，成绩不能估计过高，困难不能估计过小，工作任务仍然十分艰巨。要针对专项行动中发现的各种问题，查漏补缺，不断建立完善手机网站管理的各项长效机制，做到思想不懈怠，工作不放松，力度不减弱，作好打持久战的准备。

　　《通知》要求，各地各部门要狠抓查案，始终保持对手机网站传播淫秽色情信息违法犯罪行为的高压态势。要在以往工作的基础上，充分利用最高人民法院和最高人民检察院发布的《关于办理利用互联网、移动通讯终端、声讯台制作、复制、出版、贩卖、传播淫秽电子信息刑事案件具体应用法律若干问题的解释（二）》的相关规定，严查手机网站传播淫秽色情信息的利益相关方。要不断研究手机网站传播淫秽色情信息案件的新特点和破案的新方法，针对手机淫秽色情网站向境外服务器转移的趋势，对已破获的此类案件进行深入研究，寻找规律，总结经验，不断提高"落地查人"的工作力度。针对部分地区出现的手机销售、维修店向消费者提供淫秽色情信息的新情况，要进一步加大对手机销售、维修店的检查力度，严厉打击此类违法犯罪行为。要充分挖掘案件线索，做到有案必查，有责必究，始终保持对传播淫秽色情信息违法犯罪行为的高压态势，不给违法犯罪分子以任何容身之地和喘息之机，坚决防止手机淫秽色情网站死灰复燃。

《通知》强调，各地各部门要特别注重广大群众在预防和打击手机网站传播淫秽色情信息工作中的作用，充分调动学校、家庭、社会等各个方面的积极性，发动社会各界共同参与、齐抓共管。要严格落实举报奖励规定，充分发挥各地各相关部门举报中心的作用，认真受理举报，快速兑现奖励，不断提高群众参与专项行动的积极性。要采取更加有效的方法引导青少年健康上网，加强青少年文化产品生产和校外活动场所建设，使未成年人远离淫秽色情等网络不良信息的诱惑。

《通知》要求，各地"扫黄打非"办公室要严格按照全国"扫黄打非"办公室下发的专项行动实施方案和中央外宣办、全国"扫黄打非"办公室、工业和信息化部、公安部等九部门联合下发的工作方案的要求，加强督促检查。要检查网站清理是否彻底、案件查办是否坚决、长效机制是否建立完善。要检查专项行动各项工作措施、任务是否按照相关工作方案规定的时间表和路线图有效开展，确定的工作目标是否真正实现。

打击手机网站涉"黄"专项行动向纵深推进
监管治理未有穷期

资料来源：《中国新闻出版报》2010 年 4 月 22 日

全国"扫黄打非"办公室 4 月 14 日发出《要求进一步推进打击手机

网站传播淫秽色情信息专项行动的通知》（以下简称《通知》），要求各省（区、市）"扫黄打非"办公室和有关部门巩固前期工作成果，着力解决突出问题，逐步形成长效监管机制，做好打持久战准备，确保全面完成各项工作任务。

思想不懈怠做好打持久战准备

全国"扫黄打非"办公室有关负责人就《通知》指出，专项行动开展以来，各地各有关部门高度重视，深入调研，周密部署，标本兼治，理清了手机网站传播淫秽色情信息的利益链条，关闭了一批违法违规网站，破获了一批大案要案，建立完善了有关长效机制，督促相关企业采取了安全运营措施，营造了良好社会舆论氛围，获得了广大群众的大力支持，专项行动取得了阶段性成果。但是，目前专项行动的工作目标尚未完全达到，有些问题还比较突出，成绩不能估计过高，困难不能估计过小，工作任务

▶《中国新闻出版报》关于打击互联网和手机媒体传播淫秽色情信息专项行动向纵深推进的报道

仍然十分艰巨。各地要针对专项行动中发现的各种问题，查漏补缺，不断建立完善手机网站管理的各项长效机制，做到思想不懈怠、工作不放松、力度不减弱，做好打持久战的准备。

防止手机淫秽色情网站死灰复燃

各地各部门要狠抓查办案件，始终保持对手机网站传播淫秽色情信息违法犯罪行为的高压态势。全国"扫黄打非"办公室在《通知》中强调，要在以往工作的基础上，充分利用最高人民法院和最高人民检察院发布的《关于办理利用互联网、移动通讯终端、声讯台制作、复制、出版、贩卖、传播淫秽电子信息刑事案件具体应用法律若干问题的解释（二）》的相关规定，严查手机网站传播淫秽色情信息的利益相关方。要不断研究手机网站传播淫秽色情信息案件的新特点和破案的新方法，针对手机淫秽色情网站向境外服务器转移的趋势，对已破获的此类案件进行深入研究，寻找规律，总结经验，不断提高"落地查人"的工作力度。针对部分地区出现的手机销售、维修店向消费者提供淫秽色情信息的新情况，要进一步加大对手机销售、维修店的检查力度，严厉打击此类违法犯罪行为。要充分挖掘案件线索，做到有案必查、有责必究，始终保持对传播淫秽色情信息违法犯罪行为的高压态势，不给违法犯罪分子以任何容身之地和喘息之机，坚决防止手机淫秽色情网站死灰复燃。

各地各部门要特别注重广大群众在预防和打击手机网站传播淫秽色情信息工作中的作用，充分调动学校、家庭、社会等各个方面的积极性，发动社会各界共同参与、齐抓共管。要严格落实举报奖励规定，充分发挥各地各相关部门举报中心的作用，认真受理举报，快速兑现奖励，不断提高群众参与专项行动的积极性。要采取更加有效的方法引导青少年健康上网，加强青少年文化产品生产和校外活动场所建设，使未成年人远离淫秽色情等网络不良信息的诱惑。各地"扫黄打非"办公室要严格按照全国"扫黄打非"办公室下发的专项行动实施方案和中央外宣办、全国"扫黄打非"办公室、工业和信息化部、公安部等9部门联合下发的工作方案的要求，加强督促检查。要检查网站清理是否彻底、案件查办是否坚决、长效机制是否建立完善，要检查专项行动各项工作措施、任务是否按照相关工作方案规定的时间表和路线图有效开展，确定的工作目标是否真正实现。

快判快结有效震慑犯罪分子

近期，随着打击手机网站传播淫秽色情信息专项行动的深入开展，各地充分运用《最高人民法院、最高人民检察院〈关于办理利用互联网、移动通讯终端、声讯台制作、复制、出版、贩卖、传播淫秽电子信息刑事案件具体应用法律若干问题的解释〉》有关规定，依法对相关案件进行审理，先后审结一批典型案件，有效震慑了犯罪分子，确保了专项行动取得实效。据全国"扫黄打非"办公室有关负责人介绍，广东江门"7·01"网络传播淫秽色情信息案、上海"5·22"手机网站传播淫秽色情信息案和江西九江"11·16"手机网站传播淫秽色情信息案近日已宣判，3案的9名主犯分别被判处有期徒刑13年至2年，反映了司法部门对手机网站涉"黄"案件的重拳打击力度。

相关链接

——广东"7·01"案

2010年1月19日，广东省江门市中级人民法院审结江门"7·01"网络传播淫秽色情信息案，判处黄某有期徒刑13年，并处罚金10万元。

2009年7月，江门市公安部门侦查发现，犯罪嫌疑人黄某自2005年起便在家中编写"Girldv成人电影网"网页程序，并从境外购买域名、租用服务器，建立了www.girl.com成人电影网站。经审理查明，黄某从互联网上下载了1000多部淫秽电影，并切割成3600多个淫秽视频文件上传到其网站上。截至案发时，黄某共发展网络注册会员4354人次，非法获利23万美元、172万元人民币。

——上海"5·22"案

2010年3月24日，上海市普陀区人民法院审结"彩蛙网"传播淫秽色情信息案，判处主犯盛某有期徒刑11年零6个月，并处罚金10万元；判处其余6名案犯有期徒刑6年零6个月至1年，并处2万元至1000元不等罚金。

经审理查明，犯罪嫌疑人盛某组织人员先后在上海、马鞍山等地设置网络服务器，两年多来先后开办了数十个大型淫秽色情网站。其中开办的手机 WAP 网站"彩蛙网"有淫秽色情图片 5 万余张、淫秽色情文档 1000 余个、淫秽色情视频 1 万余部,月均点击量达 1000 万余次,非法获利达 60 万余元。

——九江"11·16"案

2010 年 3 月 23 日,江西省九江市浔阳区人民法院审结"11·16"手机网站传播淫秽色情信息案,判处张某有期徒刑 2 年,并处罚金 1 万元。

2009 年 11 月 16 日,江西省九江市公安网监支队侦查发现手机 WAP 网站 51xo.org.wa68.com 涉嫌传播淫秽色情信息。由于犯罪嫌疑人对该网站实施了关停操作,侦查人员转而从该网站的空间提供商入手深挖,查明犯罪嫌疑人通过技术手段将访问强制跳转到近 20 个涉及淫秽主题的境外手机网站,仅其中 3 个一级跳转的淫秽色情手机 WAP 网站中就有淫秽图片、小说 592 张(部)。同年 12 月 7 日,办案人员将犯罪嫌疑人张某抓获归案。

"扫黄打非"办公室通报三起手机网站涉黄案
资料来源:《人民日报》2010 年 4 月 18 日

据新华社北京 4 月 16 日电(璩静 俞菁)全国"扫黄打非"办公室 16 日通报了 3 起审结的手机网站传播淫秽色情信息案件,9 名案犯分别被判处有期徒刑。

——广东江门"7·01"网络传播淫秽色情信息案

2010 年 1 月 19 日,广东省江门市中级人民法院审结江门"7·01"网络传播淫秽色情信息案,判处黄某有期徒刑 13 年,并处罚金 10 万元。经审理查明,黄某从互联网上下载了 1000 多部淫秽电影,并切割成 3600 多个淫秽视频文件上传到其网站上。截至案发时,黄某共发展网络注册会员 4354 人次,非法获利 23 万美元、172 万元人民币。

——上海"5·22"手机网站传播淫秽色情信息案

2010 年 3 月 24 日,上海市普陀区人民法院审结"彩蛙网"传播淫秽色情信息案,判处主犯盛某有期徒刑 11 年零 6 个月,并处罚金 10 万元;判处其余 6 名案犯有期徒刑 6 年零 6 个月至 1 年,并处 2 万元至 1000 元

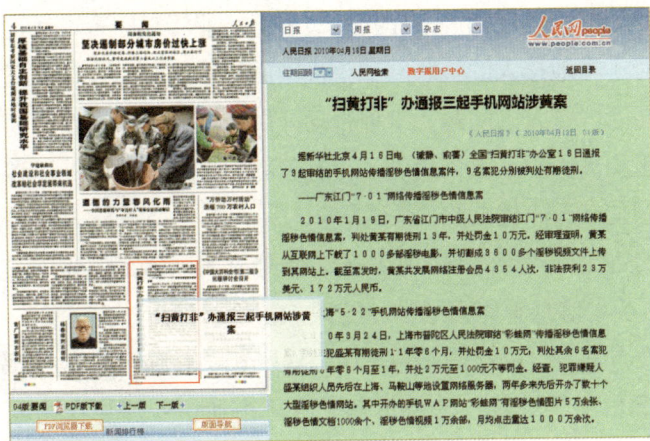

▶《人民日报》关于打击手机网站涉"黄"专项行动向纵深推进的报道

不等罚金。经查，犯罪嫌疑人盛某组织人员先后在上海、马鞍山等地设置网络服务器，两年多来先后开办了数十个大型淫秽色情网站。其中开办的手机 WAP 网站"彩蛙网"有淫秽色情图片 5 万余张、淫秽色情文档 1000 余个、淫秽色情视频 1 万余部，月均点击量达 1000 万余次。

——江西九江"11·16"手机网站传播淫秽色情信息案

2010 年 3 月 23 日，江西九江市浔阳区人民法院审结"11·16"手机网站传播淫秽色情信息案，判处张某有期徒刑 2 年，并处罚金 1 万元。2009 年 11 月 16 日，江西省九江市公安网监支队侦查发现手机 WAP 网站51xo.org、wa68.com 涉嫌传播淫秽色情信息。由于犯罪嫌疑人对该网站实施了关停操作，侦查人员转而从该网站的空间提供商入手深挖，查明犯罪嫌疑人通过技术手段将访问强制跳转到近 20 个涉及淫秽主题的境外手机WAP 网站，仅其中 3 个一级跳转的淫秽色情手机 WAP 网站中就有淫秽图片、小说 592 张（部）。同年 12 月 7 日，在广东茂名警方的配合下，办案人员将犯罪嫌疑人张某抓获归案。

天津市加强网站管理强化技术支撑杜绝手机黄网

资料来源：新华网 2010 年 7 月 7 日

在打击手机网站传播淫秽色情信息专项行动中，天津市通信管理局积极配合市"扫黄打非"部门开展相关工作，切实履行行业管理职责，通过完善技术手段加强对于本地接入的互联网和手机网站的管理和清查，从源头上解决违法网站在区内接入的问题。专项行动开展以来，天津市互联网综合管理平台发挥了积极作用，效果显著，在有关部门曝光和关闭的淫秽色情网站中，无一例是在天津接入的。

针对互联网上的违法行为预防难、定位难、查处难的问题，作为全国ICP、IP地址、域名备案信息管理系统唯一的试点省份，天津市探索分布式备案管理系统建设方案，以提高网站备案率，保障相关互联网站管理部门查处违法网站溯源信息的准确性。2008年，天津市通信管理局在建成全市各基础运营企业接入备案系统的基础上，分步建立起部、省、接入商三级架构的互联网综合管理平台。该平台在变被动管理为主动管理、变事后查处为事前预防、实现对接入网站可控可管上作用明显。一是实现互联网信息统一采集，依法共享，强化了互联网基础管理。二是通过综合分析基础信息，及时发布行业发展或管理预警。接入商可通过企业系统与工信部网站备案系统实现备案信息提交及更新；相关管理部门可以通过该平台依法履行网站审批及管理职责，并做好信息安全管理工作。三是依据日常管理系统的相关基础数据，有针对性地对不同时间、不同领域、不同网站

▶ 新华网关于天津市加强网站管理、强化技术支撑杜绝手机黄网的报道

等采取应急管理措施，保障国家安全，维护社会稳定。

在打击手机网站传播淫秽色情信息专项行动中，天津市互联网综合管理平台在未备案网站和服务器层层转包接入等的有效监管上发挥明显优势。一是全量发现所接入的网站并自动判定是否备案。二是杜绝未备案先接入。系统具备自动发现、自动隔离、提示备案、备案后自动解除隔离等功能。自2008年7月系统运行以来，近2万个未备案网站，在未经人工干预的情况下自动完成了备案。三是提高备案信息的准确性。通过发现系统和备案系统能对已备案网站的接入信息进行自动核对。四是通信管理部门及相关接入商通过平台的信息探测采集系统，能够发现接入服务层层转包和违规提供接入服务的行为。五是通过基础运营企业对托管在其IDC机房服务器的下级接入商所接入的网站进行管理。在对有害信息网站的管理上，该平台同样效果突出：及时准确监控重点网站；对网站开设的栏目及相关内容进行关键字搜索；自动发现、自动隔离已纳入"黑名单"的网站再次在本地接入。互联网综合管理平台的建成并运行，真正使违法网站"查得到，管得住"。

天津市通信管理局严把接入商经营许可准入环节，强化接入责任，着力从源头上封堵淫秽色情等有害信息，为建立并完善互联网长效监管机制提供了很好的借鉴。

天津探索从源头防堵手机"黄毒"成效显著
资料来源：中国日报网2010年7月7日

（记者刘声）针对互联网上的违法行为预防难、定位难、查处难问题，全国"扫黄打非"办公室今天（7月5日）通报天津市互联网综合管理平台杜绝手机"黄网"的先进经验，要求各地"扫黄打非"部门充分发挥优势，形成工作合力，创新方法和机制，推动打击手机网站传播淫秽色情信息工作深入开展。

据全国"扫黄打非"办公室有关负责人介绍，在打击手机网站传播淫秽色情信息专项行动中，天津市通信管理局积极配合该市"扫黄打非"部

▶ 中国日报网关于天津市加强网站管理、强化技术支撑杜绝手机黄网的报道

门，通过完善技术手段加强对于本地接入的互联网和手机网站的管理和清查，从源头上解决问题。专项行动开展以来，天津市互联网综合管理平台发挥积极作用，效果显著，在有关部门曝光和关闭的淫秽色情网站中，无一例是在天津接入的。

作为全国 ICP、IP 地址、域名备案信息管理系统唯一的试点省份，天津市开始探索分布式备案管理系统建设方案，以提高网站备案率，保障相关互联网站管理部门查处违法网站溯源信息的准确性。2008 年，天津市通信管理局在建成全市各基础运营企业接入备案系统的基础上，分步建立起部、省、接入商三级架构的互联网综合管理平台。该平台在变被动管理为主动管理、变事后查处为事前预防、实现对接入网站可控可管方面作用明显。

在打击手机网站传播淫秽色情信息专项行动中，天津市互联网综合管理平台在未备案网站和服务器层层转包接入等的有效监管上发挥明显优势：杜绝未备案先接入，系统具备自动发现、自动隔离、提示备案、备案后自动解除隔离等功能；提高备案信息的准确性，通过发现系统和备案系统能对已备案网站的接入信息进行自动核对；通信管理部门及相关接入商通过平台的信息探测采集系统，能够发现接入服务层层转包和违规提供接入服务的行为；通过基础运营企业对托管在其 IDC（互联网数据中心）机房服务器的下级接入商所接入的网站进行管理。

　　据介绍，在对有害信息网站的管理上，该平台同样效果突出：及时准确监控重点网站；对网站开设的栏目及相关内容进行关键字搜索；自动发现、自动隔离已纳入"黑名单"的网站再次在本地接入。

网络"扫黄"封堵关闭淫秽色情网站 1.9 万个
删除淫秽色情信息 112 万条

资料来源：《人民日报》2010 年 8 月 3 日

　　本报北京 8 月 2 日电（记者张贺）记者今天从全国"扫黄打非"办公室获悉，自 2009 年 12 月全国开展打击互联网和手机媒体传播淫秽色情

▶《人民日报》关于打击互联网和手机媒体传播淫秽色情信息专项行动取得阶段性显著成效的报道

信息专项行动以来，各地各有关部门周密部署，标本兼治，取得了阶段性显著成效。截至 7 月中旬，有关部门共删除网上淫秽色情信息 112 万条；封堵、关闭淫秽色情网站 1.9 万个，其中手机网站 1.55 万个。各级公安机关共破获网络和手机媒体传播淫秽色情案件 1653 起。全国"扫黄打非"办公室先后对 11 起手机媒体传播淫秽色情信息重点案件进行了挂牌督办。

为抓好源头治理，确保整治取得长效，有关部门和三大基础电信运营商强化对业务推广渠道等环节的信息安全管控和应急处理，对存在流程不规范、资质有问题的 237 家企业进行了清退，与 414 家开展业务推广合作的企业重签信息安全协议，不断完善手机上网代收费管理制度等。中国互联网络信息中心（CNNIC）对新注册申请的 29.5 万个域名进行实名审核，停止解析涉"黄"域名 4287 个。同时，为全面提升对信息安全事件的预防、控制能力，相关部门迅速推进各项技术手段建设工作。

网络和手机媒体"扫黄"行动得到了广大人民群众的大力支持。据统计，全国"扫黄打非"举报中心先后接到相关举报线索 15.9 万余条，向 511 名举报人兑现奖金 52.1 万元。

网络"扫黄"取得阶段性成果：封堵、关闭淫秽色情网站 1.9 万个

资料来源：新华网 2010 年 7 月 28 日

新华社北京 7 月 28 日电（记者璩静）记者 28 日从全国"扫黄打非"办公室获悉，自去年 12 月开展以来，打击互联网和手机媒体传播淫秽色情信息专项行动取得了阶段性成效，网络传"黄"得到有效遏制。截至 2010 年 7 月，有关部门共删除网上淫秽色情信息 112 万条，封堵、关闭淫秽色情网站 1.9 万个，其中手机网站 1.55 万个。

据了解，此次专项行动通过严厉惩处一批违法犯罪分子，打击违法者，震慑犯罪者，警醒跟风者，教育从业者。各级公安机关共破获网络和手机媒体传播淫秽色情案件 1653 起。全国"扫黄打非"办公室先后对 11 起手机媒体传播淫秽色情信息重点案件进行了挂牌督办。

网络"扫黄"封堵、关闭淫秽色情网站1.9万个

2010年07月28日 19:44:29　来源：新华网【字号 大小】【留言】【打印】【关闭】

资料图片（杨威 绘）

新华网北京7月28日电（记者 璩静）记者28日从全国"扫黄打非"办公室获悉，自去年12月开展以来，打击互联网和手机媒体传播淫秽色情信息专项行动取得了阶段性成

▶ 新华网关于打击互联网和手机媒体传播淫秽色情信息专项行动取得阶段性显著成效的报道

全国"扫黄打非"办公室相关负责人表示，有关部门和三大基础电信运营商强化对业务推广渠道等环节的信息安全管控和应急处理，对存在流程不规范、资质有问题的237家企业进行了清退，与414家开展业务推广合作的企业重签信息安全协议，不断完善手机上网代收费管理制度等。中国互联网络信息中心对新注册申请的29.5万个域名进行实名审核，停止解析涉"黄"域名4287个。同时，为全面提升对信息安全事件的预防、控制能力，相关部门迅速推进各项技术手段建设工作。目前，网站备案系统改造工作已经完成，手机网站内容拨测系统、企业资源管理平台、手机WAP网站违法有害信息发现过滤等系统建设工作正在按专项治理计划有序推进。

专项行动期间，各地还对因责任不落实、管理不到位、措施不完善导致制"黄"传"黄"的相关接入服务商、网站管理人员等进行了责任追究。

同时，网络和手机媒体"扫黄"行动也得到了公众大力支持。据统计，全国"扫黄打非"举报中心先后接到相关举报线索15.9万余条，向511名举报人兑现奖金52.1万元。北京市组建了"妈妈评审团"，广东省开展了"万名母亲网络护卫行动"，发动广大母亲和家庭积极行动起来，为净化网络、保护孩子献计出力。

"互联网和手机网站传播淫秽色情信息蔓延的态势已经得到了有效遏制,但问题还没有完全解决。"全国"扫黄打非"办公室有关负责人表示,专项行动虽告一段落,但打击互联网和手机媒体传播淫秽色情信息工作还将是一项长期的任务。

一批网络淫秽色情案宣判

资料来源:《人民日报》2010 年 11 月 27 日

人民日报北京 11 月 26 日电(记者张贺)记者日前从全国"扫黄打非"办公室获悉:近一个时期以来,各地不断加大案件查办力度,相继宣判了一批网络传播淫秽色情信息案件,有效震慑了违法犯罪分子,有力推动了打击互联网和手机媒体传播淫秽色情信息工作的深入开展。

江苏宿迁"4·19"网络传播淫秽色情信息案宣判

2010 年 5 月,江苏宿迁泗洪县人民法院对"4·19"网络传播淫秽色情信息案作出一审判决,判处被告人申某有期徒刑 11 年 6 个月,并处罚金 75 万元;判处苏某等 11 名网站管理人员 1 年 3 个月至 11 个月不等有期徒刑。

四川雅安"群益网"传播淫秽色情信息案宣判

2010 年 5 月,四川雅安市中级人民法院对"群益网"传播淫秽色情信息案作出判决,判处叶某等 2 名被告人有期徒刑 12 年至 3 年,并处罚金 60 万元至 20 万元。

四川眉山"1·08"网络传播淫秽色情信息案宣判

2010 年 5 月,四川眉山市东坡区人民法院对"1·08"网络传播淫秽色情信息案作出一审判决,判处邱某等 3 名被告人有期徒刑 7 年至 5 年,并处罚金 6000 元至 5000 元。

江苏南京"12·01"网络传播淫秽色情信息案宣判

2010 年 6 月,江苏南京市白下区人民法院对"12·01"网络传播淫秽色情信息案作出一审判决,判处被告人陈某有期徒刑 2 年,并处罚金

▶《人民日报》关于一批近期宣判的网络传播淫秽色情信息案件的报道

5000 元。

山西太原"酷爱社区"网站组织淫秽色情表演案宣判

2010 年 8 月，山西太原市杏花岭人民法院对"酷爱社区"网站组织淫秽色情表演案作出一审判决，判处周某等 8 名被告人有期徒刑 2 年 6 个月至缓刑，并处罚金 8 万至 2 万元。

网络"扫黄打非"专项行动典型事迹专栏
资料来源：《中国新闻出版报》2010 年 11 月 24 日

开栏的话

11 月 22 日，全国"扫黄打非"工作小组召开打击互联网和手机媒体传播淫秽色情信息专项行动表彰会，131 个有功集体、202 名有功个人受到表彰。云南省"扫黄打非"工作领导小组办公室、浙江省通信管理局、中国移动通信集团公司数据部、江苏省公安厅网络警察总队等 4 个有功集体代表，安徽省马鞍山市公安局网安支队科员普永亮、上海市教育卫生工作委员会副调研员耿绍宁等两名有功个人代表在会上发言。本版特辟专

181

栏，将上述 6 篇发言进行编辑摘登，以供借鉴。

云南：采取 4 项举措多层次进行整治

（杨文虎　云南省"扫黄打非"工作领导小组副组长、省新闻出版局局长）

精心部署，打好"主动仗"；合力推进，形成"立体战"；创新技术，突破"障碍区"；发动群众，扩大"主阵地"。云南省在打击互联网和手机媒体淫秽色情信息专项行动中，通过上述 4 个方面的举措，全省共关停违规网站 942 个，查处违法违规网站 17 个，删除淫秽色情等有害信息 18 552 条，有效净化了网络文化环境，赢得了社会各界普遍称赞，受到了中央领导同志的充分肯定。

专项行动开始后，云南省"扫黄打非"各成员单位、相关部门和各州市迅速行动起来，层层分解目标和任务，建立健全责任制，全方位开展执法检查。

在专项行动中，云南省"扫黄打非"各成员单位通过既多管齐下、各司其职，又相互配合、合力推进的工作机制，形成立体的管理体系，提升了专项行动的成效。省"扫黄打非"办公室重点思考完善专项行动的考核标准和联络宣传机制，强化组织协调。省外宣办发挥牵头作用，同时在网络宣传上重点着力，及时转载相关报道和发布网评文章，造好社会舆论声势。省公安厅网监总队、治安总队及相关部门，通过便衣巡逻、蹲点守候等侦查手段对重点网站、手机销售店和维修店及学校周边等重点地区进行全面排查，共侦办网络刑事案件 24 起，抓获犯罪嫌疑人 27 人，批捕 7 人。省工信委完善了互联网有害信息的处置预案，并通过严格接入、区分内外网等措施加强党政机关网站安全管理。省通信管理局积极开展通信业自查整治工作，组织基础电信企业对网站进行全面清查，清理专线接入用户 13 782 户，查处 14 家企业转租互联网接入资源的违规行为，关闭 40 余个通过签订非法合同接入互联网的网站。省新闻出版局充分发挥新建成的网络出版监管系统的作用，查处互联网违规出版案件 23 件，查处非法网络出版物 399 件。

为了从源头上遏制传播淫秽色情信息的违法行为，云南省从全面清理

▶《中国新闻出版报》关于打击互联网和手机媒体传播淫秽色情信息专项行动先进典型的报道

网络接入市场和未备案网站等环节入手，按照"谁接入、谁负责"原则，不断加强对基础电信企业的管理。云南移动 3 月建成了不良信息网站监测系统，该系统实现日拨测扫描 20 万网页，日下载及扫描图片 300 万张。云南电信今年年初投资 280 万元建设互联网数据中心有害信息监测平台。云南联通完善了管理体系建设。这些技术措施有效控制了淫秽色情等有害信息的传播，今年全省垃圾短信举报量由 1 月的每月 2400 余件下降到 10 月的每月 900 余件。各基础电信企业还积极推进网站备案资料真实性核验和手机实名制工作，目前，全省新接入的网站 100%进行真实性核验。

"妈妈班"拨测员引社会关注

在加强专项行动宣传方面，云南媒体积极进行报道，形成了强大的舆论声势。特别值得一提的是，云南移动着眼于年轻母亲有一定生活阅历、责任感、判断力和免疫力都比较强的特点，从 2008 年年底开始，吸收年轻母亲成立约 20 多人的"妈妈班"，负责海量手机网站的拨测工作。她们的责任心很强，工作认真细致，每人每天拨测网站数达到 300 个。同时，"妈妈班"成员还积极带动家人和身边的亲朋好友共同参与打击"黄毒"，从而有效深化拓展了专项行动的成果。

浙江：将基础电信企业纳入联席工作机制

资料来源：《中国新闻出版报》2010 年 11 月 25 日

（徐建华　浙江省通信管理局安全分中心主任整理）

截至今年 10 月底，浙江省电信行业共删除低俗淫秽信息 4 万余条，清理未备案网站近 6000 个，配合相关部门关闭违法和不良网站 145 个。这是专项行动开始以来，浙江省基础电信企业、接入服务企业、信息服务业务提供者、域名注册服务机构等统一行动，全面加强手机涉黄关键环节管理，强化技术手段建设，完善制度标准体系所取得的成果。

工信部召开紧急会议后，浙江省通信管理局研究制定了《浙江省电信行业进一步深入整治手机淫秽色情专项行动实施方案》，明确了 3 个工作阶段、5 大重点环节和 83 项具体工作任务。同时会同省外宣办等互联网管理部门联合下发了《关于加大整治手机淫秽色情和低俗信息力度的工作方案》，将基础电信企业直接纳入联席会议工作机制中。

狠抓互联网基础管理

浙江省通信管理局以全省网站许可和备案、配合相关涉网管理部门查处违法违规网站等互联网管理基础工作为重点，通过狠抓网站备案基础管理工作，依法加强对基础电信运营企业、互联网接入服务企业、互联网信息服务提供者、域名注册服务机构进行日常监管。同时，创新管理模式，建立了政企联动的网络与信息安全管理工作机制，重点互联网接入服务企业人员到浙江省通信管理局集中办公，共同做好互联网接入服务监督管理和网站备案管理工作。全面启动网站备案信息真实性核验工作，对全省 27 家互联网接入服务企业的 57 个核验点的网站备案信息真实性核验工作进行了全面督导和检查。

落实信息安全和应急保障措施

浙江省确立了基础电信企业省级公司和地市分公司信息安全归口管理部门和责任人，并按照专项行动相关工作要求，明确了政企之间的职责和分工，落实了互联网接入企业的信息安全管理责任，建立了7724小时处理机制，确保及时有效处置专项行动等各类互联网信息安全突发事件。

推进信息安全专项审查工作

浙江省通信管理局从许可证年检工作入手，实施信息安全审查"一票否决"制度。为此，首次成立了省年检规范工作小组，对基础电信企业、互联网接入服务企业及2009年度存在不良行为记录的企业进行重点检查、拨测和规范。18家增值电信业务企业被纳入年检整改范围并予以通报。形成互联网管理合力。浙江省通信管理局主动加强与"扫黄打非"办公室、新闻、公安、文化、广电、新闻出版等相关互联网管理部门的配合，按照《互联网站管理协调工作方案》和《境内违法互联网站黑名单管

▶《中国新闻出版报》关于打击互联网和手机媒体传播淫秽色情信息专项行动先进典型的报道

理制度》有关规定，依法配合查处违法违规网站。同时，协调基础电信运营企业，对省内互联网和手机上出现有害信息按相关流程实施管控，圆满完成了各类专项行动工作任务。

全面加强教育培训

今年浙江省通信管理局对全省基础电信运营企业县级以上经营管理干部分期分批进行了政策法规轮训。目前已开展 4 期培训，人数达 420 余人，收到了良好的效果。同时还举办了互联网接入服务企业培训班，对全省 20 多家接入服务企业网站备案相关工作人员集中进行了政策法规和业务培训，提高了从业人员素质。

强化技术手段建设

浙江省通信管理局积极开展互联网信息安全行业管理系统的建设，完善互联网接入服务企业落实信息安全责任情况进行日常监测的机制，配合相关部门对网上违法和不良信息进行处置。

中国移动：建自动拨测系统效率提高 1.5 万倍
资料来源：《中国新闻出版报》2010 年 11 月 29 日

（马力　中国移动通信集团公司数据部副总经理整理）

为保证专项行动的扎实有效开展，中国移动公司第一时间在集团与各省（区、市）公司均成立了一把手任组长的专项行动工作组，数据部也成立了由部门领导牵头的跨处室专项工作小组，协同相关部门和各省（区、市）公司具体执行专项行动的各项工作要求。在专项行动中，数据部的主要职责是采取多种措施，迅速构建针对淫秽色情手机网站从发现到封堵的端到端治理体系。

专项行动一开始，数据部就迅速启动了针对淫秽色情手机网站的快速处理流程，还依据国家相关标准制定了不良信息内容分级判定的操作细则，明确了集团总部各部门、总部与各省（区、市）公司之间的职责分工和工作流程，切实保障了拨测封堵工作的高效开展。

按照公司的整体部署，数据部迅速构建了人工与系统相结合、总部与

▶《中国新闻出版报》关于打击互联网和手机媒体传播淫秽色情信息专项行动先进典型的报道

地方相协同的立体化拨测体系。一方面加大传统人工拨测力量，建立了覆盖全网的两级拨测体系，保证 7×24 小时不间断拨测；另一方面，迅速拓展和推广前期在广东试点的不良信息自动拨测系统，公司批复专项资金，在北京、上海、广东 3 个大区建设集中监测中心，在其余 28 个省（区、市）均建立前置工作站，从而建成了覆盖全国的自动化、智能化拨测体系。该系统从 2007 年开始试点，经历了研发试点、全面升级、扩容完善、全网部署、持续推进 5 个阶段，具备强大的自动拨测能力和智能图像识别能力，其每天完成的拨测量相当于一个 41 人工作团队一年的人工拨测量，其拨测效率比人工拨测提高了 1.5 万倍。

对于拨测出的可疑不良信息，数据部在 3 个大区中心和各省（区、市）都建立了类似于云南移动"妈妈班"的人工复核团队，对于复核确认的"涉黄"网站也已基本实现了实时的自动封堵。由已为人母的女员工组成的"妈妈班"复核团队，都具有一定生活阅历，对不良信息免疫能力较强，工作认真负责，能够用下一代是否适合看到这样的信息作为判断标准，保证了信息拨测的全面性、准确性、安全性。

通过立体化拨测、人工复核和自动封堵，截至目前，中国移动拨测的网站已超过 160 万个，发现并封堵"涉黄"网站超过 6 万个。

针对手机色情网站数量庞大、隐蔽性强、发现难等特点，为充分调动和发挥社会力量，数据部协同相关部门推出了电话、短信、电子邮箱 3 种社会公众举报受理渠道，快速有效处理各项举报信息。截至目前，已累计接受社会举报信息 4.2 万个，并逐一进行查证处理，确定并封堵"涉黄"网站 2700 多个。

为强化管理、固化流程、健全制度，数据部重点对互联网渠道管理、代收费管理、IDC 接入管理、ISP 管理等进行了强化和优化，对 500 多家违规接入的网站进行了整改、关闭或停止接入。专项行动期间，数据部先后制定和优化管理细则、实施流程数十项，并积极配合专业职能部门制定颁布了《中国移动信息安全责任管理办法》、《中国移动信息安全责任矩阵》等多项管理制度，为公司信息安全工作的持久高效开展奠定了坚实的基础。

江苏：与重点网站论坛签订治安责任书
资料来源：《中国新闻出版报》2010 年 11 月 30 日

（沈祥　江苏省公安厅网警总队副总队长整理）

开展专项行动以来，江苏省公安网安部门共侦破网络传播淫秽色情刑事案件 81 起，抓获犯罪嫌疑人 385 名，破获案件数和抓获人员数均位居全国前列，中央电视台等 10 余家中央级新闻媒体先后 20 余次宣传报道江苏省专项行动成效和典型案例。

突出"四个坚持"，严打网络淫秽色情。坚持立足江苏，服务全国。针对网络淫秽色情犯罪跨域作案多、受害面广的情况和特点，江苏省对网上发现的淫秽色情犯罪线索，无论在省内还是省外，无论在境内还是在境外，都主动出击、一查到底。近年在江苏省侦破的网络淫秽色情刑事案件

▶《中国新闻出版报》关于打击互联网和手机媒体传播淫秽色情信息专项行动先进典型的报道

中，淫秽色情网站服务器在外省市和境外的占 89%，抓获的犯罪嫌疑人，在外省市作案的占 2/3 以上。坚持挂牌督办，不破不休。专项行动中，全国"扫黄打非"办公室挂牌督办的 5 起案件和省公安厅挂牌督办的 9 起案件全部告破。坚持打早打小，减少危害。全省公安网安部门广辟情报信息来源，努力做到发现在早、处置在小。今年 1 月初，在美国租用网络空间开办淫秽色情网站仅 1 个多月的犯罪嫌疑人黄某，被苏州市公安局成功抓获。坚持追根溯源，切断链条。以侦办案件为突破口，对明知为淫秽色情网站，仍继续提供支付服务的经营单位，坚决依法查处。在严打利益链条工作原则指导下，扬州市公安局深挖侦破"支付在线"为淫秽色情网站提供资金结算服务案，抓获犯罪嫌疑人 10 名。

狠抓"四个环节"，深入开展安全整治。狠抓网上淫秽色情信息清理。建立 24 小时网上动态监控巡查机制，快速发现删除网上淫秽色情等有害信息。专项行动以来，共清理网上淫秽色情等违法有害信息 6 万余条，依法关闭涉嫌传播网络淫秽色情信息网站 144 家，其中手机网站 47 家。狠抓 IDC 等网上"出租屋"整治。及时组织开展互联网数据中心专项整治，先后处罚违法违规 IDC、ISP 等互联网服务单位 78 家，关停服务器 121 台，依法停止网站接入服务 58 个。狠抓网吧等互联网上网服务场所整治。专项行动中，会同文化、工商等部门，先后检查网吧 2.4 万余家次，依法查处网吧不履行上网实名登记制度、接纳未成年人上网、传播淫秽色情信息等违法活动 2240 余家次。狠抓重点网站等互联网基础管理。全省公安网安部门均与本地重点网站论坛签订治安责任书，全省 147 家重点网站的 5353 个互动式栏目落实了版主实名管理工作，重点网站论坛的淫秽色情等有害信息数量同比下降 25%。

　　坚持"四个注重"，加强长效机制建设。注重管理创新。利用家庭和网吧上网终端及网站等设立平安祝福窗口，宣传防范网络淫秽色情违法犯罪的知识方法，日均受众达 300 余万人。注重协作配合。专项行动中，各地公安机关积极会同宣传、"扫黄打非"、通信管理和银监等职能部门，建立了对网络淫秽色情各负其责的监管机制、及时发现查处的联动机制、有效截断非法经营收入的防控机制和群众广泛参与的社会监督机制，努力形成工作合力。注重宣传教育。选择网络淫秽色情典型案例，通过新闻报道、在线访谈等多种方式公开曝光，以案释法，教育群众，震慑犯罪。注重构建和谐警民关系。全省公安网安部门结合"大走访"爱民实践活动，深入开展"进网站、进网吧、进网民"的"三进"活动，组织开展网站版主、网吧业主和网民参加的警民恳谈活动，沟通交流，取得支持，积极推进互联网安全管理。今年以来，先后走访网吧、网站 1000 余家次，召开网站版主、网吧业主和网民恳谈会 34 次，开展网民进警营活动 4 次。

"亮剑"惩恶扬警威
——记安徽省马鞍山市公安局网安支队民警普永亮
资料来源：《中国新闻出版报》2010 年 12 月 1 日

　　（记者邹韧）"绿叶无悔地扑向大地，是为了报答泥土芬芳的情意；鲜花无悔地凋落于风雨，是因为它拥有更加庄严的使命。我将用自己的智慧和汗水继续为警徽增彩，以高度的政治责任感和使命感，以饱满的热情和昂扬的斗志迎接'扫黄打非'斗争的新挑战，为党、为人民再立新功！"这是安徽省马鞍山市公安局网安支队民警普永亮在打击互联网和手机媒体传播淫秽色情信息专项行动表彰会上饱含深情的誓言。日前记者辗转采访到了这位在平凡的岗位上，做着并不平凡工作的普通民警。

普永亮参加公安工作已经 10 年了，曾荣获过"全省十佳破案能手"、"十佳追逃能手"等称号，并屡立战功。也正因如此，2009 年他被指定为马鞍山市"09 亮剑"网络"扫黄打非"专项行动小组网安部门直接责任人。接到任务后，普永亮便暗下决心：既然是"亮剑"行动，就要拿出"亮剑"的精神——无论对手多么强大、多么狡猾，都要毅然亮剑、惩凶除恶。为了给破案打下坚实的技术基础，他利用工作之余，不断充电，力求掌握最新的网络技术。

▶《中国新闻出版报》关于打击互联网和手机媒体传播淫秽色情信息专项行动先进典型的报道

在专项行动刚开始的时候，由于没有发现任何有价值的案件线索，很多年轻的民警开始心烦气躁，认为马鞍山根本就不存在这类案件。普永亮一边耐心地疏导他们的情绪，一边和大家仔细研究并调整工作方式，与支队所有侦查民警一起，以超常规的工作方式，潜心挖掘网络淫秽色情案件线索。"还记得在破案最紧张的时候，为了不漏掉任何蛛丝马迹，我带领侦查民警24小时轮流值守机房，整整7个月，每天不间断工作十五六个小时，一条条地甄别分析数万条线索，先后出动外线侦查40余次。"普永亮感慨地说。功夫不负有心人，在大家的共同努力下，他们一举破获了5起网上传播淫秽物品犯罪案件，抓获犯罪嫌疑人5名。其中，狼群网案的成功侦破被称为安徽省手机淫秽第一案，也为安徽省打击利用手机WAP网络传播淫秽物品案件提供了成功经验。在办案过程中，普永亮发现这类利用手机WAP网络传播淫秽物品案件有个特点，犯罪嫌疑人年龄普遍在28岁以下，其中有些犯罪嫌疑人在上传淫秽色情信息时，是出于好奇而并不知道自己的行为已经触犯了法律。因此他认为，只有加大宣传力度，提高公民的教育意识及社会的监督意识，才能减少此类案件的发生。

通过打击互联网和手机媒体传播淫秽色情信息的实践，普永亮感到，要成为一名合格的人民警察，一定要"耐得住清贫，抵得住诱惑"。在办案过程中，他们经常会遇到犯罪嫌疑人的家属托关系说情的情况。"有一次在侦办一起网上传播淫秽色情案时，犯罪嫌疑人的家属通过各种关系找我说情，请我吃饭，还赠送大额购物卡等。但我始终没有放弃原则，而是真心地帮他们分析案件的性质，最终消除了说情人的心理误区，犯罪嫌疑人也被依法追究了刑事责任。"普永亮回忆道。之所以这样坚持，是因为普永亮心中牢记自己是一名人民警察，而警察的职责就是坚决不让违法犯罪分子逃脱法律的制裁。

不过，普永亮毕竟是个凡人，在他的心中也有柔软的地方，那就是他的家人。由于工作繁忙经常加班，他对于家人非常的愧疚。他说，自己不是个好儿子，在老人脑溢血病危住院时他在外地办案不能回来照顾；他也不是个好丈夫，他可以连续工作几十个小时，却不能陪妻子吃上一顿饭；

他更不是个好爸爸，他可以给其他孩子讲课，帮助他们不再沉迷于网络，却没时间给儿子讲一个故事，带儿子去一次公园。尽管如此，普永亮却从没后悔自己是一名人民警察，他深信自己所做的一切都是值得的。因为正是有许多像他一样的民警无私的奉献，才换来了社会的稳定，才能有更多的儿子有时间照顾父母，更多的丈夫有时间体贴妻子，更多的父亲有时间陪伴孩子。

先知先觉　先行先为
——记上海市教育卫生工作委员会副调研员耿绍宁
资料来源:《中国新闻出版报》2010年12月3日

　　（记者邹韧）现在大学生网民已经成为我国最大的网民群体，由于大学生的关注点在网上、兴奋点也在网上，因此网络已经成为大学生学习和生活中不可或缺的一部分。作为一名教育系统网络宣传工作者，为大学生创造健康向上的互联网和手机环境，便成为耿绍宁的工作重点。她认为，要把这项工作做好，就要做到先知先觉、先行先为。

　　以上海高校校园网为主的网络舆情监控是耿绍宁工作的首要任务。要想做到及时发现和处置藏匿于互联网和手机中的淫秽色情等有害信息，就要做到先知先觉。耿绍宁告诉记者，由于上海教育系统网站、论坛数量较大，据不完全统计，仅复旦、交大、上师大3所高校BBS日均发帖量就超过15万条，因此监控任务十分艰巨。好在她有扎实的计算机数据挖掘学科基础，才让她有勇气、有能力知难而上。据她介绍，网络舆情监控主要在两方面下工夫。一是在建立舆情机制上下工夫。以上海教卫党委网宣办为中心，依托上海教育系统网络文化发展研究中心，与上海市网宣办、教育部思政司网络处、上海市文保分局等单位和部门，对互联网有害信息的实时预警、会商研判和联合处置，促成了"左右协调"的工作机制。二是在技术防范上下工夫。耿绍宁作为上海教育系统的牵头人，与教育部思政司和专业技术公司共同研发了具备海量信息抓取、有害内容分析等功能的网络舆情监测系统。同时，针对学生网上、网下思想行为特征，提取和建立了一套有针对性的关键词库和词群，对提高有害信息的抓取效果十分有效，对整治工作发挥了重要的基础性作用。

由于长期从事高校大学生思想政治教育工作，耿绍宁深知教育的天职就是先行先为。大学生正处于人生观、价值观、世界观逐渐形成的阶段，他们认知水平高、思想活跃，但社会经验少、防范意识不强，极易受到淫秽色情等不良信息的影响。要想在大学生群体中做好整治工作，仅靠严厉打击和封堵是不够的，一定要标本兼治。于是耿绍宁所在的部门与上海市教卫党委、上海市教委共同创办了易班——上海大学生网络互动社区。据她介绍，易班主要围绕大学生成长成才需求，把现实班级和学生人际关系建在网上，让大学生在网上享受和现实校园生活一样的乐趣，并采用实名注册制度以及网名和实名相结合的策略，也就是以班级为单位进行实名注册，但只要离开该班级进入整个社区系统就会自动显示该学生的网名，

▶《中国新闻出版报》关于打击互联网和手机媒体传播淫秽色情信息专项行动先进典型的报道

这样便可以打消学生的思想顾虑，让他们可以自由地表达对社会、学习、生活以及成长的感受。最初易班只在上海 6 万名大学生中进行试点，效果非常好，现在正在逐步扩大试点范围。耿绍宁说，创办易班的初衷是，与其让大学生沉迷于娱乐交友的社会网站，不如把他们吸引到属于自己的阵地中来。今后他们会努力地把易班建成专为大学生展示自我、表达诉求的交流平台和开放便捷、互动共享的学习空间，同时也能成为辅导员、老师与同学们互动交流的教育阵地。

通过不断的摸索实践，耿绍宁越来越感到，大学生网民作为中国未来网民的重要组成部分，在一定程度上，决定着中国网民的整体素质，而如何提升大学生的网络素养，必将成为提升全社会网络素养的关键。在工作中她发现《思想道德修养与法律基础》是大学生的必修课，但里面关于网络的内容少之又少，根本不能满足目前老师和学生的需求。因此她便牵头并尝试建立了一套可以在大学课堂上使用的辅助教材《大学生网络素养的提升研究》，希望能将大学生网络道德教育纳入第一课堂并融入第二课堂，使大学生自觉地成为有害信息的抵制者，从根本上杜绝淫秽色情等有害信息在校园网的传播。

采访中耿绍宁多次强调，随着整治工作的不断深入，她深切地感到严厉打击互联网和手机传播淫秽色情信息的意义之重大。她始终深信一个道理，只要内外兼修、标本兼治并不断拓展整治工作的教育内涵，就一定能为青少年营造出积极、健康的网络舆论环境。

整治互联网和手机传播淫秽色情信息现场经验交流会在云南召开
刘云山出席会议并讲话

资料来源：《人民日报》2010 年 12 月 13 日

人民网昆明 12 月 13 日电（记者徐元锋）整治互联网和手机传播淫秽色情信息现场经验交流会 13 日在昆明召开。中共中央政治局委员、中央书记处书记、中宣部部长刘云山在讲话中强调，要从促进未成年人健康成长、维护社会和谐稳定、确保国家长治久安的战略高度，充分认识做好整治互联网和手机传播淫秽色情信息工作的重要性、紧迫性，认真总结成功经验，巩固专项行动成果，建立完善长效机制，推动净化网络文化环境工作迈上新台阶。

与会同志现场听取了中国移动云南分公司、中国电信云南分公司和云南省电信管理局的经验介绍。大家认为，整治互联网和手机传播淫秽色情信息专项行动开展以来，网络淫秽色情信息蔓延之势得到遏制，各地在实际工作中探索了许多有效做法。云南省结合自身实际，在加强互联网管理方面创造了很好的经验，值得总结推广。

会议强调，随着互联网和手机媒体新技术新业态不断涌现，淫秽色情信息传播方式越来越隐蔽，净化网络文化环境的任务依然十分繁重，必须把整治互联网和手机传播淫秽色情信息工作作为一项长期任务，扎实推进、深入推进、持续推进。要认真落实抓源头、打基础、切断利益链要求，强化基础管理、强化日常监管、强化企业责任、强化行业自律，推动整治工作从源头入手、向常态化转变，进一步筑牢整治互联网和手机传播淫秽色情信息的基础防线。要大力推动技术创新，加强技术研发，形成更加有效、更加管用的技术防范体系，以技术的新突破实现管理工作水平的新提高，进一步提升对淫秽色情信息的发现和管控能力。要适应形势发展

▶《人民日报》关于整治互联网和手机传播淫秽色情信息现场经验交流会的报道

要求，加快依法办网、依法管网、依法治网步伐，完善法律法规，加大执法力度，充分发挥法律保障作用，进一步展示法治的强大力量。

刘云山在讲话中指出，整治网络淫秽色情信息、净化网络文化环境，关系千家万户的切身利益，关系社会主义精神文明建设，关系国家和民族发展未来，必须以对党对国家对人民高度负责的精神把这项工作切实抓紧抓好。要加强宣传报道和舆论监督，充分反映整治工作进展成效、先进典型和成功经验，展示党和政府整治互联网和手机传播淫秽色情信息的坚定决心，表达社会各界和广大群众的强烈呼声，营造有利于净化网络文化环境的舆论氛围。要广泛开展互联网法制教育和道德教育，充分调动社会各方面积极性，推动形成群众参与、群防群治的工作态势，形成文明办网、文明上网的良好风尚。

中宣部副部长、中央外宣办主任王晨主持会议。各省（区、市）外宣办、通信管理局，部分省（区、市）公安厅局、"扫黄打非"办公室负责同志出席会议。云南省和中央外宣办、工信部、公安部、全国"扫黄打非"办公室及中国移动集团公司、中国电信集团公司、中国联通集团公司负责同志在会上作了发言。

打击淫秽色情净化网络环境
云南互联网手机实行专项整治行动
资料来源：《光明日报》2010 年 11 月 28 日

本报昆明 11 月 27 日电（记者任维东）作为云南省手机、互联网主要运营商的中国移动云南分公司和中国电信云南分公司，高度重视网络信息安全工作，目前在全国"进一步整治互联网和手机淫秽色情专项行动"中充分发挥主力军作用，取得了显著成效。从专项行动开展至今，全省关停违规网站 942 个；封堵非法和淫秽色情网站域名 4629 个；清理服务器 2076 台。全省范围内未发生重大互联网和手机媒体涉黄事件，网络环境得到了有效净化。

按照全国统一部署，云南全面清理整治了 5 个重点关键环节：业务推广渠道、手机网站内容接入、服务器层层转租、手机代收费和涉黄网站域名变换。分三个阶段进行：全面清理、落实整改、健全机制，现已经进入第三阶段。中国移动云南分公司建立了不良信息监测系统，狠抓对手机上网和不良短信的监控，专门成立了"妈妈班"，其人员由公司已婚、身为"妈妈"的女员工组成。这些"妈妈"们具有一定的生活阅历和承受能力，对于色情信息免疫能力强。三是"妈妈"们能够以是否是"下一代适合看到的内容"为标准来对信息进行判断，准确率较高。其主要工作是负责监测、打击手机淫秽色情内容。"妈妈班"上岗后，垃圾短信举报量由今年1月的每月2400余件下降至现在每月900余件。

中国电信云南分公司作为云南省内最主要的互联网接入服务提供商，

▶《光明日报》关于整治互联网和手机媒体传播淫秽色情信息现场经验交流会的报道

启用问责制，严把网站接入关，进一步提升了网站备案信息的准确率，实现了网站的实名制接入，达到了可对网站主办者、网站接入地进行溯源的目的，于今年初投资280万元，建设了互联网数据中心有害信息监测平台，对违规网站及不良信息实行一键封堵。

通过专项整治行动，网站备案信息真实性核验工作得到全面落实；电信企业信息安全管理技术手段能力建设不断加强，有害信息发现和处置流程不断完善；电话用户实名制工作稳步推进，实名登记率已达60%。网络信息安全管理制度得到了完善和健全。群众反映说："整治以后就是不一样，现在手机、互联网干净多了。"

把住源头就扼住了咽喉
——云南省多部门联动净化手机网络环境纪实
资料来源：《中国新闻出版报》2010年12月14日

（记者曾革楠　苏应奎　通讯员王英芳）全面清理网络接入市场和未备案网站、实行网站域名实名制备案、创建"妈妈班"团队……今年以来，云南省"扫黄打非"部门通过堵源截流等措施，建立工信、公安、电信、通信等部门联动机制，在整治互联网和手机媒体"涉黄"案件中创新实践，取得了明显成效，并得到中央领导同志的充分肯定。

记者日前在昆明采访时了解到，从打击互联网和手机网站传播淫秽色情信息专项行动开展至今，云南省共关停违规网站942个，关停42批1528个域名，封堵非法和淫秽色情网站域名4629个，删除淫秽色情等有害信息18552条，清理服务器2076台。由于打击有力、行业监管逐步到位，群众自觉抵制网络淫秽色情的意识不断增强，曾肆虐一时的网络、手机淫秽色情信息现已基本被封堵，网络和手机文化环境得到了进一步净化。

分工不分家分责不分心

"打击互联网和手机网站传播淫秽色情信息专项行动是党和政府净化互联网和手机媒体，保护未成年人健康成长的一项重要举措，是'扫黄打

▶《中国新闻出版报》关于整治互联网和手机媒体传播淫秽色情信息现场经验交流会的报道

非'工作在新的社会环境下肩负的一项重要历史使命。得民心，顺民意，我们责无旁贷。"云南省"扫黄打非"领导小组执行副组长、省新闻出版局局长杨文虎对记者说。

记者了解到，《关于开展打击手机网站传播淫秽色情信息的紧急通知》2009 年 11 月 16 日下发后，云南省迅速行动，认真研究贯彻落实的具体举措，同时成立了专项行动工作组。其中，云南省委常委、宣传部长、省"扫黄打非"领导小组组长张田欣和副省长、省"扫黄打非"领导小组副组长高峰亲自部署、靠前指挥，强调要充分运用新技术、新办法、新措施开展好专项行动，切实维护好健康和谐的网络文化环境。

专项行动拉开战幕后，云南省"扫黄打非"各成员单位、相关部门和各州市也立即行动起来，层层分解目标任务，从网站管理、行业整治、案件查办、技术防范、制度建设、法律保障、新闻宣传、社会监督等方面入手，采取一系列措施深入开展安全整治，切实维护网络秩序。

省"扫黄打非"办公室重点思考完善专项行动的考核标准和联络宣传机制，强化组织协调；省外宣办发挥牵头作用，同时在网络宣传上重点着力，及时转载相关报道和发布网评文章；省公安厅网监总队、治安总队及相关部门，通过便衣巡逻、蹲点守候等侦查手段对重点网站、手机销售店和维修店及学校周边等重点地区进行全面排查。

省工信委完善了互联网有害信息的处置预案，并通过严格接入、区分内外网等措施加强党政机关网站安全管理；省通信管理局积极开展通信业自查整治工作，组织基础电信企业对网站进行全面清查，清理专线接入用户，查处企业转租互联网接入资源的违规行为；省新闻出版局充分发挥新建成的网络出版监管系统的作用……

"'扫黄打非'各部门在专项行动中分工不分家、分责不分心，协力落实行动方案，推动了专项行动各项任务的全面顺利实施。"杨文虎表示。

把好入口关从源头入手

封堵淫秽色情信息必须从源头入手，基础电信企业责无旁贷。专项行动开展以来，云南从全面清理网络接入市场和未备案网站等环节入手，按照"谁接入、谁负责"原则，不断加强对基础电信企业的管理，及时封堵不良信息。

其中，云南移动3月建成了不良信息网站监测系统，实现日拨测扫描网页20万个，日下载及扫描图片300万张。云南联通建设增值业务鉴权中心，完成全省88家本地SP割接工作，加强了业务管控能力。而负责全省90%服务器接入服务的云南电信把实行网站实名制备案作为重要手段，成效显著。今年年初，云南电信投资280万元建设互联网数据中心有害信息监测平台，一旦发现没有备案的网站，只需一秒钟就能对其进行一键封堵。目前，云南电信已在全省设立了50多个网站实名制核验专区。"之所以能够做到零事故，我认为这与把好入口关是紧密相关的。"中国电信云南公司总经理赵俊达说。

由于采取了这些技术措施，今年云南省垃圾信息举报量由1月的2400余件下降至10月的900余件，受理被举报手机"涉黄"网站共35件，投诉量逐月下降。目前，全省新接入的网站100%进行真实性核验，电话用户实名制工作稳步推进，实名登记率已达60%。"把住了源头那就扼制了咽喉，形成了齐抓共管的态势。"云南省"扫黄打非"领导小组办公室主任艾罕炳说。

"妈妈班"发挥重要作用

在今年 11 月 22 日召开的打击互联网和手机媒体淫秽色情信息专项行动表彰会上,来自中国移动云南公司的"妈妈班"团队引起了大家的注意。

记者了解到,2008 年创建"妈妈班"的初衷是公司为了照顾哺乳期的母亲们,成立之后主要围绕移动梦网、服务提供商的业务进行拨测。自专项行动开展以来,"妈妈班"又肩负起筛查不良信息的重要职责。一旦发现违反国家法律法规,涉及淫秽、赌博、传播手机病毒、诱导客户订购使用业务以及存在业务名称与提供内容不符的信息,"妈妈班"一律及时清除。一年中,她们已累计完成对 22 万个网站的拨测和验证,有效封堵和过滤了淫秽色情内容。

在该公司有关负责人看来,"妈妈班"负责拨测工作有着得天独厚的优势,一是免疫力强,具有一定的生活阅历及承受能力,对不良信息免疫能力较强;二是责任感强,能够以母亲的责任心完成拨测工作;三是判定力强,能够以母亲的感知判定,以下一代是否适合看到这样的信息作为判断标准。

"这些年轻妈妈责任心很强,工作认真细致,每人每天拨测网站数达到 300 个。同时,她们还积极带动家人和亲朋好友共同参与打击'黄毒',从而有效深化拓展了专项行动的成果。"杨文虎说。自动封堵、立体化拨测、人工复核 3 道立体化、多维度的防火墙,实现了网络环境安全把关。

"涉黄网站是社会的公害,只要这一公害不除,自己的孩子以及千千万万母亲的孩子迟早会受到污染,还孩子们一个阳光绿色的网络环境是每个妈妈责无旁贷的责任。"一位"妈妈班"成员说。"妈妈班"—— 10086 热线服务中心一个普通的集体,22 位母亲的心连在一起,环绕成坚实的铜墙铁壁,把手机不良信息切断在传播的第一环节。

发挥工作体制优势　深入整治网络"黄毒"
—— 访全国"扫黄打非"工作小组副组长兼办公室主任、新闻出版总署副署长蒋建国

资料来源:《中国新闻出版报》2010 年 12 月 20 日

（记者赖名芳）自 2009 年 11 月起，一场声势浩大的整治互联网和手机淫秽色情信息专项行动在全国开展。经过一年多的艰苦努力，专项行动取得了阶段性的显著成效，淫秽色情信息传播得到有效遏制，网络环境得到进一步净化，人民群众拍手称快。12 月 13 日，中央外宣办、全国"扫黄打非"办公室、工业和信息化部、公安部联合在云南省昆明市召开了整治互联网和手机淫秽色情信息现场经验交流会，中共中央政治局委员、中央书记处书记、中央宣传部部长刘云山同志出席会议并作重要讲话。会后，全国"扫黄打非"工作小组副组长兼办公室主任、新闻出版总署副署长蒋建国，就全国"扫黄打非"办公室在这次专项行动中认真贯彻落实中央领导同志指示精神，充分发挥"扫黄打非"工作体制机制优势，创新思路和方法，落实措施和责任，在切实整治互联网和手机淫秽色情信息方面所做的主要工作和下步工作打算，接受了《中国新闻出版报》记者的专访。

深入调查研究　迅速部署落实

据有关部门统计，截至 2010 年 6 月底，我国网民总数超过 4.2 亿，手机网民总数超过 2.7 亿，占网民总数的 64.3%。随着新技术、新媒体的发展，一些传播淫秽色情信息等违法犯罪活动逐步转移到互联网和手机上来。面对新情况，全国"扫黄打非"办公室是如何应对的呢？

蒋建国介绍说，全国"扫黄打非"办公室围绕整治互联网和手机淫秽色情信息所做的各项工作，都是在中央领导同志的正确领导、精心指导下进行的。去年 11 月上旬，全国"扫黄打非"办公室经过对大量群众举报分析，作出了手机淫秽色情信息正呈蔓延之势的判断。随后，全国"扫黄打非"办公室组成专门调研小组，很快查清了手机淫秽色情信息泛滥和危

害的基本情况、背后利益链和有关责任方以及监管工作中存在的主要问题，提出了严厉打击互联网和手机媒体传播淫秽色情信息的意见。按照中央领导同志指示，全国"扫黄打非"办公室于去年 11 月 16 日下发了《关于开展打击互联网和手机媒体传播淫秽色情信息专项行动的紧急通知》；12 月 16 日下发了开展专项行动的《实施方案》；今年 9 月 19 日又下发了进一步深入开展专项行动的《工作意见》，并先后派出 6 个小组进行巡回督查。特别是全国"扫黄打非"工作小组主管领导多次率领有关部门同志深入 10 多个省（区、市）、60 多个企事业单位，开展调查研究，进行督导检查，把专项行动的相关工作一项一项抓落实。

加强部门协调　发动群众参与

全国"扫黄打非"办公室在此次专项行动中是如何发挥综合协调优势开展工作的呢？

蒋建国介绍说，全国"扫黄打非"办公室根据专项行动不同阶段的不同任务要求，多次召开全国"扫黄打非"工作小组成员单位联络员会议、全国"扫黄打非"办公室主任会议和专项工作、专门问题协调会，部署和协调各相关部门根据工作职责、抓好工作落实。各相关部门围绕大局、各司其职、通力协作、齐抓共管，形成了既分工负责又紧密配合的良好工作格局。

发动群众积极参与是整治互联网和手机淫秽色情信息工作最重要的方法。全国"扫黄打非"办公室通过召开社会各界座谈会、加强舆论宣传等多种形式，发动各级工会、共青团、妇联、关工委等群众组织和广大群众广泛参与到专项行动中来；与中央外宣办、工业和信息化部、公安部等部门联合公布和实施举报奖励办法，充分调动群众积极性，广大群众纷纷进行投诉、举报并献计献策。截至目前，全国"扫黄打非"办公室已接收群众举报 17 万多件，奖励举报人 519 名，发放奖金 52.9 万元。

抓好关键环节　落实工作责任

面对互联网和手机淫秽色情信息的严峻形势，全国"扫黄打非"办公室在专项行动中是如何创新思路和办法，取得整治工作突破的呢？

蒋建国介绍说，全国"扫黄打非"办公室坚持抓住斩断淫秽色情信息传播利益链这个关键环节，大力推动案件查办工作，特别是对大案要案，或单独或联合公安部进行挂牌督办。截至目前，已挂牌督办大案要案17起、办结12起。通过查办案件，起到了打击犯罪者、震慑违法者、警示跟风者、教育从业者、鼓舞广大群众的积极作用。为给查办这类案件提供有力的法律支持，全国"扫黄打非"办公室还联合相关部门召开了法律适用问题协调会，最高人民法院、最高人民检察院及时出台了相关法律问题的解释。

全国"扫黄打非"办公室还坚持一边抓打击、一边抓整改，协调各电信运营企业采取有效措施抓好整改。各电信运营企业不断提高思想认识、端正经营理念，大力清理违法违规网站，紧密配合行政执法和司法部门查办案件，并对相关业务工作全面进行规范，取得了突出的工作成效，逐步形成了长效工作机制。

开展舆论宣传　进行表彰奖励

整治互联网和手机淫秽色情信息专项行动需要社会各界支持。全国"扫黄打非"办公室在社会舆论引导方面开展了哪些工作？

蒋建国介绍说，在中宣部的领导和协调下，全国"扫黄打非"办公

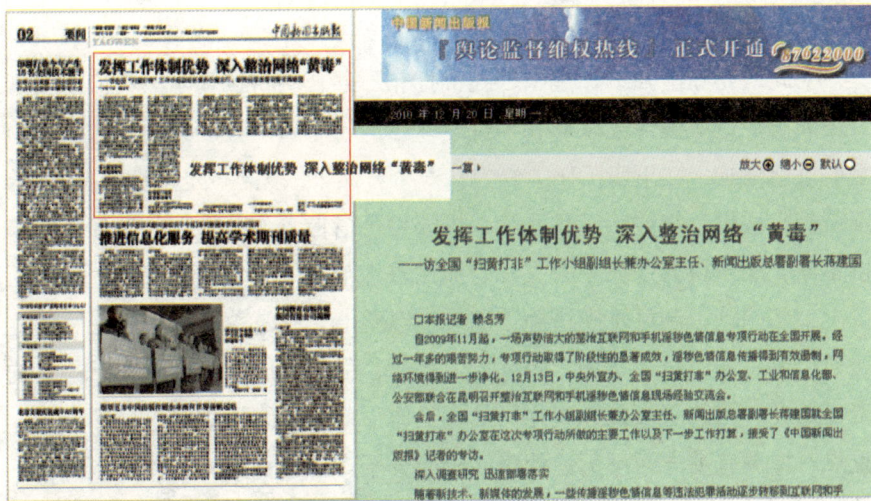

▶《中国新闻出版报》专访全国"扫黄打非"工作小组副组长兼办公室主任、新闻出版总署副署长蒋建国的报道

室积极与中央新闻单位沟通。中央新闻单位主动配合、大力支持，积极宣传党和政府整治互联网和手机淫秽色情信息的坚定决心，揭露传播淫秽色情信息的危害，曝光传播淫秽色情信息的利益链和责任方，反映广大群众呼声，解剖典型案件，展示专项行动成果，从而形成了浓厚的舆论氛围。

在这次专项行动中涌现出许多事迹感人的有功集体和有功个人。为弘扬他们可贵精神，进一步推动整治互联网和手机淫秽色情信息工作深入开展，全国"扫黄打非"办公室于今年11月22日召开了整治互联网和手机淫秽色情信息专项行动有功集体和有功个人表彰会，对131个有功集体和202名有功个人进行了表彰奖励，这也引起了新闻单位及社会各界的广泛关注。

治理任重道远　工作持续深入

专项行动开展一年来，传播淫秽色情信息的互联网和手机网站大量减少，互联网和手机上的淫秽色情信息大量减少，涉及互联网和手机淫秽色情信息的群众举报大量减少，不良信息源头得到进一步治理，网络文化环境得到进一步净化。但是，互联网和手机淫秽色情信息问题还没有彻底解决，目前又出现了一些新情况、新问题，这意味着整治互联网和手机淫秽色情信息工作任重道远。

对此，蒋建国强调，全国"扫黄打非"办公室将认真学习贯彻落实刘云山同志在这次整治互联网和手机淫秽色情信息云南现场经验交流会上的重要讲话精神，在下步工作中着力从5个方面下工夫：一是坚持一抓到底，不断扩大成果。把整治互联网和手机淫秽色情信息作为一项长期任务，坚持不懈、深入持久地抓下去。二是抓住重点难点，着力攻坚克难。针对新情况、新问题，制订过硬措施，切实加以整治。三是落实管理责任，建立长效机制。强化企业责任，强化行业自律，强化政府监管，并实行严格的责任追究。四是深入查办案件，加大工作力度。始终把查办案件作为工作重点，协调有关方面严厉惩处违法犯罪分子，形成强大的法律威慑力。五是加强舆论宣传，强化社会监督。继续加大宣传力度，同时广泛动员家庭、学校、社区等各方面积极参与，进一步形成群防群治的良好局面。

春节和"两会"前后"扫黄打非"专项行动

全国扫黄打非办部署春节"两会"前后专项行动

资料来源：新华网 2010 年 2 月 8 日

新华网北京 2 月 8 日电（记者璩静）记者 8 日获悉，全国"扫黄打非"办公室发出通知，从 2 月上旬至 4 月底，在全国范围内开展以打击手机网站传播淫秽色情信息和净化文化市场为重点的专项行动。各级"扫黄打非"办公室要特别注重协调公检法部门，按照相关法律和司法解释，抓紧审结一批"扫黄打非"案件尤其是打击手机网站传播淫秽色情信息案件。

通知指出，专项行动期间，要以打击手机网站传播淫秽色情信息和净化文化市场为重点，扎实开展春节和全国"两会"前后"扫黄打非"工

▶ 新华网关于春节和"两会"前后"扫黄打非"专项行动的报道

▶ 新华网关于春节和"两会"前后"扫黄打非"专项行动的报道

作。一是各地各有关部门要按照全国"扫黄打非"办公室相关要求,继续从加强宣传教育、集中清理网站、深入查办案件、抓好源头治理、强化技术防范、严格问责制度等工作。同时,要着力打击手机店传播淫秽色情信息行为。春节前后,集中查处一批互联网和手机网站传播淫秽色情信息的违法犯罪案件,依法严惩一批违法犯罪企业和违法犯罪分子,并公开曝光。二是加大对非法出版活动的打击力度。继续抓好"护城河""珠峰""天山""南岭"等联防协作工程建设。全国"两会"召开前后,北京市要采取有效措施,确保首都文化市场平稳有序。上海市及周边的江苏、浙江等省要尽早建立"扫黄打非"联防协作机制并启动运行,为上海世博会举办营造良好文化环境。三是严厉打击各类侵权盗版活动,要加大打击盗版图书和盗版电影电视剧工作力度。4月26日世界知识产权日前后,统一组织开展全国性集中销毁侵权盗版制品及非法出版物活动。

全国"扫黄打非"相关负责人表示,专项行动是今年"扫黄打非"工作的开局之战,各地各有关部门要按照属地管理和"谁主管谁负责"原则进行组织安排和提供保障。全国"扫黄打非"办公室春节后将协调中央有关部门组成联合督查组对有关地区进行督查。

▶ 中央电视台《新闻联播》关于春节和"两会"前后"扫黄打非"专项行动的报道

全国"扫黄打非"办公室部署春节和全国
"两会"前后"扫黄打非"专项行动

资料来源：《光明日报》2010 年 2 月 6 日

本报北京 2 月 6 日电（记者庄建）为营造 2010 年春节和全国"两会"期间健康、有序的文化市场环境和喜庆、祥和的社会文化氛围，全国"扫黄打非"办公室近日发出通知，从 2 月上旬至 4 月底，在全国范围内开展

▶《光明日报》关于春节和"两会"前后"扫黄打非"专项行动的报道

▶《光明日报》关于春节和"两会"前后"扫黄打非"专项行动的报道

以打击手机网站传播淫秽色情信息和净化文化市场为重点的专项行动。

通知指出,专项行动期间,要紧紧围绕维护社会政治稳定、促进未成年人身心健康、保护知识产权,以打击手机网站传播淫秽色情信息和净化文化市场为重点,扎实开展春节和全国"两会"前后"扫黄打非"工作。一是将打击手机网站传播淫秽色情信息工作引向深入。各地各有关部门要按照全国"扫黄打非"办公室《关于开展打击手机网站传播淫秽色情信息专项行动的实施方案》的要求,继续从加强宣传教育、集中清理网站、深入查办案件、抓好源头治理、强化技术防范、严格问责制度等方面,推动专项行动向纵深开展。同时要着力打击手机网站传播淫秽色情信息行为,形成网上网下全方位打击的态势。二是加大对非法出版活动的打击力度,始终保持高压态势。继续抓好"护城河"工程、"珠峰"工程、"天山"工程、"南岭"工程等联防协作工程建设,推进案件协查、日常监管等机制有效运行。全国"两会"召开前后，北京市要采取有效措施，确保首都文化市场平稳有序。上海市及周边的江苏、浙江等省要尽早建立"扫黄打非"联防协作机制并启动运行，为上海世博会举办营造良好文化环境。三是严厉打击各类侵权盗版活动。要加大打击盗版图书和盗版电影电视剧工作力度，集中检查出版物市场，深入打击网上侵权盗版行为。

通知要求，各级"扫黄打非"部门要采取反复清查市场、加强网络监管、切断运输渠道、规范企业经营、查办大案要案等切实措施，确保专项行动深入开展。各级"扫黄打非"办公室要特别注重协调公检法部门，按照相关法律和司法解释，抓紧审结一批"扫黄打非"案件尤其是打击手机网站传播淫秽色情信息案件。全国"扫黄打非"办公室负责人指出，此次专项行动是今年"扫黄打非"工作的开局之战，要通过扎实有效的工作，确保专项行动取得实效。各地各有关部门思想上要高度重视，行动上要坚决果断，按照属地管理和谁主管谁负责的原则，精心组织安排，提供有力保障。全国"扫黄打非"办公室春节后将协调中央有关部门组成联合督查组，对有关地区开展专项行动情况进行督查。

全国"扫黄打非"办公室部署开展专项行动
按照司法解释抓紧审结一批案件
资料来源：《法制日报》2010 年 2 月 7 日

本报北京 2 月 6 日讯（记者朱磊）记者今天从全国"扫黄打非"办公室了解到，为营造 2010 年春节和全国"两会"期间健康、有序的文化市场环境和喜庆、祥和的社会文化氛围，全国"扫黄打非"办公室近日发出通知，从 2 月上旬至 4 月底，在全国范围内开展以打击手机网站传播淫秽色情信息和净化文化市场为重点的专项行动。

通知指出，专项行动期间，要紧紧围绕维护社会政治稳定、促进未成年人身心健康、保护知识产权，以打击手机网站传播淫秽色情信息和净化文化市场为重点，扎实开展春节和全国"两会"前后"扫黄打非"工作。一是将打击手机网站传播淫秽色情信息工作引向深入。各地各有关部门要

▶ 法制网关于春节和
"两会"前后"扫黄打
非"专项行动的报道

按照全国"扫黄打非"办公室《关于开展打击手机网站传播淫秽色情信息专项行动的实施方案》的要求，继续从加强宣传教育、集中清理网站、深入查办案件、抓好源头治理、强化技术防范、严格问责制度等方面，推动专项行动向纵深开展。二是加大对非法出版活动的打击力度，始终保持高压态势。继续抓好"护城河"工程、"珠峰"工程、"天山"工程、"南岭"工程等联防协作工程建设，推进案件协查、日常监管等机制有效运行。三是严厉打击各类侵权盗版活动。要加大打击盗版图书和盗版电影电视剧工作力度，集中检查出版物市场，深入打击网上侵权盗版行为。

通知要求，各级"扫黄打非"部门要采取反复清查市场、加强网络监管、切断运输渠道、规范企业经营、查办大案要案等切实措施，确保专项行动深入开展。各级"扫黄打非"办公室要特别注重协调公检法部门，按照相关法律和司法解释，抓紧审结一批"扫黄打非"案件尤其是利用手机网站传播淫秽色情信息案件。

据介绍，全国"扫黄打非"办公室春节后将协调中央有关部门组成联合督查组，对有关地区开展专项行动的情况进行督查。

京鲁粤琼开展打击非法教育类期刊专项工作

交钱发文章，有人明知是假也甘心受骗

非法教育类期刊，谁给了滋生土壤

资料来源：《人民日报》2010 年 7 月 7 日

（本报记者张贺）

教育领域成为假期刊"重灾区"

截至 6 月，认定非法期刊达 92 种，涉及教育类的就有 29 种。

近日，四川绵阳某中学的黄老师在上网浏览时无意中发现自己的一篇已发表的文章被一个陌生的杂志转载，而署名却是山东省某中学的一位老师。"这是什么杂志？怎么能这么做？"吃惊之余，黄老师想到了去新闻出版总署的网站上查询该杂志的真伪。当他在搜索栏中键入"中国基础教育研究"的刊名时，结果是："未搜索到您查询的期刊"。"这肯定是假期刊！"黄老师当即拨打了全国"扫黄打非"办公室举报中心的电话。

据统计，截至今年 6 月，全国"扫黄打非"办公室接受举报并核实的非法期刊就有 92 种，其中涉及教育类期刊 29 种，约占总数的 1/3。

教育领域成为假期刊的"重灾区"。"什么'教育改革论丛'、'科学教育研究'、'教育与管理'……种类非常多，有的期刊完全是假的，根本就不存在，还有的是假冒正规期刊，封面、刊号、版权页和真的一模一样，迷惑性和危害更大。"全国"扫黄打非"办公室专职副主任、新闻出版总署反违法和违禁出版物司司长周慧琳说。

假期刊网上"征集稿件"

"期刊网站"从栏目设置到具体内容颇具迷惑性。

记者以"论文发表"或"代发论文"为关键词在网络上搜索，可以获得 1700 万条以上的搜索结果。

这其中的许多网站就是由假期刊开设的。它们绝大多数只留下一个电子邮箱或邮政信箱，既没有 ICP 备案，没有互联网出版许可证，也没有教育主管部门颁发的互联网教育信息服务的批文。

从今年 5 月开始，黑龙江省委党校下属的《理论探讨》杂志接连收到几位读者的电话和信件，"为什么我的钱都交了，论文还没见发表？"

这样的质问令主编刘建明一头雾水，直到一位作者把杂志寄过来，他才明白，原来自己的杂志被人假冒了。

"在我们杂志上发文章的多是大学教授，可这本假冒杂志上的作者大部分是中小学老师，而且谈的都是教育问题，和我们杂志根本不搭界。"刘建明说。

据刘建明了解，许多作者看到杂志在网站上征集稿件，就把论文发过去，并按通知要求交了版面费。

点开这个假的"理论探讨"网站，记者发现网站做得非常逼真，从栏目设置到具体内容，看上去既正式又规范，颇具迷惑性。

类似的网站还有很多。比如一家名为"中国现代教育核心期刊网"的网站宣称自己出版三本杂志，分别是"中国科学教育、中国现代教育研究和中国教育导刊"，杂志"由中华现代教育研究学会主办，国际财富（亚洲）研究院协办，香港华文期刊社出版并向全世界公开发行"。但经记者核查，这三本杂志都是假的，所谓的主办方也没有在民政部登记备案。

造假者两个月获利 31 万

"其实很多老师都知道我们的杂志是假的"。"其实骗子的伎俩也不难识别。比如，用稿通知单上说'论文发表后将赠阅当期杂志一份另附论文评奖证书'。哪儿有刚发表就评奖的事呢？而且，杂志社在黑龙江，要求汇款的开户行却在北京。这都是漏洞。"刘建明说。

尽管有漏洞，为什么还会有这么多人"上钩"？不久前，河北破获了"4·07 假冒正规期刊诈骗案"。在这起案件中，5 名案犯非法印制《教育评论》、《基础教育》、《现代中小学教育》、《中国教师》、《成人教育》、《教育理论与实践》、《新课程教育》7 种期刊共计 25 期 2500 余册，受骗老师达 1100 余人，涉及 27 个省（区、市），涉案金额达 100 多万元。其中，主犯张某在短短两个月内就获利 31 万元。

7 月 1 日，记者在河北省衡水监狱见到了正在服刑的张某。据张某说，大学毕业后，他来京打工，先后换过 3 份工作，后来自己创业也没有成功，听人说搞这个能赚钱，就在百度贴吧、一些教师论坛和 QQ 群里发帖子，宣称可以代人发表论文。

令张某喜出望外的是，帖子刚一发出去，自己的电子邮箱就爆满了，咨询者大都是中小学老师。张某每篇稿件收取 200 元到 300 元"版面费"，待稿件数量差不多时就交由印刷厂印制，并通过快递给作者寄过去。

"难道你就不怕被人看出来，你的杂志是假冒的?"记者问。"确实有

▶《人民日报》关于打击非法教育类期刊专项工作的报道

人看出来了，如果他要求退款，我就把钱给他退回去。"张某说，"其实很多老师都知道我们的杂志是假的，但是在网上聊天时，他们很明确地对我说，他们不在乎真假，只要发表后寄样刊就行。"

主持侦破此案的衡水市公安局刑事警察支队支队长苏建业说，"90%的受害人我们都找到了，但是没几个愿意出庭作证的，很多老师还要求不要到单位来调查取证。"

按照警方规定，赃款应退还受害人，但是至今没几个人来领钱。

评职称需要发论文

"不改变现行职称评定办法，需求就会始终存在"。

"老师发表论文是刚性需求，为了评职称，有的老师要求立刻就发表，我就多收加急费，最多一篇收了4000元。"据张某交代，在假冒知名期刊的过程中，张某从没为稿源问题发过愁。

据记者了解，在教师职称评定中，各省对发表论文的要求不尽相同，但是绝大多数省份都要求参评老师在某一级别的刊物上发表论文，有的省甚至有规定的期刊目录。

中央教育科学研究所研究员储朝晖说："论文并不能证明一位教师的业务水平。尤其是中小学老师评职称，有什么必要非要写论文呢？逼着老师发论文，写不出来，要么找枪手代写，要么抄袭，要么找非法期刊，没有任何学术含量。"

"病根就在我们的管理体制上，不改变现行的职称评定办法，非法期刊的需求就会始终存在。"储朝晖说。

非法教育类期刊收取版面费牟利，四地严打
资料来源：新华每日电讯 2010 年 6 月 29 日

新华社北京 6 月 28 日电（记者璩静）全国"扫黄打非"办公室 28 日发出通知，从即日起开始到 10 月底，将在北京、山东、广东和海南四地组织开展打击非法教育类期刊专项工作。

全国"扫黄打非"工作小组副组长兼办公室主任、新闻出版总署副署

长蒋建国指出，近年来，非法出版教育类期刊现象屡禁不止，有些地方比较严重。不法分子利用广大教师在职称评定中需要发表学术论文的市场需求，非法出版各种教育类期刊并收取版面费牟利，致使众多投稿者上当受骗，在社会上造成恶劣影响。

据了解，全国"扫黄打非"办公室举报中心已经掌握了 18 个非法教育类期刊的举报线索，其中北京 14 个、广东 2 个、山东和海南各 1 个。全国"扫黄打非"办公室专职副主任周慧琳介绍，从掌握的线索看，非法教育类期刊往往盗用正规期刊的刊号、名称进行约稿、组稿，收取所谓的"版面费"，将收集的论文印制成非法期刊，攫取高额利润，一些行为已经

▶ 新华网关于打击非法教育类期刊专项工作的报道

构成了诈骗罪。

周慧琳强调，本次专项工作的重点是查办大案要案。对已交地方办理的案件，要求件件有落实，件件有结果。

非法教育类期刊将受严查

资料来源：《光明日报》2010 年 6 月 30 日

本报北京 6 月 29 日电（记者吴娜）今日从全国"扫黄打非"工作小组办公室获悉，河北省"扫黄打非"办公室、公安部门日前联合破获一起假冒正规期刊名义进行组稿并出版非法期刊诈骗钱财的案件。该团伙 8 名犯罪嫌疑人被全部抓捕归案。

据介绍，自 2008 年 3 月起，犯罪嫌疑人合伙在河北衡水市开办了一家网络工作站，并在网上注册"鼎城论文发表网"，假冒《中国教师》、《基础教育》、《教育评论》等正规期刊名义向全国进行约稿、组稿。犯罪嫌疑人通过在期刊所在地福建、上海设立联系人、联系电话，用假身份证在当地申请银行账户，诱使作者向伪造的期刊电子邮箱投稿，随后向作者发送稿件采用通知，并要求作者将所谓"版面费"汇入指定银行账户。收到"版面费"后即将稿件通过犯罪嫌疑人经营的印刷厂排版印刷，然后将伪造期刊寄送作者。

▶ 新华网关于打击非法教育类期刊专项工作的报道

▶《光明日报》关于打击非法教育类期刊专项工作的报道

　　该案受骗群众达 1100 多人，涉及 27 个省（区、市），涉案金额达 100 余万元。目前，8 名犯罪嫌疑人被全部抓获归案。

　　据悉，全国"扫黄打非"办公室决定从现在开始至 10 月底，在北京市、山东省、广东省和海南省开展打击非法教育类期刊专项工作。主要任务是严厉查处非法出版教育类期刊的行为，建立遏制或杜绝非法出版教育类期刊的长效机制。

北京等四省开展打击教育类期刊非法牟利行为

资料来源：中国广播网 2010 年 6 月 28 日

　　中广网北京 6 月 28 日消息（记者费磊）据中国之声《央广新闻》18 时 43 分报道，全国"扫黄打非"工作领导小组和新闻出版总署今天起在北京、山东、广东、海南四省组织开展打击非法教育类期刊专项工作。近年来，一些不法分子利用广大教师在职称评定中需要发表学术论文的市场需求，非法出版各种教育类期刊并收取版面费牟利，至使众多投稿者上当受骗。全国"扫黄打非"办公室副主任、新闻出版总署反非法和违禁出版物司司长周慧琳指出：此类违法犯罪活动是多年来群众反映强烈的问题，但今年这类案件的举报线索骤然增多。

▶ 中国广播网关于打击非法教育类期刊专项工作的报道

周慧琳说，这些案件或非法出版、或冒用合法期刊的名义。手法相当隐蔽。不法分子一般不与投稿者见面，利用互联网和小灵通电话，地址与所公布的往往不符，或者它公布合法期刊的地址。受骗群众反应强烈，有些人一直到评职称的时候，他把论文拿去后被告知这是非法期刊。严重影响社会稳定和文化安全。

鉴于此类案件隐蔽性强、取证困难的情况，全国"扫黄打非"工作领导小组将协同各地公安、工商、工信等部门联合办案。受害和知情群众也可以拨打全国"扫黄打非"办公室举报电话 12390 进行举报。

重拳整治利用假刊发表论文诈骗牟利行为
京鲁粤琼开展打击非法教育类期刊专项工作
资料来源:《中国新闻出版报》2010 年 6 月 29 日

本报讯（记者赖名芳）6 月 28 日上午，记者在全国"扫黄打非"办公室召开的"打击非法教育类期刊专项工作协调会"上了解到，近年来，非法出版教育类期刊现象屡禁不止，部分地区还较为严重。不法分子利用广大教师在职称评定中需要发表学术论文的需求，非法出版各种教育类期刊并非法收取版面费牟利，致使众多投稿者上当受骗，在社会上造成恶劣影响。今年以来，全国"扫黄打非"办公室接到此类案件举报数量明显增多，受害人要求严厉查处不法分子的呼声强烈，鉴于此，全国"扫黄打非"办公室决定从 6 月下旬开始至 10 月底，在北京市、山东省、广东省和海南省组织开展打击非法教育类期刊专项工作，重拳整治利用假刊发表论文诈骗牟利行为。全国"扫黄打非"工作小组副组长兼办公室主任、新闻出版总署副署长蒋建国出席会议并就专项工作进行了工作部署。

蒋建国在讲话中指出，不法分子非法出版各种教育类期刊牟利现象的社会危害很大：一是导致非法出版活动猖獗；二是助长诈骗犯罪行为；三是搞乱了教育领域学术风气。这次专项工作的主要任务是采取切实有效措施，严厉查处非法出版教育类期刊并非法牟利的行为，探索建立遏制或杜绝非法出版教育类期刊的长效机制。查办大案要案是本次专项工作取得成功的关键。北京等 4 省市要重点查办由全国"扫黄打非"工作小组办公室交办的 18 起案件和各省市掌握、发现的类似案件，力争在查办类似案件中有所突破，即做到受理、核实、依法严肃查处，对犯罪分子要追根溯源，杀一儆百，起到震慑作用，坚决遏制利用假刊发表论文诈骗非法牟利行为。这次专项工作直接关系到人民群众的切身利益，本着为群众办实事，服务好的精神，务必要加强专项工作的宣传报道，特别是媒体对专项工作进展情况和对典型案件的查办工作要进行追踪宣传报道。新闻单位在宣传中要注重三点：要对非法出版教育类期刊诈骗钱财的违法行为公开曝光，并对此类案件的恶劣性质进行深度揭露，以震慑此类违法犯罪；提醒教育广大群众不要上当受骗；通过案件的查办和剖析，促进有关部门堵塞管理工作中的漏洞。

全国"扫黄打非"办公室专职副主任、新闻出版总署反非法和违禁出版物司司长周慧琳在协调会上通报了18起群众举报的非法出版教育类期刊非法牟利案件线索。他分析说，这18起案件涉及地区包括北京市、山东省、广东省和海南省。此类案件有其共同特点：一是或非法出版，或冒用合法期刊名义非法出版并以能够刊登论文为诱饵诈骗钱款；二是危害范围大，受害人数多。例如，最近河北破获的一起假冒《中国教师》、《基础教育》、《教育评论》等正规期刊诈骗钱财典型案件发现，犯罪分子假冒7种正规期刊非法出版2500余册，受骗群众涉及27个省（区、市）、1100余人，涉案金额100余万元，主犯张文胜被法院以犯诈骗罪判处有期徒刑

▶《中国新闻出版报》关于打击非法教育类期刊专项工作的报道

13年，并处罚金20万元；三是犯罪手法隐蔽。犯罪分子不与投稿人见面，利用互联网和小灵通电话联系，导致此类案件隐蔽性强、取证查处困难。据此，在开展的专项工作中，全国"扫黄打非"办公室和相关省市"扫黄打非"工作领导小组办公室要完善电话、网上、信函、面洽等多种接报方式，及时获取此类案件线索。在案件查办过程中，有关省市"扫黄打非"工作领导小组办公室必须协调公安、工商和外宣、工信等部门参与案件查办。各有关省市"扫黄打非"工作领导小组办公室要列出查办案件的时间表、线路图，做到案件查处件件有落实，件件有结果。全国"扫黄打非"办公室将着重加强案件督办工作。专项工作开展情况将作为年度"扫黄打非"工作考评的重要依据。

北京市、山东省、广东省和海南省"扫黄打非"办公室有关负责人就全国"扫黄打非"办公室交办的18起非法出版教育类期刊非法牟利案件进行了认真分析。

职称论文诱出的一起诈骗案
——河北福建联合侦破假冒正规期刊非法牟利案始末

资料来源：《中国新闻出版报》2010年7月8日

（记者邹韧）评职称对于很多人来讲是人生中非常重要的大事之一。而近年来，一些不法分子便抓住了这个"商机"，以互联网为平台发布约稿信息，以非法出版为手段骗取钱财，令一些急于评职称但苦于没有在正规期刊上发表过论文的人频频上当受骗。不久前，福建省和河北省便联合破获了一起假冒正规期刊诈骗钱财的典型案件，抓获了张某等9名犯罪嫌疑人，其中4人因涉嫌诈骗罪被公安机关执行逮捕，并移送至检察院起诉，其余5人因涉嫌诈骗罪被刑事拘留。经调查，张某等人假冒《教育评论》等7种教育类期刊名义，非法印刷期刊共计25期2500余册，受骗群众达1100余人，涉及27个省（区、市），诈骗金额达100余万元。日前，河北省衡水市中级人民法院已对该案作出判决，主犯张某以诈骗罪被判处有期徒刑13年，并处罚金20万元；其余3人分别以诈骗罪被判处有期徒刑2—3年，缓刑3—4年，判处罚金2.5万元至5万元不等。7月1日，记者随同全国"扫黄打非"办公室工作人员前往河北省衡水市对该案的查办事宜进行了采访。

接举报到破案仅两个多月

2009年2月，福建省"扫黄打非"办公室接到福建省教育科学研究所主办的《教育评论》杂志社举报称，有人冒用该杂志社名义约稿、组稿，并从中诈骗钱财，同时反映国内有多家教育类期刊社均遭遇到类似情况。举报人还提供了两本伪造的《教育评论》期刊及涉案人的电话和银行账号等线索，这些线索均指向河北省衡水市。

全国"扫黄打非"办公室接报后，高度重视，于3月27日召开了由公安部和河北、福建两省"扫黄打非"、公安部门负责人参加的专案协调会，通报了福建省"扫黄打非"、公安部门前期侦查取得的相关线索，决定此案由全国"扫黄打非"办公室和公安部重点督办，案件查处由全国"扫黄打非"办公室全面协调，以河北省为主进行查办，福建方面密切配合。

据河北省衡水市公安局刑事警察支队支队长苏建业介绍，由于此案涉及范围广、金额大、影响极其恶劣，又是公安部、全国"扫黄打非"办公室挂牌督办的重点案件，因此他们感觉自己肩上的担子很重，再加上涉案分子手法隐蔽，跨省作案，给侦破带来了不小的难度。由于前期经福建省"扫黄打非"、公安部门侦查结果表明，嫌疑人所用的电话长期呼叫转移至一衡水手机号码，上网的IP地址也为衡水号段，寄送刊物的地点也在衡水市，据此分析将非法期刊制作地点锁定在了衡水市。

2009年4月7日，河北省衡水市公安局对该案进行立案，在技侦、网监部门的大力配合下，经过20多天的努力，终于摸清了该犯罪团伙的基本情况，于2009年4月29日将此案一举破获，抓获了张某等9名犯罪嫌疑人。同时查获了汽车、电脑、手机、银行卡、假身份证等大量作案工具以及印刷好的多种教育类刊物上百册。这9名犯罪嫌疑人中有4人的行为已经触犯了《中华人民共和国刑法》第266条的规定，涉嫌诈骗罪，其中就有张氏兄弟3人，他们当中年龄最大的1975年生人，最小的1981年

▶《中国新闻出版报》关于打击非法教育类期刊专项工作的报道

生人，而大哥还有着一份不错的工作，为《燕赵晚报》驻衡水记者站记者；二哥为衡水市桃城区中通快运的负责人。3人均受过高等教育，这也是近几年网络犯罪的新特点，高智商、高学历、低龄化。苏建业分析说，用这样的手段进行诈骗在河北省衡水市公安局还很少遇到，也是近几年出现的新类型之一。

"发表"论文诱骗作者上当

河北省衡水市公安局经过侦查了解到，2008年3月，张氏兄弟中的大哥和二哥同王某3人合伙在衡水市桃城区开办了一家网络工作站，并在网上注册名为"鼎城论文发表网"，面向全国全面进行约稿，起初他们的工作是代作者向杂志社投稿，赚取利润。经过半年的业务往来，他们发现冒用知名期刊并制作假期刊赚钱多而且容易，后3人经过协商决定由张氏兄弟中的大哥负责关系协调、业务指导、约稿等，二哥负责网络技术、约稿等，王某负责财务、后勤、联系印刷等工作，获得利润后三人平分。之后3人都分别申请了多个QQ号，便以《中国教师》、《现代中小学教育》、《基础教育》等刊物的名义在百度的贴吧里进行约稿、组稿，诱使作者向伪造的期刊电子邮箱内投稿，一旦收到论文后便向作者发送稿件采用通知，要求作者将所谓"版面费"（按每千字收取200元左右）打入他们提供的银行账户，收到汇款后，王某便将整理好的稿件交给衡水市佳艺印刷厂的许某进行排版、印刷，然后将印刷好的假刊物通过快递的方式寄送给作者。调查中许某称，因王某说他们是北京在衡水设的办公点，因此她就没有要印刷刊物的相关证明。

最终，经过河北省衡水市公安局刑事警察支队查实，通过这种方式张氏兄弟中的大哥诈骗金额为 4.4 万余元，二哥诈骗金额为 2.1 万余元，王某诈骗金额为 4.4 万余元。

主犯"创业"两月非法牟利近 30 万元

7 月 1 日，记者在河北省衡水市监狱看到了张氏兄弟中的小弟——该案的主犯，心中不免有着一丝惋惜。只见他个子不高带着一副眼镜，样子很斯文，说话时声音不大，但很有条理，逻辑思维清晰，如果不是在监狱又穿着囚衣，很难让人把他和诈骗犯联系起来。张某今年只有29 岁，大学本科主修计算机专业，2003 年毕业后，他在北京找到了一份网络编程的工作，月薪大概两三千元，工作了一段时间后，他感觉工资太少在北京生活很难，于是先后换了 3 次工作，大都是从事软件开发或网络编程的工作，但收入始终没有太大变化。2008 年，一个偶然的机会，他在网上帮人做代理约论文稿给杂志社，事成后赚到了一笔代理费。就这

▶ 中央电视台《新闻联播》关于打击非法教育类期刊专项工作的报道

样，一个念头在他的脑子里闪过，这是个"创业"的好办法，与其替别人打工还不如干脆自己做老板。于是，他开始从百度的贴吧上、QQ群上进行大量调查，发现有很多老师因为评职称都需要在核心期刊上发表论文，他就试着在百度贴吧上发布了一个冒充杂志社的征稿启事，他想，即便没人搭理自己也不会有任何损失。可没想到竟有很多人给他回帖，这下他感到自己终于可以干出一番"大事业"啦。

2008年10月，他先后在北京、福州、上海等地，制作了3张假身份证，又用假身份证开立了银行账户，并私自刻制了《教育评论》、《基础教育》杂志社编辑部章及其财务专用章。由于《基础教育》的办公地点在上海，而《教育评论》在福州，为了增加可信度，他分别在上海、福州办了银行卡、买了当地的假发票，还在网上分别购买了上海和福州的虚拟电话号码，并将两号码呼叫转移到自己的手机上。一切妥当后，他便在互联网上建立了自己的博客，开始以《教育评论》、《基础教育》杂志社的名义发征稿启事，并公布了自己的电话、邮箱、银行账户等信息，在收到作者的论文后向作者发"用稿通知书"及所要版面费，一般《教育评论》收取300元—500元版面费，《基础教育》收取1000元—4000元版面费。由于学术期刊的封面设计很简单，并且每期都没太多变化，因此仿制起来非常容易，每期的稿件大约需要30—40篇，通常他会在确认收到汇款后，便将整理好的论文分别通过北京的"宝生印务"和衡水的"佳艺印刷厂"进行印制，印好后便给作者用快递的方式寄去，如果作者需要荣誉证书，他便会盖上假公章一并寄出。

张某说，其实他只干了两个月就收手了，假《教育评论》只印制了2期，而假《基础教育》印制了9期，两个月他共"赚"了将近30万元，但因为银行里有监控录像他很怕被发现，所以很少到银行取钱。后来因为《教育评论》杂志社在网上发布了反诈骗声明，他就把所有和《教育评论》有关的公章、书、发票、银行卡、手机卡、假身份证、邮寄单据等都销毁了。收手后，他想与其每天这样担惊受怕，还不如和正规期刊谈合作，正当他与某杂志社以每年30万元的代理价格谈妥后，在签订合作协议的前一天他被警方以涉嫌诈骗罪进行了刑事拘留。

职称评定存在论文漏洞

此案的成功告破有力地震慑了此类违法犯罪行为。但同时也反映出当前普遍存在的社会现象：由于许多单位、部门在申报职称评定时的条件之一是必须要在学术期刊上发表论文，而副高以上还要在省级、国家级核心期刊上发表论文。而很多人又苦于没有"门路"，于是就只好在网上找"门路"，正因如此，给不法分子有了可乘之机，致使大量假冒正规或非法炮制的教育、医学等类期刊频频现身。

采访中，张某告诉记者，他之所以选择印制这两本期刊，主要是因为经过他的调查发现这两本是核心期刊，评职称管用。之所以制作假期刊，主要是在与他联系的教师中，大致分两种情况：一种是很多教师根本没有辨别真假期刊的能力；另一种则是明确表示，只要论文刊登了就行，真假期刊无所谓。而据他了解，通常正规期刊规定论文是否被录用作者要经过3个月才能知道，而且3个月内作者不能向其他期刊社投稿。而张某最慢只用2周时间便可回复，快的1周即可，这也是他"生意兴隆"的原因之一。而当公安人员通知被张某诈骗的教师请他们配合警方来作证时，有些人并不是很配合。

网络代发职称论文索要"版面费"现状

此案破了，是不是社会上类似情况就杜绝了呢？7月5日，记者带着这个疑问进入了百度贴吧。记者随便输入了"发表论文"的关键词后，点击结果竟出现了5900多个相关的帖子，有代发论文的、有代写论文的，记者随便点击了一个帖子发现里面明码标价"大学学报代发费用300元—600元/篇（版面费自出，具体多少以学报或期刊的录用通知为准）。核心期刊代发费用1000元—1600元/篇（包括人文社科学报核心期刊、北大核心期刊、南大核心期刊、科技核心期刊。版面费自出，具体多少以学报或期刊的录用通知为准，部分人文社科学报核心期刊不收版面费）。"

为了弄明白，记者加入了他们的QQ群，同一位自称现供职于某学报的编辑网聊起来。他告诉记者，一般作者要求在什么级别的学报或期刊刊登，他都能办到，而且保证所发刊物都是正版刊物，在网上是可以查询的。通常作者给他论文后，他要用编辑软件检测一下论文内容，根据论文内容看哪些学报或期刊的栏目与之相似度高，然后他就发给学报或期刊。他承诺代发论文一不收定金；二不提前收费；三是论文通过学报或期刊的审稿要录用了，作者核实了论文录用信息后再给他代发费用，一般的学报版面费的收取标准在 400 元—800 元之间，另外还要给他代发费用，标准是省级期刊 500 元 / 篇，在校学生 300 元 / 篇。

　　针对学校评职称一事，记者采访了某师范学校负责职称评定工作的赵主任。她说，以他们学校为例，中级职称一般虽然要求在期刊上发表论文，但并不需要附上原件，只要复印件即可，而副高以上的职称则要求在国家级、省级核心期刊上发表论文。但至于是否会遇到假期刊他们从没注意过，更没有辨别真假期刊的经验。

▶ 中央电视台《新闻联播》关于打击非法教育类期刊专项工作的报道

　　其实针对评职称要在国家级、省级核心期刊上发表论文一事，《中国新闻出版报》在 2009 年 5 月 5 日第 5 版上曾刊登了题为"谁念歪了核心期刊这本经？"一文，其中很多专家就此事进行了深度剖析。首先，所谓的核心期刊的遴选与政府无关，纯粹是一种民间行为。其次，由于核心期刊基本上包括了国内学术水平较高、质量较好的学术期刊，因此，许多人误认为核心期刊可以作为评价学术研究成果的工具。核心期刊表也因此从参考工具变成了评价标准，广泛用于津贴评定、职称评审、论文评奖等领域，而核心期刊也渐渐演变成了一种评价尺度。实际上，核心与非核心只是一个相对的概念，任何过分夸大核心期刊的作用、不恰当地使用的做法都是错误的。因为核心期刊毕竟不是评价标准，当它的性质超出参考工具时，问题就会随之产生。尤其是一些期刊借"核心期刊"之名收版面费、见文就发的做法不仅让核心期刊评价研究陷入尴尬的境地，也给一些不法分子以可乘之机。

迎世博"扫黄打非"专项行动

迎世博"扫黄打非"专项行动
4月1日起全国展开
资料来源：新华网 2010 年 3 月 30 日

为贯彻落实《2010 年"扫黄打非"行动方案》和第二十三次全国"扫黄打非"工作电视电话会议精神，3 月 29 日，全国"扫黄打非"办公室在南京召开今年第一次全国各省（区、市）"扫黄打非"办公室主任会议。中央委员、全国"扫黄打非"工作小组专职副组长李长江，全国"扫黄打非"工作小组副组长兼办公室主任、新闻出版总署副署长蒋建国出席会议并讲话，江苏省委常委、宣传部长、省"扫黄打非"工作领导小组组长杨新力在会上致辞。会议指出，面对新形势下"扫黄打非"工作面临的严峻形势，各地各有关部门要从维护国家文化安全、社会政治稳定的高度，进一步提高对"扫黄打非"斗争重要性的认识，切实把思想和行动统一到中央的决策部署上来，保持清醒，增强信心，把困难估计得更充分一些，把应对措施考虑得更周密一些，坚定不移、深入持久地开展"扫黄打非"斗争。要认真总结"扫黄打非"工作取得的成功经验，并用来指导和推进今后的工作。当前，特别要准确把握严厉打击网上网下各类非法出版物及有害信息，坚决清除手机网站传播淫秽色情信息、保护未成年人健康成长，围绕为举办世博会和亚运会创造良好文化环境等"扫黄打非"工作重点，切实加强组织领导，加强协同配合，加强群防群治，深入推进今年"扫黄打非"各项工作，确保文化市场健康繁荣，为实现经济社会又好又快发展作出新的贡献。今年以来，各地各有关部门扎实推进春节和全国"两会"前后"扫黄打非"专项行动、打击手机网站传播淫秽色情信息专项行动，部署早、行动快、措施实、查处严，声势大、发动广、协调好、合力强，全国"扫黄打非"工作取得了阶段性成效，为全国两会胜利召开营造了良好的社会文化环境，并为全年工作开展奠定了坚实的基础。会议强调，今年是夺取应对国际金融危机冲击新胜利、加快转变经济发展方式、推动经济社会又好又快发展、为"十二五"规划启动实施奠定良好基础的重要一年，还将举办上海世博会和广州亚运会，各地各有关部门要始终保持清醒头脑，牢固树立强烈的政治意识、大局意识、责任意识和忧患意识，再接再厉、乘势而上，努力夺取"扫黄打非"斗争新胜利。为做好上海世博会的保障工作，全国"扫黄打非"办公室决定，从 4 月 1 日至 10 月 31 日在全国范围开展迎世博"扫黄打非"专项行动。这次专项行动的总体要求是：紧密围绕为上海世博会的胜利举办营造良好文化市场环境大局，深入贯彻落实科学发展观，高举保护知识产权旗帜，以打击侵权盗版出版物为切入点，通过实施全面清查各类市场、切实加强互联网管理、努力切断制售源流、严肃查处大案要案、建立健全长效机制等工作措施，齐抓共管，群防群治，严厉打击各类非法出版物和网上有害信息，着力打击侵权盗版活动，建立上海世博会"扫黄打非"联防协作机制，扎实开展迎世博"扫黄打非"专项行动。会议要求，各地各有关部门要继续扎实深入开展好打击手机网站传播淫秽色情信息专项行动，思想上不能懈怠，工作上行动上不能放松，力度

▶ 新华网关于迎世博"扫黄打非"专项行动的报道

上不能减弱，继续按照齐抓共管、群防群治、清理关闭、查办案件、穷追猛打、常抓不懈的"六句话、二十四字"的方法和要求，把专项行动抓实、抓好、抓到位。要在抓好近期"扫黄打非"工作的同时，尽快启动《2010年"扫黄打非"行动方案》部署的、涉及全年"扫黄打非"工作的重点措施的落实，按照切实增强紧迫感、牢牢把握重点、争取多方支持、狠抓工作落实、创新应对挑战和严格落实奖惩的工作思路推进全年工作。在抓好今年"扫黄打非"工作和要求开展日常监管和集中行动中，要切实注重把握重点，突出"严"字，从严查文化市场、严控网上传播、严管源头渠道、严办大案要案等四个方面着手；突出"防"字，抓好预防、群防、联防、技防。同时，进一步实施好有关重点工作项目，如建立和完善行政执法与刑事司法相衔接的工作机制，建立健全针对突发事件的"扫黄打非"工作应急预案，建立健全24小时举报受理机制，继续抓好"扫黄打非"四大联防协作工程建设。各级"扫黄打非"办公室要切实履行好综合、指导、协调、督办职责，高效运转起来，把"扫黄打非"工作有声有色地开展起来。会上，中宣部、公安部、工业和信息化部、国家工商总局等全国"扫黄打非"工作小组成员单位有关负责同志，新闻出版总署有关司局主要负责同志分别就本部门落实"扫黄打非"任务分工作了发言。全国"扫黄打非"办公室有关负责人通报了近期"扫黄打非"工作、任务分工、案件查办和信息宣传情况。江苏、福建、山西、河南、杭州、广州、北京、河北等省市在会上交流了"扫黄打非"工作经验。全国各省（区、市）、副省级城市、省会城市"扫黄打非"办公室主任，江苏省"扫黄打非"工作领导小组及有关成员单位、省"扫黄打非"办公室有关负责人参加会议。

蒋建国在全国各省（区、市）"扫黄打非"办公室主任会议上强调世博"扫黄打非"绝不走过场

资料来源：《中国新闻出版报》2010年4月2日

本报讯（记者赖名芳）3月29日，全国"扫黄打非"办公室在南京召开今年第一次全国各省（区、市）"扫黄打非"办公室主任会议。会议

决定，为做好上海世博会的保障工作，从 4 月 1 日至 10 月 31 日在全国范围开展迎世博"扫黄打非"专项行动。全国"扫黄打非"工作小组副组长兼办公室主任、新闻出版总署副署长蒋建国对开展专项行动提出四方面的工作要求。

蒋建国在讲话中指出，全面清查各类市场、彻底切断制售源流、严肃查处大案要案、建立健全长效机制，是这次专项行动的主要工作措施。各地要按照这次专项行动的总体要求，在四个方面下工夫：

一是要加强领导，在严格责任上下工夫。各地特别是重点省市"扫黄打非"工作领导小组要高度重视这次专项行动，主要负责同志要亲自负责、直接指挥，将专项行动纳入"扫黄打非"总体工作部署并作为重要工作内容。要按照属地管理和谁主管谁负责的原则，严格落实责任制和责任追究制。要制定切实措施，出实招，见实效，确保专项行动领导到位、责任到位、任务到位、措施到位。重点地区要由行业主管部门与出版、复制、发行单位负责人和音像制品集中经营场所主办单位、经营者签订责任书，依法明确并承担相应责任。

二是要加强协作，在形成合力上下工夫。"扫黄打非"是一个系统工程，开展"扫黄打非"工作和抓好专项行动，绝对不是某个部门的事，而是各个成员单位共同的事业，必须由各部门来齐抓共管，实行综合治理。各地特别是重点地区"扫黄打非"办公室要充分发挥综合、指导、协调、督办的作用。各相关部门要各司其职、各负其责、加强配合、协同作战，共同完成好专项行动的各项任务。

三是要加强宣传，在群防群治上下工夫。各地要组织主流媒体进一步加大宣传力度，形成强大舆论声势，重点报道专项行动开展情况及重大案件查处结果，营造保护知识产权、拒绝盗版的良好舆论氛围。同时，要进一步完善群众举报和奖励制度，积极受理群众举报，认真核实举报内容，及时转办举报线索，如数兑现举报奖励，发动社会组织、群众参与和监督，实行群防群治。

四是要加强检查，在狠抓落实上下工夫。这次专项行动绝不能走过场，一定要取得实效并建立有关长效机制。全国"扫黄打非"办公室将适

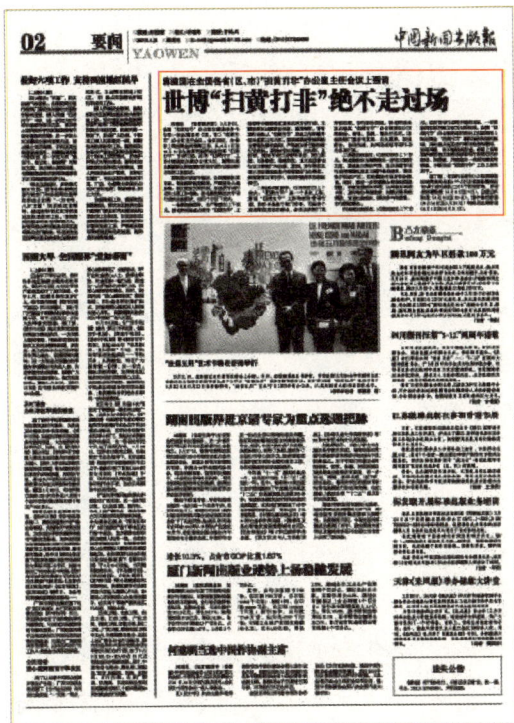

▶《中国新闻出版报》关于迎世博"扫黄打非"专项行动的报道

时派出工作组指导上海世博会"扫黄打非"联防协作机制的建设，并对重点地区进行暗访检查和督导，发现问题，绝不能轻易放过。希望上海等地积极借鉴北京奥运会期间市场整治的好做法、好经验，并创造出一些新的做法和经验，不断推动"扫黄打非"工作上新的水平。

据了解，专项行动将在3月初国家版权局开展的为期1个月打击盗版音像制品专项行动的基础上分4个阶段开展，即动员部署阶段（4月1日至7日）、自查自纠阶段（4月8日至15日）、集中整治阶段（4月16日至5月31日）和巩固成果阶段（6月1日至10月31日）。

世博会出版物市场整治再出重拳
李东东强调要加大执法和宣传力度，为世博会胜利举办
营造良好氛围

资料来源:《中国新闻出版报》2010 年 4 月 21 日

本报讯（记者金鑫）4 月 20 日，上海世博会出版物市场整治和版权保护专项工作会议在沪召开。会议强调，世博会临近，出版物市场整治和版权保护工作进入了关键时期，各地要进一步提高思想认识、强化组织领导、完善工作机制，坚决打赢出版物市场整治和版权保护这场硬仗，为确保上海世博会的成功精彩举办营造良好的文化市场和知识产权保护环境。新闻出版总署副署长李东东，上海市委常委、副市长屠光绍，市委常委、宣传部长杨振武出席会议并讲话。

李东东在讲话中说，上海世博会是继北京奥运会之后我国举办的又一个世界性盛会，是我国与世界各国进行经贸、文化交流的重要平台，做好上海世博会"扫黄打非"和版权保护工作对维护我国文化安全、树立我国政府打击侵权盗版和保护知识产权良好国际形象、为世博会成功举办营造良好文化市场和版权保护环境具有十分重要的意义。李东东强调，开展上海世博会出版物市场和版权保护专项整治工作，是根据今年全国"扫黄打非"和版权保护工作整体安排进行的，随着世博会的日益临近，各地要将上海世博会出版物市场和版权保护专项整治工作纳入"扫黄打非"工作格局，继续强化组织领导、完善工作机制，坚决打赢这场硬仗。一是要始终把打击各种非法出版物及有害信息作为第一任务；二是有效遏制各类侵权盗版行为；三是切实做好版权保护工作；四是要建立上海世博会"扫黄打非"联防协作机制。李东东要求，媒体要进一步加大宣传力度，重点报道专项整治工作开展情况及重大案件查处结果，形成强大舆论声势，在全社会形成良好的版权保护舆论氛围。她希望，通过开展好上海世博会出版物市场和版权保护专项整治工作，以健康有序的出版物市场和优异的版权保护成绩迎接上海世博会的成功举办。

　　屠光绍就世博会市场和版权保护专项整治工作作出部署。据悉，为保证专项行动的效率和质量，上海已专门成立了世博会出版物市场整治和版权保护专项行动工作领导小组，将定期检查各单位各阶段工作进展情况，研究解决工作中的重大问题，确定工作目标，决定工作奖惩，务求专项行动的实效。杨振武就专项行动舆论宣传工作了动员。他指出，上海已经把开展出版物市场治理和版权保护专项行动的宣传工作纳入世博宣传工作范畴，新闻媒体要精心组织策划、精心宣传报道，大力宣扬专项行动治理成果，引导社会公众积极参与反盗版斗争，推动全社会形成以遵守版权法律为荣的社会观念。

　　记者从此次会议上了解到，为了做好世博会版权保护工作，上海已经开展了一系列专项整治活动。一季度，市区两级执法部门就出动出版物市

▶《中国新闻出版报》关于迎世博"扫黄打非"专项行动的报道

场检查人员 1.8 万人次，检查出版物市场店档摊点 1.1 万个次，查缴盗版及非法音像制品 120 余万件。4 月 15 日，世博会参展者知识产权举报投诉热线（12330）已开通，统一接受世博会参展者知识产权投诉、举报，并将相关投诉和举报信息转送给有关主管部门依法办理。近日，市"打黄打非"办公室、市版权局正在组织集中销毁侵权盗版及非法出版物活动和以"拒绝盗版，从我做起"为主题的"绿书签行动"。

会上，江浙沪两省一市"扫黄打非"办公室还签订了《关于建立长三角世博会"扫黄打非"联防协作机制的合作框架协议》。根据协议，三地将建立长三角"扫黄打非"联防协作机制，建立联防协作信息三地共享机制，强化长三角世博"扫黄打非"执法协作，组织开展长三角世博"扫黄打非"联合执法行动，构筑环上海文化环保工程，为上海世博会成功举办创造良好的文化环境。

新闻出版总署反非法和违禁出版物司、新闻报刊司、版权管理司等有关部门负责人以及江浙沪两省一市的新闻出版局（版权局）、"扫黄打非"办公室的部分同志出席了会议。

迎世博"扫黄打非"专项行动成效显著
资料来源：新华网 2010 年 8 月 25 日

新华网北京 8 月 25 日电（记者璩静）记者 25 日从全国"扫黄打非"办公室获悉，上海市开展的迎世博"扫黄打非"专项行动取得重要阶段性效果。截至今年 7 月，共查缴盗版音像制品 298 万余件，淫秽色情出版物 7.6 万余件，非法报刊 123 万余份；查办侵权盗版出版物案件 272 起，淫秽色情出版物案件 51 起；取缔关闭出版物销售店档摊点 2179 个，非法网站 80 个，世博园区及周边重点区（县）的出版物市场整体面貌得到有效改善。

据全国"扫黄打非"办公室介绍，上海市"扫黄打非"办公室协调工商、城管、公安、新闻出版、工信、海关等部门按照"谁主管谁负责"原则，明确任务分工，密切配合，深入开展专项行动。上海市"扫黄打非"办公室还与江苏省、浙江省"扫黄打非"办公室积极落实签订的长三角世

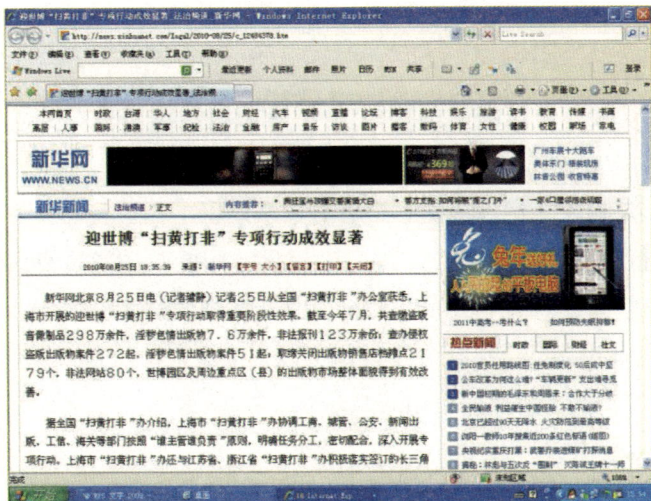

▶ 新华网关于迎世博
"扫黄打非"专项行动
的报道

博会"扫黄打非"联防协作机制的合作框架协议，建立信息共享、案件协查等机制，开展"扫黄打非"联合执法行动。

记者了解到，上海市、区两级"扫黄打非"、文化执法部门针对世博会期间非法音像制品通过空运渠道流入上海的案件明显增多的现象，会同机场公安等部门先后查处 7 起贩运非法音像制品案件，会同交通运输等部门在高速公路道口及物流公司查处 6 起非法出版物案件，有效切断了非法出版物运输链条。

此外，上海市"扫黄打非"办公室组织建立了区域联防的"扫黄打非"工作督查组，在重点时段对浦东、黄浦、卢湾、静安、徐汇等世博会重点区域、重点地段，全市主要商业街区、旅游景点、客流密集的交通枢纽等重点部位，以及出版物零售店、游商地摊等进行深入摸底排查，一旦发现问题，市"扫黄打非"办公室立即下发"转办单"进行督办。各区县"扫黄打非"办公室严格落实要求，协调相关执法部门依法快速查办，有效回复率达 100%，切实保障出版物市场整治成果不反弹。

沪迎世博"扫黄打非"专项行动见实效

资料来源:《光明日报》2010 年 8 月 28 日

本报北京 8 月 27 日电(记者庄建)记者日前从全国"扫黄打非"办公室获悉,上海迎世博"扫黄打非"专项行动使世博园区及周边重点区(县)的出版物市场整体面貌有效改善。截至 7 月,共查缴盗版音像制品 298 万余件,淫秽色情出版物 7.6 万余件,非法报刊 123 万余份;查办侵权盗版出版物案件 272 起,淫秽色情出版物案件 51 起;取缔关闭出版物销售店档摊点 2179 个,非法网站 80 个。

加强联防协作,严格实行工作责任制和责任追究制。上海市"扫黄打

▶《光明日报》关于迎世博"扫黄打非"专项行动的报道

非"办公室与江苏省、浙江省"扫黄打非"办公室积极落实签订的长三角世博会"扫黄打非"联防协作机制框架协议，信息共享、案件协查，开展"扫黄打非"联合执法行动，构筑了环上海文化环保工程。专项行动期间，破获2万张以上盗版音像制品案件30起，破获30万份以上非法报刊案件2起。同时，开展重点区域督查，"露头打、打露头"，切实巩固出版物市场整治成果。

迎世博"扫黄打非"专项行动取得阶段性成果
世博园内外出版物市场干净了
资料来源:《中国新闻出版报》2010年8月26日

查缴盗版音像制品298万余件　查办侵权盗版出版物案件272起取缔关闭出版物销售店等2179个

本报讯（记者赖名芳）记者8月25日从全国"扫黄打非"办公室获悉，上海市"扫黄打非"办公室按照迎世博"扫黄打非"专项行动的统一部署，在世博会开幕前及举办期间组织专项整治。截至7月，共查缴盗版音像制品298万余件、淫秽色情出版物7.6万余件、非法报刊123万余份，查办侵权盗版出版物案件272起、淫秽色情出版物案件51起，取缔关闭出版物销售店和档摊点2179个、非法网站80个。世博园区及周边重点区（县）的出版物市场整体面貌得到有效改善，为上海世博会的成功举办营造了良好文化环境。

加强联防协作　构筑环上海保护带

上海市"扫黄打非"办公室协调工商、城管、公安、新闻出版、海关等部门，按照谁主管、谁负责的原则，明确任务分工，密切配合，协同作战。

各区（县）"扫黄打非"办公室与"扫黄打非"成员单位、街道乡镇签订"扫黄打非"工作责任书，严格实行工作责任制和责任追究制。上海市"扫黄打非"办公室还与江苏省、浙江省"扫黄打非"办公室积极落实长三角世博会"扫黄打非"联防协作机制确定的合作框架协议，建立信息共享、案件协查等机制，开展联合执法行动，构筑环上海文化环保工程。

加大查处力度　重拳打击非法出版

上海市、区两级"扫黄打非"、文化执法部门围绕服务保障世博会，突出保护知识产权工作重点，深挖线索，大力查办案件，进一步加大对非法出版物的打击力度。

针对世博会期间非法音像制品通过空运渠道流入上海的案件明显增多的现象，执法部门将强化运输环节监管作为查处案件的重要突破口，会同机场公安等部门先后查处贩运非法音像制品案件7起，会同交通运输等部门在高速公路道口及物流公司查处非法出版物案件6起，有效切断了非法出版物运输链条。专项行动期间，上海"扫黄打非"部门共破获两万张以上盗版音像制品案件30起，破获30万份以上非法报刊案件两起，充分显示了打击非法出版活动的力度和决心。

▶《中国新闻出版报》关于迎世博"扫黄打非"专项行动的报道

督查重点区域 切实巩固整治成果

按照迎世博"扫黄打非"专项行动的要求，上海市"扫黄打非"办公室组织建立了区域联防的"扫黄打非"工作督查组。督查组下设6个小组，由市、区（县）"扫黄打非"办公室抽调人员组成，在午后和晚上等重点时段，对浦东、黄浦、卢湾、静安、徐汇等世博会重点区域和地段，全市主要商业街区、旅游景点、客流密集的交通枢纽等重点部位以及出版物零售店、游商地摊等进行深入摸底排查。一旦发现问题，市"扫黄打非"办公室立即下发转办单进行督办。

各区（县）"扫黄打非"办公室协调相关执法部门依法快速查办，有效回复率达100%。督查组还协调相关执法部门进一步加强跟踪查处，对从事非法出版活动者，做到"露头打、打露头"，切实保障出版物市场整治成果不反弹。

北京迎世博反盗版专项行动初尝胜果
资料来源：《中国新闻出版报》2010年7月29日

本报讯（见习记者哈妮帕）根据北京市迎世博反盗版专项行动的有关

▶《中国新闻出版报》关于北京迎世博反盗版专项行动初尝胜果的报道

243

部署，北京市文化市场行政执法总队、公安、邮政等成员单位及各区县"扫黄打非"办公室自 3 月 10 日起，在全市范围内积极开展迎世博反盗版出版物市场专项整治行动，并取得初步成效。记者从北京市文化市场行政执法总队了解到，北京市各区县"扫黄打非"办公室根据统一部署，积极协调公安、工商、城管、文化等部门，加大对出版物市场的日常检查及执法力度。

据了解，原崇文区"扫黄打非"工作联合行动小组对崇文门外大街、广渠门内大街等 9 条主要道路进行了全面清查，尤其是重点巡查了新世界商场前的 3 条地下通道，共收缴非法出版物 70 余份。密云县于 3 月初—10 月底组织开展印刷和复制企业经营单位天天检查活动，在此期间将协调有关"扫黄打非"各成员单位，加强出版物印刷和复制经营活动的监管，强化对印刷和复制企业手续验证、登记等制度的责任落实。昌平区文委执法队 5 月 1 日—3 日在全区范围内开展文化市场的排查整治，共检查网吧 28 家、音像店 6 家、书店 4 家。在检查中共收缴各类非法音像制品210 余张、盗版图书 56 册，取缔非法游商 4 个。

据悉，北京市公安局治安行动部门在 6 月共查处侵权盗版类案件 22件，抓获犯罪嫌疑人 35 人（其中刑事拘留 9 人、行政拘留 7 人），收缴各类非法出版物 5 万余张（册）。6 月 7 日，北京市丰台区公安分局民警在丰台区某物流公司将出售盗版书刊的许某抓获，当场从其车上查获盗版图书 642 册。在对许某进行调查后，又在其仓库内查获盗版图书 2.2 万余册。许某现已被丰台分局依法刑事拘留。6 月 10 日，犯罪嫌疑人谢某伙同他人在海淀区一出租楼房内贩卖盗版光盘时被民警抓获，当场起获盗版光盘1.9 万余张。谢某被海淀区公安分局依法刑事拘留。6 月 22 日，朝阳分局根据群众举报，在朝阳区西坝河北里京客隆超市门前，将向他人贩卖盗版光盘的龚某抓获，当场收缴盗版光盘 2396 张，目前龚某已被朝阳区公安分局依法刑事拘留。北京市邮政管理局也连续堵截了两起邮寄非法出版物案件。

迎世博"扫黄打非"专项行动
沪苏浙查办相关案件 668 起

资料来源:《人民日报》2010 年 11 月 3 日

本报北京 11 月 2 日电(记者张贺)记者今天从全国"扫黄打非"办公室获悉:世博会期间,各地"扫黄打非"部门在全国"扫黄打非"办公室的统一部署下,深入开展迎世博"扫黄打非"专项行动,以打击侵权盗版出版物为切入点,切实保护知识产权,净化文化市场环境。

上海市"扫黄打非"办公室与江苏省、浙江省"扫黄打非"办公室签订了长三角世博会"扫黄打非"联防协作机制的合作框架协议,开展联合执法行动,共查缴侵权盗版出版物 520 万余件,查办相关案件 668 起,确保了上海世博会出版物市场的健康有序。

▶ 新闻出版总署反非法和违禁出版物司副司长毛小茂在中央电视台《大家看法》节目中就迎世博"扫黄打非"专项行动接受连线访谈

针对世博会期间非法音像制品通过空运渠道流入案件明显增多的现象,上海加强对交通运输环节的监管力度,将强化出版物物流运输、公路道口、打包托运等环节的检查作为查处案件的重要突破口,共破获 2 万张以上盗版音像制品案件 38 起。江苏省"扫黄打非"部门从市场、网络以

▶《人民日报》关于迎世博"扫黄打非"专项行动的报道

及制售源头上保持对非法出版活动的高压态势，共查缴各类非法出版物117万余件。浙江省"扫黄打非"部门相互配合、积极行动，做好非法出版物查处工作，依法关闭违法网站92个，全面清查书店、音像店、网吧等文化经营场所，有效净化了文化市场环境。

世博期间"扫黄打非"专项行动成效显著
资料来源：《经济日报》2010年11月7日

（本报记者李丹）记者日前从全国"扫黄打非"办公室获悉，上海世博会期间，上海市"扫黄打非"办公室与江苏、浙江"扫黄打非"办公室签订"长三角"世博会"扫黄打非"联防协作机制的合作框架协议，开展联合执法行动，共查缴侵权盗版出版物520万余件，查办相关案件668起，确保了上海世博会出版物市场的健康有序。

上海市"扫黄打非"部门针对世博会期间非法音像制品通过空运渠道流入上海的案件明显增多的现象，将强化出版物物流运输、公路道口、打包托运等环节的检查作为查处案件的重要突破口，共破获2万张以上盗版音像制品案件38起，有效切断了非法出版物运输链条。

江苏省"扫黄打非"部门明确工作重点，从市场、网络以及制售源头

▶《经济日报》关于迎世博"扫黄打非"专项行动的报道

上保持对非法出版活动的高压态势，共查缴各类非法出版物117万余件。苏州、常熟两地"扫黄打非"部门统一行动，查获3处地下仓库，查缴非法、盗版音像制品6万余张，抓获犯罪嫌疑人8名。

浙江省海关、邮政等部门也加强检查力度，防止侵权盗版等非法出版物流入境内。当地公安、通信等部门加强沟通协调，实行信息共享，形成工作合力，严格监管互联网及手机网络，依法关闭违法网站92个；文化市场执法部门全面清查书店、音像店、网吧等文化经营场所，有效净化了文化市场环境。

上海世博会"扫黄打非"专项工作总结表彰大会召开

资料来源：人民网 2010 年 12 月 30 日

　　人民网上海 12 月 29 日电（记者曹玲娟）29 日，上海世博会"扫黄打非"专项工作总结表彰大会在沪召开。会议全面总结了 2010 年上海世博会"扫黄打非"专项工作，对在专项工作中做出突出成绩的单位和个

▶ 人民网关于上海迎世博"扫黄打非"专项工作总结表彰大会召开的报道

人进行了表彰。

　　会上，上海市"扫黄打非"工作小组对在专项工作中做出突出成绩的上海市公安局治安总队治安行动队等 38 个单位和王卫忠等 56 名同志予以表彰，分别授予"上海世博会'扫黄打非'专项工作有功集体"和"上海世博会'扫黄打非'专项工作有功个人"荣誉称号。

　　据统计，自今年 3 月启动实施世博会净化出版物市场专项治理行动以来，上海共查缴非法出版物 6304 件，非法宣传品 34 万件，删除、屏蔽网络有害信息 1.2 万条，查办网上制售、传播有害信息案件 63 起。

迎亚运"扫黄打非"专项行动

全国"扫黄打非"办公室迎亚运"扫黄打非"专项行动启动

资料来源:《人民日报》2010 年 9 月 30 日

　　本报北京 9 月 29 日电（记者张贺）记者从全国"扫黄打非"办公室获悉:为营造国庆节和广州亚运会、亚残运会良好的文化市场环境,全国"扫黄打非"办公室近日发出通知,决定从 2010 年 9 月 21 日至 11 月 30 日在全国范围内开展迎亚运"扫黄打非"专项行动。广东、北京、广西、福建、湖南、江西等为此次专项行动的重点省（区、市）。

　　通知指出,专项行动期间,要紧紧围绕维护社会稳定、保护未成年人

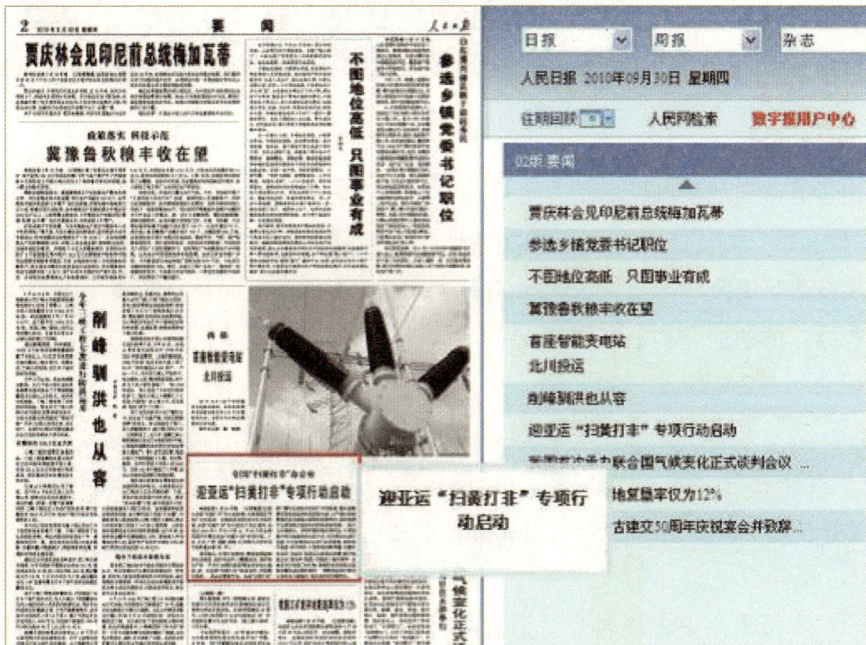

▶《人民日报》关于迎亚运"扫黄打非"专项行动的报道

健康成长、保护知识产权，严厉打击侵权盗版等各类非法出版物，进一步加强"扫黄打非"执法协作，实现联防联控。一是全面清查市场。各地"扫黄打非"部门要对出版物市场进行专项检查，重点查缴侵权盗版制品特别是盗版光盘，从严查处批发销售非法及盗版出版物的经营单位，坚决取缔无证照销售出版物的店档和游商地摊。二是大力治理源头。采取明察和暗访相结合、日常巡查与突击检查相结合的方式，对印刷企业进行抽

▶ 中央电视台关于迎亚运"扫黄打非"专项行动的报道

查，对光盘复制企业进行全面检查，做到每天检查、每天报告。三是有效切断渠道。加强对托运站、货运站、物流企业的重点监管，建立物流企业"黑名单"制度。四是深入查办案件。各地有关行政部门对印制、贩售非法及盗版出版物涉嫌构成犯罪的案件，一律要依法及时移交公安机关立案查办，依法追究其刑事责任。

全国开展迎亚运"扫黄打非"专项行动
将建物流企业"黑名单"制度，粤京桂闽湘赣为重点监管地区
资料来源：《中国新闻出版报》2010 年 9 月 29 日

　　本报讯（记者赖名芳）记者 9 月 28 日从全国"扫黄打非"办公室获悉，为营造国庆节和广州亚运会、亚残运会良好的文化市场环境，全国

"扫黄打非"办公室近日发出通知，决定从 2010 年 9 月 27 日至 11 月 30 日在全国范围内开展迎亚运"扫黄打非"专项行动。广东、北京、广西、福建、湖南、江西等地为此次专项行动的重点省（区、市）。

全国"扫黄打非"办公室有关负责人强调，此次专项行动期间，各地要紧紧围绕维护社会稳定、保护未成年人健康成长、保护知识产权，严厉打击侵权盗版等各类非法出版物，进一步加强"扫黄打非"执法协作，实现联防联控。专项行动主要有 4 项措施：一是全面清查市场。各地"扫黄打非"部门要对出版物市场进行专项检查，重点查缴侵权盗版制品特别是盗版光盘，从严查处批发销售非法及盗版出版物的经营单位，坚决取缔无证照销售出版物的店档和游商地摊；二是大力治理源头。采取明查和暗访相结合、日常巡查与突击检查相结合的方式，对印刷企业进行抽查，对光盘复制企业进行全面检查，做到每天检查、每天报告。从严查处违法违规

▶《中国新闻出版报》
关于迎亚运"扫黄打
非"专项行动的报道

承接印刷业务的企业，坚决取缔无证照从事印制业务的企业，严厉打击地下印制窝点及各类非法印制活动，大力铲除非法出版物特别是盗版光盘制作源头；三是有效切断渠道。加强对托运站、货运站、物流企业的重点监管，建立物流企业"黑名单"制度，对列入"黑名单"的要加大检查力度和频次，有效切断非法及盗版出版物流通渠道；四是深入查办案件。各地有关行政部门对印制、贩售非法及盗版出版物涉嫌构成犯罪的案件，一律要依法及时移交公安机关立案查办，依法追究其刑事责任。

通知要求，各地"扫黄打非"办公室要结合本地实际，制定实施方案，明确相关责任，督促措施落实。各有关部门要按照谁主管谁负责的原则，各司其职，齐抓共管。重点省（区、市）"扫黄打非"办公室要认真执行值班制度，安排专人接听举报电话、处置突发事件。同时，要进一步完善接报方式，加大兑现举报奖励的力度，发动群众踊跃举报制售非法出版物线索。专项行动期间，全国"扫黄打非"办公室将派出检查组，对专项行动开展情况进行检查督导，对问题突出的地区，将严格按责任追究制追究有关人员责任。

中国开展迎亚运"扫黄打非"专项行动　京粤等为重点
资料来源：《法制日报》手机报 2010 年 9 月 29 日

中国全国"扫黄打非"工作小组办公室 28 日对外宣布，为营造国庆节和广州亚运会、亚残运会良好的文化市场环境，该办决定从本月下旬至 11 月 30 日，在全国范围内开展迎亚运"扫黄打非"专项行动。广东、北京、广西、福建、湖南、江西等为此次专项行动的重点省（区、市）。

全国"扫黄打非"办指出，专项行动期间，要紧紧围绕维护社会稳定、保护未成年人健康成长、保护知识产权，严厉打击侵权盗版等各类非法出版物，进一步加强"扫黄打非"执法协作，实现联防联控。

一是全面清查市场。各地"扫黄打非"部门要对出版物市场进行专项检查，重点查缴侵权盗版制品特别是盗版光盘，从严查处批发销售非法及盗版出版物的经营单位，坚决取缔无证照销售出版物的店档和游商地摊。

▶《法制日报》手机报
关于中国开展迎亚运
"扫黄打非"专项行动
的报道

二是大力治理源头。采取明查和暗访相结合、日常巡查与突击检查相结合的方式，对印刷企业进行抽查，对光盘复制企业进行全面检查，做到每天检查、每天报告。从严查处违法违规承接印刷业务的企业，坚决取缔无证照从事印制业务的企业，严厉打击地下印制窝点及各类非法印制活动，大力铲除非法出版物特别是盗版光盘制作源头。

三是有效切断渠道。加强对托运站、货运站、物流企业的重点监管，建立物流企业"黑名单"制度，对列入"黑名单"的要加大检查力度和频次，有效切断非法及盗版出版物流通渠道。

四是深入查办案件。各地有关行政部门对印制、贩售非法及盗版出版物涉嫌构成犯罪的案件，一律要依法及时移交公安机关立案查办，依法追究其刑事责任。

全国"扫黄打非"办要求各地"扫黄打非"办结合本地实际，制定实施方案，重点省（区、市）要认真执行值班制度，安排专人接听举报电话、处置突发事件。同时，要进一步完善接报方式，加大兑现举报奖励的力度，发动群众踊跃举报制售非法出版物线索。

打击侵犯知识产权和制售假冒商品专项行动

打击侵犯知识产权和制售假冒商品专项行动启动

资料来源：新华网 2010 年 11 月 11 日

　　新华网北京 11 月 11 日电（记者璩静 傅夏莉）新闻出版总署、国家版权局、全国"扫黄打非"工作小组办公室日前紧急下发《关于开展打击侵犯知识产权和制售假冒伪劣商品专项行动及进一步做好使用正版软件工作的通知》，部署开展为期半年的打击侵犯知识产权和制售假冒伪劣商品专项行动。此次专项行动中，北京、广东、浙江、河南、河北、江苏、福建、山东、上海、甘肃、广西、新疆、辽宁、江西等 14 个省（区、市）是重点检查地区。

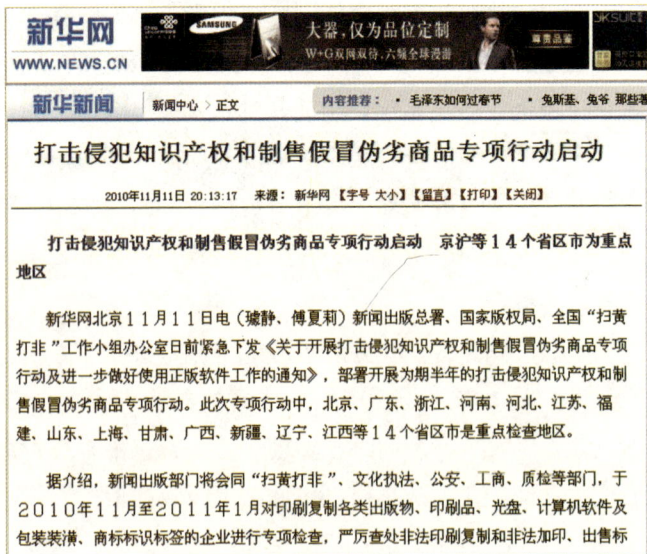

▶ 新华网关于打击侵犯知识产权和制售假冒商品专项行动的报道

据介绍，新闻出版部门将会同"扫黄打非"、文化执法、公安、工商、质检等部门，于2010年11月至2011年1月对印刷复制各类出版物、印刷品、光盘、计算机软件及包装装潢、商标标识标签的企业进行专项检查，严厉查处非法印刷复制和非法加印、出售标识标签等印刷品的行为。非法印刷复制和非法加印、出售标识标签等印刷品的及非法复制计算机软件和影视音像制品情节严重的企业，将被吊销印刷复制经营许可证。

此外，全国"扫黄打非"办公室、新闻出版总署、国家版权局还将联合挂牌督办一批涉案标的大、犯罪情节严重、社会影响恶劣的侵权盗版大案要案，限时于2011年2月底前办结。

国家版权局相关负责人表示，版权部门将协调公安、工信部门将2010"剑网行动"时间延长至2011年2月，以进一步加大对视频网站和电子商务网站的治理力度，严厉打击通过网络传播侵犯著作权影视作品等，通过互联网、通信网络和电视网络销售侵犯著作权商品等行为，同时督促互联网交易平台建立证照审查制度，强化电子商务网站的经营责任，严禁向无证无照、证照不全和被行政处罚、刑事打击的经营者提供电子商务服务。

据悉，新闻出版、版权部门同时将会同工信、商务、工商部门，集中查处一批通过电子商务网站和电话、电视渠道销售侵犯著作权出版物的案件。同时，还将加大对重要视频网站、重点影视作品传播的主动监管力度，督促网站做好自查自纠和整改工作，严厉查处无视监管、顶风作案的违法网站，并在2011年2月底前办结一批网络侵权大案要案。

全国"扫黄打非"办公室：
将严厉打击国产贺岁影片盗版行为
资料来源：新华网 2010 年 12 月 31 日

新华网北京 12 月 31 日电（记者璩静 马嘉骊）记者 31 日获悉，全国"扫黄打非"办公室、新闻出版总署近日联合下发通知，要求各地各部门加大对《让子弹飞》、《非诚勿扰 2》等国产贺岁影片音像版权保护力度，

▶新华网关于打击侵犯知识产权和制售假冒商品专项行动的报道

严厉打击盗版行为，促进和鼓励我国电影事业的发展，有效维护音像市场秩序。

全国"扫黄打非"办公室相关负责人表示，各地各相关部门要将保护国产贺岁影片音像版权工作纳入当前正在开展的打击侵犯知识产权和制售假冒伪劣商品专项行动中，以查办案件为突破口，深入开展打击各类侵权盗版活动。

通知要求，各地"扫黄打非"办公室要协调有关部门严格监管音像市场，加大市场巡查力度，对各种盗版音像制品一经发现，立即收缴，并追根溯源，深挖生产复制源头和地下储运窝点。各地新闻出版部门要加强对辖区内光盘复制企业的监管，对不按规定承接音像制品复制业务的要严肃查处。各地版权执法部门要加强对互联网的监管，坚决制止网络盗版和盗卖的侵权行为。

严厉打击盗版国产贺岁片行为

资料来源：网易网 2011 年 1 月 4 日

　　全国"扫黄打非"工作小组办公室、新闻出版总署近日联合下发通知，要求各地各部门加大对《让子弹飞》、《非诚勿扰 2》等国产贺岁影片音像版权保护力度，严厉打击盗版行为，促进和鼓励我国电影事业的发展，有效维护音像市场秩序。

　　通知要求各地各相关部门要将保护国产贺岁影片音像版权工作纳入当前正在开展的打击侵犯知识产权和制售假冒伪劣商品专项行动中，以查办案件为突破口，深入开展打击各类侵权盗版活动。同时，要求各地"扫黄打非"办公室要协调有关部门严格监管音像市场，加大市场巡查力度，对各种盗版音像制品一经发现，立即收缴，并追根溯源，深挖生产复制源头和地下储运窝点。各地新闻出版管理部门要加强对辖区内光盘复制企业的监管，对不按规定承接音像制品复制业务的要严肃查处。各地版权执法部门要加强对互联网的监管，坚决制止网络盗版和盗卖的侵权行为。

▶ 网易网关于严厉打击盗版国产贺岁片行为的报道

第四篇
重拳出击

湖北荆州破获特大网上传播色情案

网上组织淫秽表演半年吸金近两千万元
湖北荆州破获特大网上传播色情案
犯罪嫌疑人呈现低年龄高知识层特点
资料来源：《人民日报》2010 年 1 月 5 日

本报北京 1 月 4 日电（记者张贺）近日，湖北省荆州市公安网监等部门破获一个集经营淫秽表演视频网站、淫秽色情网站和"涉黄"广告联盟于一身的特大网上传播淫秽色情信息团伙案，打掉淫秽表演视频网站

▶《人民日报》关于湖北荆州破获特大网上传播色情案的报道

261

▶ 人民网关于湖北荆州破获特大网上传播
色情案的报道

23 个、淫秽色情网站 186 个、"涉黄"广告联盟 12 个，抓获犯罪嫌疑人 20 余人。目前，8 名主要犯罪嫌疑人已被批捕并提起刑事诉讼，其余涉案人员已移交相关部门进行处罚。

2009 年 4 月，荆州市公安局网监支队发现一批淫秽色情网站，这些网站以域名跳转和替换方式，最终都指向一个淫秽色情网站，并且全部依附于一个域名为 www.lmtong.cn 的广告联盟推广网站。进一步侦查发现，该广告联盟又与其主推广告商、从事网上淫秽色情表演的一个视频聊天网站密切勾连。经重点侦查，锁定该案主要犯罪嫌疑人郑某。郑某，男，29 岁，以国内最大音乐网站"分贝网"起家，号称身价过亿的"80 后""网络红人"。2008 年 12 月，郑某伙同戴某、刘某共开设 20 多个视频聊天网站。为保证视频聊天网站的访问量和用户注册量，郑某等人还先后建立了12 个广告联盟，吸纳了 30 多个广告

投放商和 200 多个广告推广网站。截至案发，郑某等人开设的淫秽视频聊天网站赚取用户注册及充值金额 1980 万余元，其中 500 余万元作为广告推广费用，经广告联盟转到了各类淫秽色情网站名下，成为这些淫秽色情网站赖以生存的利益支柱。

全国"扫黄打非"办公室综合分析该案以及此前公布的重点案件，发现此类涉及互联网或手机等新媒体案件的犯罪嫌疑人均呈现低年龄高知识层的特点。上述案件中的犯罪嫌疑人大多数为 24 岁以下，其中江苏南京

"12·01"手机网站传播淫秽物品牟利案的犯罪嫌疑人陈某年仅 18 岁。本案 8 名主要犯罪嫌疑人中，有 6 人为"80 后"，3 人是网络公司的 CEO，均受过高等教育。主犯郑某还是国内知名网站"分贝网"的创办人，曾捧红过《老鼠爱大米》、《香水有毒》等歌曲。而在淫秽色情网站的主播小姐中，不乏在校大学生及已毕业的大学生。

新媒体案件犯罪嫌疑人呈"年轻、高知"特点
资料来源：《中国青年报》2010 年 1 月 5 日

　　本报北京 1 月 4 日电（记者刘声）全国"扫黄打非"办公室今天公布，湖北省荆州市公安网监等部门破获一个集经营淫秽表演视频网站、淫秽色情网站和"涉黄"广告联盟于一身的特大网上传播淫秽色情信息团伙案，打掉淫秽表演视频网站 23 个、淫秽色情网站 186 个、"涉黄"广告联盟 12 个，抓获犯罪嫌疑人 23 人。目前，8 名主要犯罪嫌疑人已批捕并提起刑事诉讼，其余涉案人员已移交相关部门进行处罚。

　　据全国"扫黄打非"办公室有关负责人介绍，综合分析该案以及近期全国"扫黄打非"办公室挂牌督办的 11 起手机网站或手机传播淫秽物品重点案件，发现此类涉及互联网或手机等新媒体案件的犯罪嫌疑人均呈现出低年龄、高知识层的特点。上述案件中的犯罪嫌疑人大多数为 24 岁以下。该案 8 名被刑拘的嫌疑人中，有 6 人为"80 后"，3 人是网络公司的 CEO，均受过高等教育。主犯郑某还是国内知名网站"分贝网"的创办人，曾捧红过《老鼠爱大米》、《香水有毒》等知名歌曲。而在淫秽色情网站的主播小姐中，不少都是在校大学生及已毕业的大学生。

　　据该负责人介绍，2009 年 4 月，荆州市公安局网监支队发现一批淫秽色情网站，这些网站以域名跳转和替换方式，最终都指向为一个淫秽色情网站，并且全部依附于一个域名为 www.lmtong.cn 的广告联盟推广网站。进一步侦查发现，www.lmtong.cn 广告联盟又与其主推广告商、从事网上淫秽色情表演的一个视频聊天网站密切勾连。

　　经重点侦查，锁定该案主要犯罪嫌疑人郑某。郑某，男，29 岁，以

▶《中国青年报》关于湖北荆州破获特大网上传播色情案的报道

国内最大音乐网站"分贝网"起家，号称身价过亿的"网络红人"。2008年12月，郑某伙同戴某某、刘某某共开设20多个视频聊天网站。调查发现，仅一个淫秽色情网站的历史累积访问PV（页面浏览器）就达7.3亿次，独立访客达3891万人次，独立IP达2953万个。此外，为保证视频聊天网站的访问量和用户注册量，郑某等人还先后建立12个广告联盟，吸纳30多个广告投放商和200多个广告推广网站，大多投放含激情视频、性药广告、男女交友、网络诈骗等信息内容的广告。

截至案发，郑某等人开设的淫秽视频聊天网站赚取用户注册及充值金额1980万余元，其中500万余元作为广告推广费用，经广告联盟转到各类淫秽色情网站名下，成为这些淫秽色情网站赖以生存的利益支柱。

据该负责人介绍，此案呈现出3个特点：一是"身兼数职"，该犯罪团伙既经营视频聊天网站，又建立广告联盟，还开设色情网站，在网上传播淫秽色情核心利益链中的几个关键环节中均有涉足，在每个利益分配环节中均可获利；二是"全面涉黄"，除直接开设色情网站外，其他各项目也以"涉黄"为重点和主要内容；三是"规避打击"，在经营中采取多种规避手段，如支付渠道利用"易宝"第三方支付平台，隐蔽其获利方式和账户，正规经营项目与"涉黄"经营项目混搭，共享经营资源，披上"合法"外衣等。

据了解，全国"扫黄打非"办公室已要求湖北省"扫黄打非"工作部门加大对案件查处的指导、协调力度，特别要积极协调公安、通信管理等部门做好进一步的查处工作。

"丁香社区"新型裸聊惊动公安部　揭背后利益链条
资料来源：搜狐网 2010 年 1 月 5 日

（本报记者胡新桥　本报通讯员汪涛）湖北省荆州市公安局今日通报称：经过 4 个月的侦办，该局一举破获"071"特大组织淫秽表演案，摧毁了一个特大网络淫秽犯罪团伙，打掉淫秽表演视频网站 13 个，淫秽色情网站 186 个，"涉黄"广告联盟 12 个，抓获以郑立、戴泽焱等为首的犯罪嫌疑人 20 人，缴获现金 129 万元。去年 8 月，专案组将郑立及进行淫秽表演的"主播小姐"等 20 名犯罪嫌疑人全部抓获；9 月，专案组又分别在河南省郑州市、湖北省宜昌市将"丁香成人社区"等淫秽色情网站的开办者杜某、李某抓获，终于将这一重大网络黄毒剜除。这是公安机关近年来侦破的性质最为恶劣、涉案资金较大的一起网上淫秽表演案。

"071"特大组织淫秽表演案的故事情节很"刺激"：曾经闻名远近的网络 CEO，招揽数十名年轻女子（其中不乏受过高等教育者）在虚拟世界"宽衣解带"丑陋表演。这一幕幕网络丑剧中夹杂着人性的沦丧，金钱的诱惑，让人触目惊心也引人深思……

新型裸聊网站惊动公安部

2009 年 4 月，荆州市公安局接到举报，称"丁香成人社区"网站内有全脱裸聊等淫秽内容。

荆州网警初步侦查后大吃一惊：该网站累积访问量高达 7.3 亿次，独立访客达 3891 万人次，独立 IP 会员高达到 2953 万个。与其他淫秽网站不同，"丁香成人社区"并不是独立的网站，它的"裸聊"内容是网络公司通过广告联盟投放的。

荆州网警将情况上报省公安厅及公安部。重庆、江苏等地也上报了相关"裸聊"网站等信息。

公安部十分重视，将该案定为督办案件，并定名为"071"特大组织淫秽表演案，指定由荆州市公安局网监支队办理。

经调查，警方发现这是一种新型的淫秽网站模式。以往的淫秽网站基本都是独立的，网民只有进入这家网站才能看到淫秽内容。而此案的淫秽"裸聊"内容，是在一个"后台"由同一批人完成，然后通过广告链接到多家网站。这些网站主要来自重庆。据调查，重庆2009年7月以前共有视频网站域名112个，其中76个域名指向了3家网络公司合办的数据库。警方重点调查这3家网络公司发现，他们开办了12个涉黄广告联盟，分别在199个色情网站上投放广告链接，会员通过点击广告链接就能直接进入可裸聊的网页。

警方兵分三路赴重庆捣毁淫窝

2009年8月24日，专案组分别派出3个工作小组共计29人赴重庆开展调查、取证和集中抓捕行动。

在重庆网警的配合下，三路民警同时出现在3家网络公司，当场抓获犯罪嫌疑人郑立、戴泽焱、刘峻松、龚兆玮等人。在"聊天工作室"，10余名"主播小姐"及视频表演经理何佳、张戎等人一同被擒。警方还缴获高档轿车3辆（价值160余万元），冻结资金100余万元，缴获现金129万元及笔记本电脑等赃物。

随后，警方在郑州和宜昌将"丁香成人社区"创办者杜某及李某抓获。

警方介绍，此案8名被刑拘的犯罪嫌疑人中，有6人属"80后"，3人是网络公司的CEO，均受过高等教育，"主播小姐"中很多都是在校大学生及已毕业的大学生。

亟须斩断淫秽网站利益链条

荆州市公安局网监支队相关负责人介绍，要杜绝淫秽网站，除了重拳打击外，还必须斩断它们的利益链条。

支付平台非法获利。此案中，注册会员的付费都是通过北京一家第三方支付平台完成的。这些平台均提供网上购物、贸易、虚拟财产交易。第三方支付有一定的隐蔽性。调查发现，第三方支付通过为色情网站、赌博网站等违法网站提供资金支付服务，从中提成 3.5%至 10%。

搜索引擎提供链接。警方还介绍，在办理案件过程中，98%的网民都是通过搜索引擎找到涉黄、涉赌网站的。

以此案为例，"丁香成人社区网站"访问总人数为 1000 多万，而国内一家大型搜索引擎就占到 800 多万，其他搜索引擎 100 多万。"丁香成人社区网站"一直排在该搜索引擎关键词搜索的前五位。

同时，为黄赌网络提供服务器的信息服务商、网络运营商也是"资金链"中的一条。他们通过为色情网站提供各种信息服务和技术服务，也从色情网站的非法收益中"分一杯羹"。

在这些利益链条中，除了开设色情网站是直接触犯法律外，目前其他环节上的行为都以"不知道"为理由逃避打击。要斩断色情网站利益链，必须多管齐下。

身家过亿的"80 后"CEO 走向堕落

郑立，国内知名网站"分贝网"的创办人，1982 年生人，重庆人。郑立创立的 163888 音乐网成为当时国内最大的音乐门户网站，后改名为"分贝网"。2006 年，分贝网获得"中国最佳原创音乐网站"和"互联

▶ 搜狐网关于湖北荆州破获特大网上传播色情案的报道

最具活力奖"荣誉，同时，多个国际风险投资商共为公司投入数千万元。郑立被称为"身家过亿的'80后'CEO"。

然而到了2008年6月，"分贝网"的经营每况愈下，外资的"风投"也出现了问题。郑立看到别人经营视频聊天网站，很短时间就挖到了"第一桶金"，便和自己过去的合作者戴泽焱找到刘峻松，要求开发flash视频软件，软件开发完成后3家公司便开始了运作。2008年12月，郑立、戴泽焱、刘峻松3人分别以3家正规注册公司的名义签订了一份视频聊天室的合作协议。

据警方介绍，郑立经营的公司有严格的管理分工：刘峻松提供视频聊天软件的技术，戴泽焱和郑立提供网站的架构，公司的张戎和何佳负责招募表演的"主播小姐"。

为了扩大影响，郑立等人利用广告联盟的广告效应，使网站点击率不断提高。他们以色情视频聊天网站为基础，以广告联盟为平台大力推广，通过视频网站进行淫秽色情表演从中谋取利益。半年多的时间里，就获暴利1980万元。

身家过亿"80后"办裸聊网被捕曾捧红《香水有毒》
资料来源：凤凰网2010年1月3日

郑立，国内知名网站"分贝网"的创办人，曾捧红过《老鼠爱大米》、《香水有毒》等知名歌曲。这样一名号称身价过亿的"80后"CEO，最终因创办淫秽裸聊网站走向堕落。近日，湖北警方一举破获的"071"特大组织淫秽表演案，夹杂其间人性的沦丧，金钱的诱惑，种种内幕让人触目惊心。

裸聊小姐多是大学生

2009年4月，湖北荆州市公安局接到举报，称"丁香成人社区"网站内，有全脱裸聊等淫秽内容。这是一种新型的淫秽网站，是在一个"后台"由同一批人完成，然后通过广告链接到多家网站，看到的都是同一批"主播小姐"。由于事态严重，公安部将该案定为部督案件，并定名为

"071"特大组织淫秽表演案。

随后，警方在重庆3家网络公司当场抓获多名嫌疑人。包括一批"主播小姐"及视频表演经理何佳、张戎等，并缴获高档轿车3辆（价值160余万元），冻结资金100余万元，缴获现金129万元及笔记本电脑等赃物。

据介绍，此案的8名被刑拘的嫌疑人中，其中有6人属"80后"，3人是网络公司的CEO，均受过高等教育。在48名主播小姐中，很多都是在校大学生及已毕业的大学生。网站提供不同"档次"的服务，例如，与主播进行全脱裸聊等。

裸聊付费通过"第三方支付"

在此案中，裸聊网站注册会员的付费，都是通过北京一家第三方支付平台完成的。警方透露，目前很多黄色网站收费都通过第三方支付平台完成，其中包括"支付宝"、"易宝支付"等。

此案访问总人数为1000多万，而国内一家大型搜索引擎就占到800万。"丁香成人社区"一直排在该搜索引擎

▶ 凤凰网关于湖北荆州破获特大网上传播色情案的报道

关键词搜索的前五位。警方透露，同时为黄赌网络提供服务器的信息服务商、网络运营商也是共同构成的"资金链"中的一条。在这些利益链条中，除了开设色情网站是直接触犯法律外，目前其他环节上的行为都以"不知道"为理由逃避打击。（综合荆楚网、《楚天都市报》等报道）

最有前途网络 CEO 为何办黄网

因创办裸聊网站而被捕落网的郑立（1982 年出生，重庆人）曾被誉为中国最有前途的网络 CEO 之一。这位年轻才俊是如何走向堕落的？

据悉，郑立四川大学物理系毕业后，曾在电脑城做过维修工。2002 年，郑立发现，拥有歌星梦想的网友非常多，于是他投资 2000 元成立了 163888 音乐网。很快，网站通过向用户收取会员费实现盈利。伴随着《老鼠爱大米》等一批歌曲迅速红遍网络。163888 音乐网成了当时国内最大的音乐门户网站，并改名为"分贝网"。

2006 年，分贝网获得"中国最佳原创音乐网站"和互联网最具活力奖荣誉，同时，多个国际风险投资商共为公司投入数千万元。郑立被称为身家过亿的"80 后"CEO。

2008 年 6 月，"分贝网"经营出现了问题，音乐网站经营每况愈下。郑立看到别人经营视频聊天网站在很短时间就挖到了"第一桶金"，便和自己过去的合作者戴泽焱找到刘峻松要求开发 flash 视频裸聊软件。

为了能扩大影响，郑立等人想到了广告联盟，利用广告联盟的广告效应，点击率不断提高。他们以色情视频聊天网站为基础，以广告联盟为平台，利用淫秽色情网站的流量大力推广视频聊天网站，通过视频网站进行淫秽色情表演从中牟取利益。据悉，48 名妙龄"主播小姐"分成 3 班，24 小时进行视频色情表演，会员充值 288 元就可与之全脱裸聊，仅半年来吸引会员近 3000 万名，点击率高达 7.3 亿次，赚取用户注册、充值金额 1980 余万元。

川大"80 后"毕业生办裸聊网站　非法牟利 1980 万
资料来源：腾讯网 2010 年 1 月 3 日

48 名妙龄"主播小姐"分成 3 班，24 小时进行视频色情表演，会员充值 288 元就可与之全脱裸聊；半年来吸引会员近 3000 万名，点击率高达 7.3 亿次，赚取利润 1980 余万元。

此案的 8 名被刑拘的嫌疑人中，其中有 6 人属"80 后"，3 人是网络

▶ 腾讯网关于湖北荆州破获特大网上传播色情案的报道

公司的 CEO，均受过高等教育。在主播小姐中，很多都是在校大学生及已毕业的大学生。

前日，湖北省荆州市公安局通报宣布，在重庆市公安局网监总队的大力支持下，荆州市公安局网监支队年前一举打掉了以知名音乐网站分贝网 CEO 郑立、重庆彩蓝科技有限公司 CEO 戴泽焱、重庆"热点网络"公司 CEO 龚兆伟等人为首的 20 人组织淫秽表演犯罪团伙。据悉，该团伙成员通过视频网站组织淫秽表演，在一年多的时间里牟利 1980 万元。目前，郑立等 8 人已被荆州检察机关提起刑事诉讼即将开庭受审，另 12 人交由重庆警方进行治安处罚。

事发　　**会员接近 3000 万**
　　　　　　新型裸聊网站惊动公安部

2009 年 4 月，荆州市公安局接到举报，称"丁香成人社区"网站内，有全脱裸聊等淫秽内容。荆州网警初步侦查后大吃一惊，该网站累积访问量高达 7.3 亿次，独立访客达 3891 万人次，独立 IP 会员高达 2953 万个。

与其他淫秽网站不同，"丁香成人社区"并不是独立的网站，它的

"裸聊"内容，是网络公司通过广告联盟投放的。也就是说，这家网络公司很可能还通过广告联盟，向其他淫秽网站链接了淫秽内容。荆州网警将情况上报省公安厅及公安部。公安部十分重视，将该案定为部督案件，并定名为"071"特大组织淫秽表演案。

199个色情网站上投放广告

经调查，警方发现这是一种新型的淫秽网站模式。以往的淫秽网站基本都是独立的，网民只有进入这家网站，才能看到淫秽内容。而此案的淫秽"裸聊"内容，是在一个"后台"由同一批人完成，然后通过广告链接到多家网站。进入这些网站，就可进入"后台"，看到的都是同一批"主播小姐"。

警方发现，这些网站主要来自重庆。据调查，重庆去年7月以前共有视频网站域名112个，其中76个域名指向了三家网络公司合办的数据库。

重点调查这三家网络公司发现，他们开办了12个涉黄广告联盟，分别在199个色情网站上投放广告链接，会员通过点击广告链接，就能直接进入可裸聊的网页。

出击　被拘8人6名是"80后"　主播小姐很多是在校大学生

2009年8月24日，专案组分别派出3个工作小组共计29人赴重庆开展调查、取证和集中抓捕行动。在重庆网警的配合下，3路民警同时出现在3家网络公司，当场抓获嫌疑人郑立、戴泽焱、刘峻松、龚兆伟等人。在"聊天工作室"，10余名"主播小姐"及视频表演经理何佳、张戎等人一同被擒。警方还缴获高档轿车3辆（价值160余万元），冻结资金100余万元，缴获现金129万元及笔记本电脑等赃物。随后，警方在郑州和宜昌，将"丁香社区"创办者杜某及李某抓获。

警方介绍，此案的8名被刑拘的嫌疑人中，其中有6人属"80后"，3人是网络公司的CEO，均受过高等教育。48名主播小姐中，很多都是在校大学生及已毕业的大学生。网友想要进入色情网站，想要看表演，首先需要注册会员。网站提供不同"档次"的服务，例如，初次注册会员50元，私聊88元，与主播进行全脱裸聊，则每次充值都要达到288元、

488 元、988 元的才可以"露点"。

据悉，除了直接开设色情视频聊天网站外，郑立等人经营的其他项目也多以"涉黄"为重点和主要内容。例如，其建立的 lmtong.cn 广告联盟，拉来的广告商多为激情视频、性药广告、男女交友等信息服务内容。

郑立其人

国内知名网站"分贝网"的创办人，曾捧红过《老鼠爱大米》、《香水有毒》等知名歌曲。这样一名号称身价过亿的"80 后"CEO，最终因创办淫秽裸聊网站走向堕落。前日，荆州警方介绍了郑立的历程。

从两千元到身家过亿，从明星 CEO 到堕落

据了解，1982 年出生的郑立是土生土长的重庆人。四川大学物理系毕业后，郑立在电脑城做过几个月最底层的维修工，拿着一把螺丝刀，挨家挨户地敲门修电脑。2002 年，郑立认识了喜欢唱歌的女孩香香，女孩渴望成为歌星。郑立发现，拥有歌星梦想的网友非常多。

这个发现，让郑立看到了商机：如果给这些音乐发烧友提供一个发表自己作品的平台，会不会受到网友的欢迎？ 2002 年，郑立在网上结识了香香，他当即拉来了王豫华、吴佳俊、辜陶这 3 个儿时的玩伴，用自己为人制作宠物网站挣到的 2000 元投资成立了 163888 华人第一音乐社区（后改名"分贝网"）。2003 年，163888 通过向用户收取 60 元的会员费实现盈利。2004 年，《老鼠爱大米》在 163888 上首发。

到 2006 年，网站注册用户达到 1200 万，郑立被称为身家过亿的"80 后"CEO。那段时间，郑立的名字频频出现在各报纸版面上，还曾成为央视《财富人生》栏目的嘉宾，介绍自己为时不长的财富人生。

运作黄毒非法获暴利　半年获利 1980 万

然而，随着网络的发展。2008 年 6 月，"分贝网"经营出现了问题，音乐网站经营每况愈下，外资的"风投"也出现了问题。

郑立看到别人经营视频聊天网站很短时间就挖到了"第一桶金"，便和自己过去的合作者戴泽焱找到刘峻松要求开发 flash 视频软件。软件开发完以后三家公司便开始了运作，具体分工是：视频网站的技术由刘峻松负责，郑立、戴泽焱负责网站的经营和管理。

警方介绍，郑立经营的公司进行严格的公司化管理协议分工：刘峻松提供视频聊天软件的技术，戴泽焱和郑立提供网站的架构，公司的张戎和何佳负责招募表演的主播小姐。为了能扩大影响，郑立等人利用广告联盟的广告效应，点击率不断提高。他们通过视频网站进行淫秽色情表演从中牟取利益，半年多的时间里，就获暴利1980万。

不缺钱不缺才华 "80后"CEO还缺少点什么

郑立在朋友、员工面前是个什么样的人？记者就此向多方人士印证，得到较为委婉的答案是"他个性比较张扬"；直接一点的则是"郑立后来的口碑并不好"。一位不愿透露姓名的分贝网游戏代理商也告诉记者："郑立喜欢换车，拿了风险投资后就换了两次车，一次是福特车，一次是越野车；做了色情网站后，更是换了一辆黑色奥迪A6L豪华版。"而前日荆州警方提供的资料也佐证了这一点：警方缴获总价值达168万元的4辆高档轿车。此外，还有业内人士告知，郑立晚上经常混迹于重庆市夜店。（《楚天都市报》、《重庆商报》）

湖北荆州破获一起特大网上传播淫秽色情信息
资料来源：新浪网 2010年1月6日

中广网北京1月6日消息（记者陆敏 朱明星 进鹏）据中国之声《新闻和报纸摘要》6时53分报道，湖北荆州日前破获一起特大网上传播淫秽色情信息案。湖北省荆州市公安局网监支队政委李恩忠在昨天（5日）召开的新闻发布会上介绍，2009年4月，荆州市公安局网监支队在侦察中发现，一个名叫"丁香成人社区"的网站页面浏览量达到7.3亿次，独立访客达到3891万人次。经调查，办案民警震惊地发现，网站聊天室里所谓的主播小姐，绝大多数都是在进行淫秽色情表演。

"进入聊天以后，你注册成会员，交了很多钱以后，然后她才出现点对点，而这个过程中大多数是裸聊。"

经过了大量的数据分析，荆州警方发现，一批视频聊天网站和"丁香成人社区"进入的都是同一个后台数据库，看到的都是同一批主播小姐，很有可能是一个犯罪团伙开办的。

"我们登录一下，可以用过以前的色情网站有淫秽表演的用户名——富豪登录，这说明他们有一个相关的数据库，是相同的一个人创办的。"

荆州市公安局网监支队顺藤摸瓜，挖出了 23 个淫秽表演视频网站、186 个淫秽色情网站，一举打掉了郑立、戴泽焱组织淫秽表演犯罪团伙。经调查，这一团伙既经营视频聊天网站，又建立广告联盟，还开设色情网站，用淫秽色情网站的流量大力推广视频聊天网站，通过视频网站进行淫秽色情表演从中牟取利益，一年多的时间里，就获暴利 1980 万。目前，这一团伙的 8 名主要犯罪嫌疑人已被批捕并提起刑事诉讼。而团伙主犯郑立，曾是国内知名网站"分贝网"的创办人，号称身价过亿的"80 后"CEO。

▶ 新浪网关于湖北荆州破获特大网上传播色情案的报道

查办河北、广州"3·18"制售非法 出版物案有功集体、个人受表彰

查办"3·18"制售非法出版物案有功人员受表彰

打击跨省犯罪有了新经验

资料来源：《人民日报》2010年1月28日

　　本报石家庄1月27日电（记者张贺）全国"扫黄打非"办公室今天在河北省石家庄市举办表彰大会，对查办河北、广州"3·18"制售非法出版物案中做出突出贡献的有功集体和有功个人予以表彰奖励。全国"扫黄打非"工作小组副组长兼办公室主任、新闻出版总署党组副书记、副署长蒋建国出席表彰会并为获奖者颁奖。

　　河北、广州"3·18"制售非法出版物案是由全国"扫黄打非"工作小组办公室和公安部挂牌督办的大案。此案是一个有组织、有计划、有分工，专门从事非法出版物印制、贩卖为一体，人员众多的大型犯罪团伙。河北省委、省政府、公安部对此案高度重视，在广州警方的密切配合和大力支持下，经河北省公安和"扫黄打非"部门艰苦细致地内查外调、严密布控，案件终获彻底侦破。2009年4月27日，石家庄市新华区人民法院对河北、广州"3·18"制售非法出版物案6名被告人做出一审判决，分别判处张某有期徒刑15年，处以罚金17万元；姚某某有期徒刑14年，处以罚金17万元；张某某有期徒刑12年，处以罚金70万元；杨某某有期徒刑10年，处以罚金5万元；张某某有期徒刑5年，处以罚金3.5万元；王某某有期徒刑4年，处以罚金1.5万元。

　　该案是我国近年来少见的一起集排版、制版、印刷、装订、运输、销售一条龙的跨省制售非法出版物典型案例。该案具有以下几个特点：一是案件查处难度大。该案主犯张某、姚某某均曾因经营非法出版物受到过查

▶《人民日报》关于查办河北、广州"3·18"制售非法出版物案有功集体、个人受表彰的报道

处，作案手法狡猾，反侦查意识强。二是案件线索易被忽视。

2007年广州市"扫黄打非"办公室在查处一起印制销售非法出版物案时，初步掌握姚某某犯罪线索，但因证据不足未做处罚。广州市"扫黄打非"办公室并未放弃这条线索，继续监控，深入调查，最终促成该案成为跨地区、跨部门查处的大案。三是案件查处力度大。案件查处中，公安部门充分发挥主力军作用，公安部将此案列为重点案件挂牌督办，公安部具体部署指挥查办。全国"扫黄打非"办公室协调督办，不仅摧毁了这一危害一方的非法出版团伙，也为今后打击类似犯罪团伙积累了有益经验。

河北广东联合查办跨省有组织制售非法出版物案

资料来源：新华网 2010 年 1 月 30 日

新华网石家庄 1 月 30 日电（记者曲澜娟） 由河北、广东联合办理的"3·18"制售非法出版物案近日查处完毕，这是我国近年来少见的一起集排版、制版、印刷、装订、运输、销售一条龙的跨省制售非法出版物典型案例，6 名涉案人员已被依法严判重罚。

近日，全国"扫黄打非"办公室将其作为"扫黄打非"跨地区、跨部门密切配合、联合办案的成功案例，在全国推广其联合办案经验并大力表彰。

据介绍，"3·18"制售非法出版物案是全国"扫黄打非"工作小组办公室和公安部挂牌督办的大案，此案是一个有组织、有计划、有分工，专门从事非法出版物印制、贩卖为一体、人员众多的大型犯罪团伙。经河北、广东联合成功查处，共查获 24 类、76 种、2 万余册非法出版物。石家庄市新华区人民法院对此案 6 名被告人作出一审判决，分别判处张某有期徒刑 15 年，处以罚金 17 万元；姚某某有期徒刑 14 年，处以罚金 17 万元；张某某有期徒刑 12 年，处以罚金 70 万元；杨某某有期徒刑 10 年，处以罚金 5 万元；张某某有期徒刑 5 年，处以罚金 3.5 万元；王某某有期徒刑 4 年，处以罚金 1.5 万元。

据了解，该案主犯张某、姚某某均曾因经营非法出版物受到过查处，作案手法狡猾，反侦查意识强，案件侦破难度极大。

2007 年，广州市"扫黄打非"办公室在查处一起印制销售非法出版物案时初步掌握姚某某犯罪线索，因证据不足未作处罚，但并未放弃这条线索，而是继续监控，深入调查，促成该案查处。

在此次案件查办中发挥显著效果的"属地管理"原则、"谁主管、谁负责"原则以及跨地域多部门联合协作的查办机制对日后查办同类案件具有重要示范意义。

全国"扫黄打非"办公室有关负责人说，"3·18"案是我国近年来少

▶ 新华网关于查办河北、广州"3·18"制售非法出版物案有功集体、个人受表彰的报道

见的一起集制作、排版、印刷、运输、销售一条龙的跨省制售政治性非法出版的典型案件，线索隐藏深，查办难度大。两省相关部门摧毁了这一危害一方的非法出版团伙，维护了出版物市场的稳定，也为今后打击此类犯罪团伙积累了有益的经验。为此，"扫黄打非"工作小组对办案单位进行了表彰，并在全国推广其办案经验。

山东潍坊依法重判一起贩卖淫秽光盘案件

山东潍坊重判"制黄贩黄"案件主犯
被判处有期徒刑 13 年

资料来源：新华网 2010 年 2 月 10 日

　　新华网北京 2 月 10 日电（记者璩静）记者 10 日从全国"扫黄打非"办公室获悉，山东省潍坊市人民法院依法判决一起贩卖淫秽光盘案件，以贩卖淫秽物品牟利罪判处王某、张某某、伊某、宋某某等 4 名犯罪分子 13 年至 5 年不等有期徒刑，并处罚金。

　　全国"扫黄打非"办公室相关负责人表示，该案的判决体现了对"制黄贩黄"案件审理依法从严从重的要求，有力地震慑了犯罪。

▶ 新华网关于山东潍坊依法重判一起贩卖淫秽光盘案件的报道

经查，自 2008 年 9 月起，王某从广州市购进大批淫秽光盘贩卖。同年 11 月，王某等在潍坊市潍城区人民商城物流园企图将 1000 张淫秽光盘通过物流车发至山东省广饶县的孙某时，被公安机关当场查获，王某侥幸逃脱。2009 年 2 月至 3 月间，王某租赁山东省临沂市兰山区一平房作为收发光盘的窝点，安排宋某某负责收货单、管账和保管货款，安排伊某负责接货发货，向山东省各地发售淫秽光盘。期间，王某等人通过该窝点先后四次向张某某出售淫秽光盘 3780 张。截至 2009 年 3 月 20 日公安机关查获时，该窝点仍存有淫秽光盘 63240 张。案发后，公安机关在其仓库内查获尚未售出的淫秽光盘 2095 张。

▶ 中国法院网关于山东潍坊依法重判"制黄贩黄"案件的报道

法院认定，王某、张某某、伊某、宋某某以牟利为目的，贩卖淫秽物品，情节特别严重，其行为均已构成贩卖淫秽物品牟利罪，依法应予重判。2009 年 12 月，潍坊市奎文区人民法院对该案作出判决，以贩卖淫秽物品牟利罪判处王某有期徒刑 13 年，并处罚金人民币 10 万元；判处张某某有期徒刑 10 年，并处罚金人民币 7 万元；判处伊某、宋某某有期徒刑各 5 年，并各处罚金人民币 5 万元。

无锡"12·02"手机传播淫秽物品牟利案审结

无锡审结手机网站涉黄案在校大学生一审判11年
两名犯罪分子被分别判处有期徒刑11年和4年
资料来源:《人民日报》2010年2月23日

人民网北京2月22日电(记者张贺)2月11日,全国"扫黄打非"办公室挂牌督办的无锡"12·02"手机传播淫秽物品牟利案,由江苏省无锡市惠山区人民法院作出一审判决:被告人陈某某、潘某分别被判处有期徒刑11年和4年,并处罚金2万元和5000元。

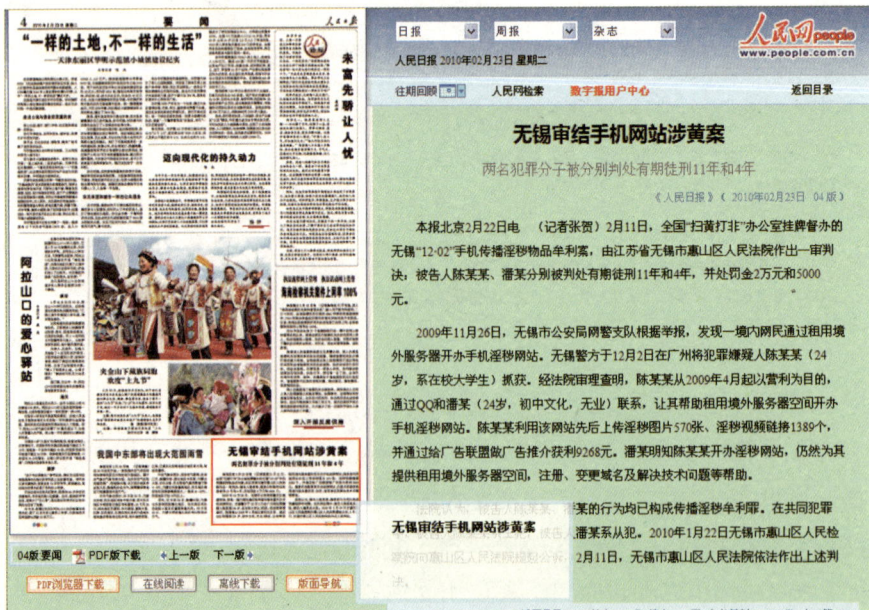

▶《人民日报》关于无锡"12·02"手机传播淫秽物品牟利案审结的报道

2009 年 11 月 26 日，无锡市公安局网警支队根据举报，发现一境内网民通过租用境外服务器开办手机淫秽网站。无锡警方于 12 月 2 日在广州将犯罪嫌疑人陈某某（24 岁，系在校大学生）抓获。经法院审理查明，陈某某从 2009 年 4 月起以营利为目的，通过 QQ 和潘某（24 岁，初中文化，无业）联系，让其帮助租用境外服务器空间开办手机淫秽网站。陈某某利用该网站先后上传淫秽图片 570 张、淫秽视频链接 1389 个，并通过给广告联盟做广告推介获利 9268 元。潘某明知陈某某开办淫秽网站，仍然为其提供租用境外服务器空间，注册、变更域名及解决技术问题等帮助。

法院认为，被告人陈某某、潘某的行为均已构成传播淫秽牟利罪。在共同犯罪中，被告人陈某某系主犯，被告人潘某系从犯。2010 年 1 月 22 日无锡市惠山区人民检察院向惠山区人民法院提起公诉，2 月 11 日，无锡市惠山区人民法院依法作出上述判决。

无锡 "12·02" 手机网站传播淫秽物品牟利案审结
一大学生办手机淫秽网站获刑 11 年
资料来源：《中国青年报》2010 年 2 月 21 日

本报北京 2 月 20 日电（记者刘声）全国 "扫黄打非" 工作小组办公室今天宣布，由该办挂牌督办的无锡 "12·02" 手机传播淫秽物品牟利案，由江苏省无锡市惠山区人民法院作出一审判决：被告人陈某、潘某分别被判处有期徒刑 11 年和 4 年，并处罚金 2 万元和 5000 元。

据介绍，2009 年 11 月 26 日，无锡市公安局网警支队根据学生家长举报，发现一境内网民通过租用境外服务器开办 "4G 新网" 手机淫秽网站吸引网民浏览，并插入广告非法获利。经侦查，无锡警方 2009 年 12 月 2 日在广州将犯罪嫌疑人陈某（24 岁，系在校大学生）抓获。

经法院审理查明，陈某从 2009 年 4 月起以营利为目的，通过 QQ 和潘某（24 岁，初中文化，无业）联系，让其帮助租用境外服务器空间开办手机淫秽网站。2009 年 11 月又让潘某将网站更名为 "4gyt.me"。陈某

▶ 中央电视台《大家看法》栏目关于无锡"12·02"手机传播淫秽物品牟利案审结的专题报道

▶《中国青年报》关于无锡"12·02"手机传播淫秽物品牟利案审结的报道

利用该网站先后上传淫秽图片 570 张、淫秽视频链接 1389 个，并通过给广告联盟做广告推介获利 9268 元。潘某明知陈某开办淫秽网站，仍然为其提供租用。

法院认为，被告人陈某、潘某的行为均已构成传播淫秽牟利罪。在共同犯罪中，被告人陈某系主犯，被告人潘某系从犯。2010 年 1 月 22 日无锡市惠山区人民检察院向惠山区人民法院提起公诉，2 月 11 日无锡市惠山区人民法院依法作出上述判决，至此无锡"12·02"手机传播淫秽物品牟利案顺利审结。

全国"扫黄打非"办公室负责人今天表示，无锡"12·02"手机传播淫秽物品牟利案的查处、判决体现了两个特点：一是案件查处迅速果断；二是适用法律准确，为未成年人健康成长提供有力保障。

江苏、上海等地破获多起批销盗版音像制品案

沪苏等地破获多起批销盗版音像制品案

资料来源:《人民日报》2010 年 6 月 29 日

　　本报北京 6 月 28 日电 (记者张贺) 自全国"扫黄打非"办公室组织开展迎世博"扫黄打非"专项行动以来,各地严格落实"全面清查各类市场、彻底切断制售源流、严肃查处大案要案、建立健全长效机制"等工作

▶《人民日报》关于江苏上海等地破获多起批销盗版音像制品案的报道

措施，打击各类非法出版物和侵权盗版活动取得明显成效。

近日，上海、江苏等地根据群众举报和暗访检查线索，迅速展开行动，破获多起批销盗版音像制品案，为"平安世博"营造了良好的文化市场环境。上海10家音像店销售盗版音像制品案。针对部分音像店采用"店中店"模式销售盗版音像制品的问题较为突出的现象，上海市"扫黄打非"办公室于近日展开突击检查和集中治理，共收缴非法音像制品2430张，并对违规销售盗版制品的音像店分别作出行政处罚。

苏州、常熟盗版音像制品窝点案。根据群众举报线索，苏州市"扫黄打非"办公室于5月25日组织苏州、常熟两地公安、文化综合执法等部门统一行动，对常熟招商城九龙市场某音像店进行突击检查，一举查获该店的三处地下仓库，查缴盗版、非法音像制品6万余张，现场控制8名犯罪嫌疑人。目前，该案正在进一步查处中。

南京特大非法音像制品窝点案。南京市"扫黄打非"办公室根据群众举报和情况核实，于6月3日采取突击行动，一举捣毁秦淮区剪子巷一非法音像制品窝点，现场查缴盗版及非法音像制品1000余种、6万余张，控制6名犯罪嫌疑人。目前，该案正在进一步查处中。

上海、江苏等地破获多起批销盗版音像制品案
资料来源：中国政府网 2010 年 6 月 28 日

新华社6月28日电（记者璩静）全国"扫黄打非"办公室28日公布，上海、江苏等地近日根据群众举报和暗访检查线索，破获多起批销盗版音像制品案，为"平安世博"营造了良好的文化市场环境。

全国"扫黄打非"办公室相关负责人介绍，组织开展迎世博"扫黄打非"专项行动以来，各地严格落实"全面清查各类市场、彻底切断制售源流、严肃查处大案要案、建立健全长效机制"等工作措施，打击各类非法出版物和侵权盗版活动取得明显成效。这些案件包括：

　　—— 上海10家音像店销售盗版音像制品案。针对一些机构投诉上海部分音像店涉嫌销售盗版音像制品的情况，上海市"扫黄打非"办公室

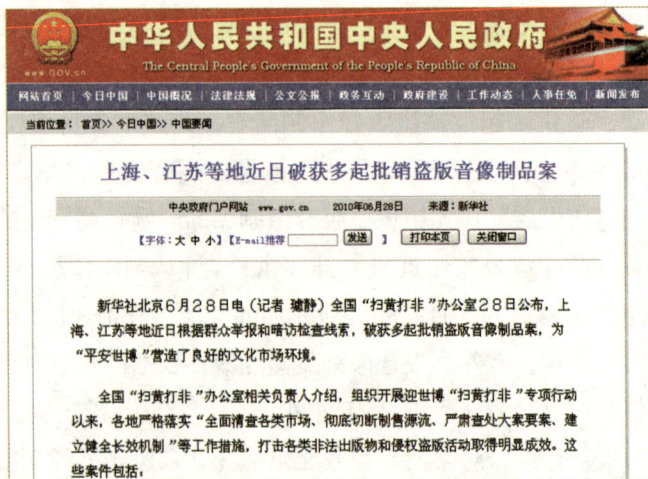

▶ 中国政府网关于上海、江苏等地破获多起批、销盗版音像制品案的报道

协调市版权局、市文化市场行政执法总队、虹口区工商局等部门，对凤阳路、大沽路等涉嫌销售盗版的10家音像店进行逐一核查和集中治理。经查，举报基本属实，特别是部分音像店采用"店中店"模式销售盗版音像制品的问题较为突出。在突击检查和集中治理过程中，共收缴非法音像制品2430张，并对违规销售盗版制品的音像店分别作出行政处罚。其中，位于大沽路的4家音像店被吊销经营许可证和营业执照，位于临平路的一家无证经营音像店被依法取缔。该案的迅速查处，有力震慑了违法分子。

—— 苏州常熟盗版音像制品窝点案。根据江苏省"扫黄打非"办公室转办的群众举报线索，苏州市"扫黄打非"办公室于5月25日组织苏州、常熟公安、文化综合执法等部门统一行动，对常熟招商城九龙市场某音像店进行突击检查，一举查获该店位于万里西区、乌泥西泾的三处地下仓库，查缴盗版、非法音像制品6万余张，现场控制8名犯罪嫌疑人。目前，该案正在进一步查处中。

—— 南京特大非法音像制品窝点案。南京市"扫黄打非"办公室将工作重点放在打击非法出版物窝点上，连续查处多起非法音像制品销售大案。继5月26日对下关区某超市门口游商进行突击行动缴获非法光盘1.1万张后，南京市"扫黄打非"办公室又根据群众举报和情况核实，于6月3日采取突击行动，一举捣毁秦淮区剪子巷一非法音像制品窝点，现场查缴《手机》、《三国》、《老大的幸福》等盗版及非法音像制品 1000 余种、6 万余张，控制 6 名犯罪嫌疑人。目前，该案正在进一步查处中。

沪、苏等地破获多起盗版光盘案

资料来源：《中国知识产权报》2010 年 6 月 30 日

　　本报讯（记者窦新颖）6 月 28 日，记者从全国"扫黄打非"办公室获悉，该办公室组织开展迎世博"扫黄打非"专项行动以来，打击各类非法出版物和侵权盗版活动取得明显成效。近日，上海、江苏等地根据群众举报和暗访检查线索，迅速展开行动，破获多起批销盗版音像制品案，为"平安世博"营造出良好的文化市场环境。

　　针对一些机构投诉上海部分音像店涉嫌销售盗版音像制品的情况，上

▶《中国知识产权报》关于沪、苏等地破获多起盗版光盘案的报道

海市"扫黄打非"办公室协调市版权局等部门在突击检查和集中治理过程中，共收缴非法音像制品2430张。

苏州市"扫黄打非"办公室于5月25日组织苏州、常熟两地公安、文化综合执法等部门统一行动，一举查获常熟招商城九龙市场某音像店3处地下仓库，查缴盗版、非法音像制品6万余张，该案目前正在进一步查处中。

南京市"扫黄打非"办公室将工作重点放在打击非法出版物窝点上，连续查处多起非法音像制品销售大案。该办公室根据举报于6月3日采取突击行动，一举捣毁秦淮区剪子巷一非法音像制品窝点，现场查缴盗版及非法音像制品1000余种、6万余张。目前，该案正在进一步查处中。

查办河南、广东、四川"7·15"制售非法出版物系列案有功集体、个人受表彰

9家单位获"扫黄打非"工作小组表彰

资料来源：《人民日报》2010年9月3日

本报郑州9月2日电（记者张贺）全国"扫黄打非"工作小组2日在郑州举行表彰大会，对查办河南、广东、四川"7·15"制售非法出版

▶ 关于查办河南、广东、四川"7·15"制售非法出版物系列案有功集体、个人受表彰的报道

物系列案做出突出贡献的河南省"扫黄打非"工作领导小组办公室、河南省新乡市公安局等9家单位授予办案有功集体荣誉称号，各发奖金3万元；授予詹玉荣、王胜昔等24人办案有功个人称号，各发奖金1万元。

"7·15"制售非法出版物系列案是跨省制售非法出版物团伙网络典型案例。该系列案件的成功查办，不仅摧毁了这个危害极大的非法出版团伙和网络，也为今后查办这类大案提供了成功经验和范例。

全国"扫黄打非"工作小组表彰办案有功人员
资料来源:《南方日报》2010年9月2日

新华社郑州9月2日电（记者李亚楠） 全国"扫黄打非"工作小组2日在此间对查办河南、广东、四川"7·15"制售非法出版物系列案作出突出贡献的河南省"扫黄打非"工作领导小组办公室、新乡市公安局等9家单位授予办案有功集体荣誉称号，各发奖金3万元；授予詹玉荣、王胜昔等24人办案有功个人称号，各发奖金1万元。

"7·15"制售非法出版物系列案是全国"扫黄打非"办公室和公安部

▶ 南方报网关于查办河南、广东、四川"7·15"制售非法出版物系列案有功集体、个人受表彰的报道联合挂牌督办的大案,是集制版、印刷、装订、储藏、运输、销售一条龙的跨省制售非法出版物团伙网络典型案例,也是"扫黄打非"跨地区、跨部门密切合作、联合办案、深挖彻究的成功案例。经过河南、广东、四川等省公安和"扫黄打非"部门一年来艰苦细致的内查外调,共陆续查获非法出版物5万余册,捣毁非法印刷、储藏、销售窝点8个,抓获犯罪嫌疑人15名。目前,该系列案的8名涉案案犯已被分别判处1年至8年不等有期徒刑及罚金,另有多名涉案人员也已被依法采取强制措施。

全国"扫黄打非"工作小组专职副组长李长江在表彰会上说,要继续保持对非法出版物的高压态势,继续把查办案件作为"扫黄打非"工作的中心任务来抓,要树立全国"一盘棋"思想,加强地区部门协作,要举一反三,进一步加强对印刷复制业的监管,有关省(区、市)要尽快对印刷企业开展一次拉网式的清查行动,坚决取缔各类地下非法印刷窝点,严厉打击各类印制传播非法出版物的违法犯罪活动,全面落实印刷委托书等制度,建立健全印刷委托"台账"制度。

全国"扫黄打非"工作小组
表彰查办"7·15"案有功人员
提出将对印刷企业拉网清查

资料来源:《中国新闻出版报》2010年9月3日

本报讯(记者赖名芳)9月2日,全国"扫黄打非"工作小组在河南省郑州市举行表彰大会,对查办河南(广东、四川)"7·15"制售非法出版物系列案作出突出贡献的河南省"扫黄打非"工作领导小组办公室、河南省新乡市公安局等9家单位授予办案有功集体荣誉称号,各颁发奖金3万元;授予詹玉荣、王胜昔等24位办案有功个人称号,各发奖金1万元。中央委员、全国"扫黄打非"工作小组专职副组长李长江,河南省委常委、宣传部部长、副省长、省"扫黄打非"工作领导小组组长孔玉芳出席表彰会并为获奖者颁奖。

"7·15"制售非法出版物系列案是全国"扫黄打非"办公室和公安部

联合挂牌督办的大案，是集制版、印刷、装订、储藏、运输、销售一条龙的跨省制售非法出版物团伙网络典型案例，也是"扫黄打非"跨地区、跨部门密切合作、联合办案、深挖彻究的成功案例。该案隐藏时间长，危害范围广，性质恶劣，情节严重。经过河南、广东、四川等省公安和"扫黄打非"部门一年来艰苦细致的内查外调、严密布控、突击清查，共陆续查获非法出版物5万余册，捣毁非法印制、储藏、销售窝点8个，抓获犯罪嫌疑人15名。目前，该系列案的8名涉案案犯已被分别判处8年至1年不等有期徒刑及罚金，另有多名涉案人员也已被依法采取强制措施，即将受到法律的严惩。该系列案件的成功查办，不仅摧毁了这个危害极大的非法出版团伙和网络，维护了社会稳定和出版物市场秩序，也为今后查办这类大案提供了成功经验和范例。

李长江同志代表全国"扫黄打非"工作小组向受到表彰的有功人员表示祝贺。他在总结侦破"7·15"案时分析说，此案的成功破获有四个经

▶《中国新闻出版报》关于全国"扫黄打非"工作小组表彰查办"7·15"案有功人员的报道

294

验：一是领导重视，靠前指挥的结果；二是协同配合、密切作战的结果；三是彻查彻究、除恶务尽的结果；四是全体办案人员忠于职守、苦干实干的结果。他希望各地"扫黄打非"部门认真学习查处"7·15"制售非法出版物系列案的成功经验，把"扫黄打非"工作继续引向深入：即继续保持对非法出版物的高压态势，继续把查办案件作为"扫黄打非"工作的中心任务来抓，树立全国"一盘棋"思想，加强地区部门协作，举一反三，进一步加强对印刷复制业的监管，有关省（区、市）要尽快对印刷企业开展一次拉网式的清查行动，坚决取缔各类地下非法印刷窝点，严厉打击各类印制传播非法出版物的违法犯罪活动，全面落实印刷委托书等制度，建立健全印刷委托"台账"制度。此外，还要对这类违法犯罪活动高发地区开展重点整治，要落实责任制和责任追究制，对反复出现非法印刷发行源头的地区和部门，要追究有关负责人的责任，切实做到守土有责，守土负责，守土尽责，坚决防止有分工不负责、有责任不到位。

全国"扫黄打非"办公室专职副主任、新闻出版总署反非法和违禁出版物司司长周慧琳主持会议。全国"扫黄打非"办公室副主任、公安部治安局巡视员兼副局长徐沪宣读表彰决定。河南省新闻出版局局长、省"扫黄打非"工作领导小组副组长兼办公室主任詹玉荣等代表获奖人员发言。中宣部、公安部、新闻出版总署等部委及河南省、广东省、四川省"扫黄打非"相关部门的百余名有关负责人出席表彰会。

江苏南通捣毁一淫秽色情动漫网站

江苏南通捣毁面向青少年制作淫秽色情信息动漫网站

资料来源：新华网 2010 年 11 月 25 日

　　新华网北京 11 月 25 日电（记者璩静）记者 25 日从全国"扫黄打非"办公室获悉，江苏省南通市公安局破获一起网上传播淫秽色情动漫案件，抓获陆某等 22 名主要犯罪嫌疑人。

　　这个名为"寻狐社区"的涉案网站专门成立"最果的神狐字幕组"，面向青少年大肆制作、传播淫秽色情动漫视频和图片，会员多达 13 万人。截至案发，网站共发展会员 13 万人，网站会员平均年龄 23 岁，最小仅 17 岁，点击量达 650 万次。

　　2010 年 5 月，南通市局网警支队发现外地一网民向市区"寻狐社区"

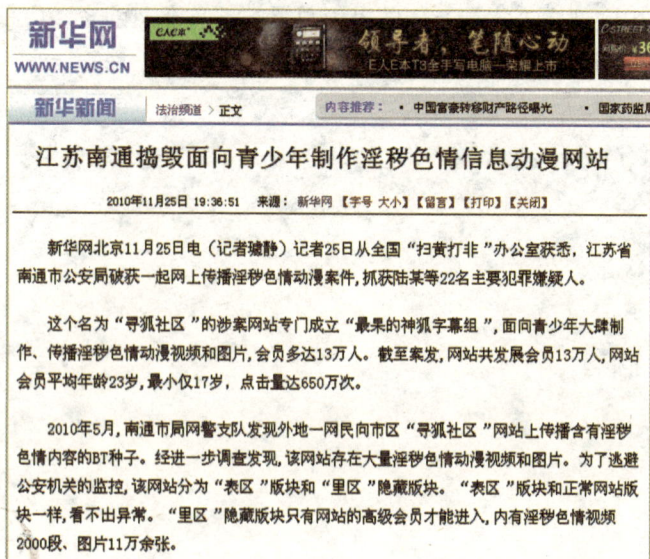

▶ 新华网关于江苏南通捣毁一淫秽色情动漫网站的报道

网站上传播含有淫秽色情内容的 BT 种子。经进一步调查发现，该网站存在大量淫秽色情动漫视频和图片。为了逃避公安机关的监控，该网站分为"表区"版块和"里区"隐藏版块。"表区"版块和正常网站版块一样，看不出异常。"里区"隐藏版块只有网站的高级会员才能进入，内有淫秽色情视频 2000 段、图片 11 万余张。

经查，犯罪嫌疑人陆某 2008 年 9 月创建该网站，先后招募仲某等 19 人共同管理。同时，网站为扩大影响，增加淫秽色情动漫信息的受众群，成立了制作淫秽色情视频的"最果的神狐字幕组"，由巫某负责招募成员

▶全国"扫黄打非"办公室专职副主任周慧琳就江苏南通捣毁一淫秽色情动漫网站接受中央电视台采访

▶中央电视台《新闻直播间》关于江苏南通捣毁一淫秽色情动漫网站的报道

70 人，组织下载大量国外淫秽色情动漫进行翻译、添加字幕、压片后，交由专门发布组在境内外多家淫秽色情网站上传播。确定线索和证据后，专案组组成 20 个抓捕小组分赴 19 个省市开展集中抓捕行动，将该案主要犯罪嫌疑人全部抓获归案。

全国首例涉"黄"动漫网站被捣毁
资料来源：《中国新闻出版报》2010 年 11 月 28 日

　　本报讯（记者赖名芳）记者 11 月 25 日从全国"扫黄打非"办公室获悉，江苏省南通市公安局近日破获一起名为寻狐社区网站的网上传播淫秽色情动漫案件，抓获陆某等 22 名主要犯罪嫌疑人。这些人均为寻狐社区网站专门成立的"最果的神狐字幕组"主要成员，而且这个制作组竟然号称国内动漫界 4 大淫秽色情动漫信息的制作组之一，其中有不少是即将迈

▶《中国新闻出版报》
关于江苏南通捣毁一淫
色情动漫网站的报道

入大学的高中生和在校大学生。

2010 年 5 月，南通市局网警支队发现外地一网民向市区寻狐社区网站上传含有淫秽色情内容的 BT 种子。经进一步调查发现，该网站存在大量淫秽色情动漫视频和图片。为了逃避公安机关的监控，该网站分为"表区"版块和"里区"隐藏版块。"表区"版块和正常网站版块一样看不出异常，而"里区"隐藏版块只有网站的高级会员才能进入，内有淫秽色情视频 2000 段、图片 11 万余张。

经查，犯罪嫌疑人陆某于 2008 年 9 月创建该网站，先后招募仲某等 19 人共同管理。同时，该网站为扩大影响，增加淫秽色情动漫信息的受众群，专门成立了制作淫秽色情视频的"最果的神狐字幕组"，由巫某负责招募成员 70 人，组织下载大量国外淫秽色情动漫并进行翻译、添加字幕、校对、压片后，交由专门发布组在境内外多家淫秽色情网站上传播。截至案发，该网站共发展会员 13 万人，点击量达 650 万次。

河南新乡从重判处一起非法盗印案

打击侵权盗版　河南新乡从重判处一起非法盗印案
资料来源：人民网 2010 年 12 月 1 日

　　人民网北京 12 月 1 日电（记者文松辉）记者从全国"扫黄打非"办公室获悉，河南省新乡县人民法院 11 月 19 日对全国"扫黄打非"办公室列为重点督办案件的新乡"9·03"非法盗印案作出宣判，以非法经营罪分别判处侯某等 3 名被告人有期徒刑 13 至 10 年，并处罚金 30 万元至 10 万元。

　　9 月 3 日，根据首都师范大学和陕西人民教育出版社的举报，新乡县"扫黄打非"部门组织力量对该县大召营镇前高庄村一处非法印刷厂进行

▶ 人民网关于河南新乡从重判处一起非法盗印案的报道

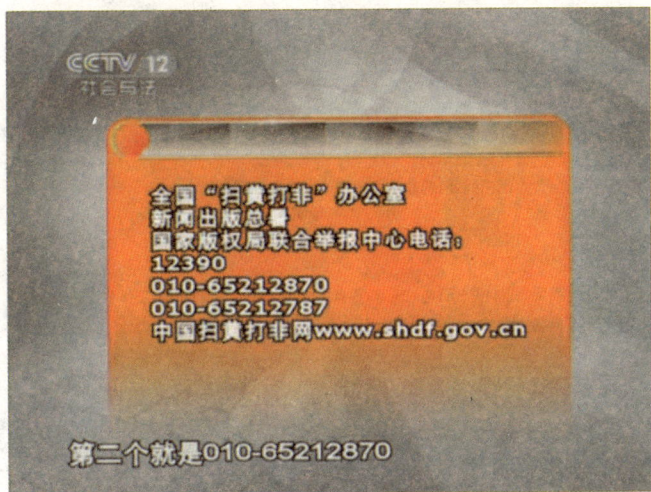

▶中央电视台《大家看法》栏目关于河南新乡从重判处一起非法盗印案的专题报道

突击查处，共查获盗印首都师范大学出版社、陕西人民教育出版社、商务印书馆等出版单位出版的《现代汉语词典》、《古汉语常用字字典》、《中学教材全解》等教材教辅图书 45 种，共计 2 万余册，非法经营数额 37 万余元。经审理查明，2007 年 3 月，被告人侯某租赁新乡县新大实业有限责任公司的北院，在未经工商、新闻出版部门批准的情况下开办一印刷厂，伙同其弟侯某和姜某，未经享有专有出版权人许可，非法从事出版物的出版、印刷、复制、发行业务达三年半之久。案发后，新乡市迅速成立"9·03"非法盗印案专案组，进行立案侦查。9 月 15 日至 28 日，公安机关先后将以上三名被告人缉拿归案。10 月 21 日，新乡县人民检察院批准逮捕三名被告人。

河南判处 1 起非法盗印案 3 名涉案人刑期均逾 10 年
资料来源：中国法院网 2010 年 11 月 30 日

中新网北京 11 月 30 日电（记者孙自法）中国全国"扫黄打非"工作小组办公室 30 日向媒体发布信息说，本月 19 日，河南省新乡县人民法院对该办公室列为重点督办案件的新乡"9·03"非法盗印案作出宣判，以非法经营罪分别判处侯某等 3 名被告人有期徒刑 13 至 10 年，并处罚金

▶ 中国法院网关于河南判处1起非法盗印案的报道

人民币30万元至10万元。

据介绍，今年9月3日，根据首都师范大学和陕西人民教育出版社的举报，新乡县"扫黄打非"部门组织力量对该县大召营镇前高庄村一处非法印刷厂进行突击查处，共查获盗印首都师范大学出版社、陕西人民教育出版社、商务印书馆等出版单位出版的《现代汉语词典》、《古汉语常用字字典》、《中学教材全解》等教材教辅图书45种，共计2万余册，非法经营数额37万余元人民币。

经法院审理查明，2007年3月，被告人侯某租赁新乡县新大实业有限责任公司的北院，在未经工商、新闻出版部门批准的情况下开办一印刷厂，伙同其弟侯某和姜某，未经享有专有出版权人许可，非法从事出版物的出版、印刷、复制、发行业务达三年半之久。

案发后，新乡市迅速成立"9·03"非法盗印案专案组，进行立案侦查。今年9月15日至28日，公安机关先后将以上3名被告人缉拿归案。10月21日，新乡县人民检察院批准逮捕3名被告人。

成都判决两起批销非法音像制品案

成都判决两起批销非法音像制品案　8人侵犯著作权获刑

资料来源：新华网 2010 年 12 月 9 日

新华网北京 12 日 9 日电（记者璩静　马嘉骊）记者 8 日前从全国"扫黄打非"办公室获悉，2010 年 11 月 12 日，四川省成都市金牛区人民法院审结宣判了"8·19"和"7·18"两起批销非法音像制品案件，共有 8 名被告人因侵犯著作权罪和贩卖淫秽物品牟利罪分别被判处有期徒刑 5 年 6 个月至 2 年，并处罚金 22 万元至 1.1 万元。

——"8·19"批销非法音像制品案。这是全国"扫黄打非"办公室会同公安部挂牌督办并拨付专案补助资金的案件，也是近年来四川省"扫黄打非"行动中一次性查获非法音像制品品种、数量最多的一起案件。2009 年 8 月 19 日和 22 日，四川省"扫黄打非"办公室根据群众举报，组织协调公安、新闻出版部门捣毁了位于成都市北站东二路 5 号院和商筑大厦内的 6 个批销非法音像制品地下窝点，查获非法音像制品 50 万余张，其中淫秽色情光盘 4000 余张。经查，此案是一个专门从事盗版及淫秽色情音像制品非法经营活动的犯罪团伙所为。自 2006 年 4 月以来，该团伙以成都"大裕科技"公司名义，长期批销非法音像制品，货源地、发货地、运输渠道都在广东，形成了产供销一体化。公司法人代表马某等 6 名犯罪嫌疑人先后被抓获。2010 年 11 月 12 日，成都市金牛区人民法院判决马某等 6 名被告人因犯侵犯著作权罪和贩卖淫秽物品牟利罪，分别被判处有期徒刑 5 年 6 个月至 3 年 6 个月，并处罚金 22 万元至 11 万元。

——"7·18"批销盗版音像制品案。2008 年 7 月 18 日，四川省出版物市场稽查总队根据举报，在成都市信立电器商城捣毁一处销售盗版光盘窝点，查获《士兵突击》、《鹿鼎记》、《血色湘西》等 500 余种盗版

新华网关于成都判决两起批销非法音像制品案的报道

成都判决两起批销非法音像制品案 8人侵犯著作权获刑

2010年12月09日 11:26:23 来源：新华网【字号 大小】【留言】【打印】【关闭】

新华网北京12日9日电（璩静、马嘉骊）记者8日前从全国"扫黄打非"办公室获悉，2010年11月12日，四川省成都市金牛区人民法院审结宣判了"8·19"和"7·18"两起批销非法音像制品案件，共有8名被告人因侵犯著作权罪和贩卖淫秽物品牟利罪分别被判处有期徒刑5年6个月至2年，并处罚金22万元至1.1万元。

——"8·19"批销非法音像制品案。这是全国"扫黄打非"办会同公安部挂牌督办并拨付专案补助资金的案件，也是近年来四川省"扫黄打非"行动中一次性查获非法音像制品品种、数量最多的一起案件。2009年8月19日和22日，四川省"扫黄打非"办根据群众举报，组织协调公安、新闻出版部门捣毁了位于成都市北站东二路5号院和商筑大厦内的6个批销非法音像制品地下窝点，查获非法音像制品50万余张，其中淫秽色情光盘4000余张。经查，此案是一个专门从事盗版及淫秽色情音像制品非法经营活动的犯罪团伙所为。自2006年

HDVD 影视光盘 3 万余张，以及淫秽色情光盘 300 张。经查，该窝点位于商城地下二层，较为隐蔽，在没有办理任何经营证照情况下，销售盗版等非法音像制品已有一年，其销售对象多为市内街边商贩。随后，该案被移送公安机关立案侦查，两名当事人被当地公安部门依法拘留。2010 年 11 月 12 日，成都市金牛区人民法院审结宣判：被告人贺某和王某因犯侵犯著作权罪和贩卖淫秽物品牟利罪，分别被判处有期徒刑 5 年和 2 年，并处罚金 3.2 万元和 1.1 万元。

"8·19""7·18"两起批销非法音像制品案在成都宣判
8名主犯因侵犯著作权罪获刑并被处罚金
资料来源：《中国新闻出版报》2010 年 12 月 10 日

本报讯（记者赖名芳）记者 12 月 8 日从全国"扫黄打非"办公室获悉，四川省成都市金牛区人民法院近日审结宣判了"8·19"和"7·18"两起批销非法音像制品案件，共有 8 名被告因侵犯著作权罪和贩卖淫秽物品牟利罪分别被判处有期徒刑 5 年 6 个月至 2 年，并被处罚金 22 万元至 1.1 万元。其中"8·19"案被称为是近年来四川省"扫黄打非"工作中一次

性查获非法音像制品品种和数量最多的一起案件，也是全国"扫黄打非"办公室会同公安部挂牌督办、并拨付专案补助办案资金的重点案件。

2009年8月19日和22日，四川省"扫黄打非"办公室根据群众举报，组织协调公安、新闻出版部门捣毁了位于成都市北站东二路5号院和商筑大厦内的6个批销非法音像制品地下窝点，查获非法音像制品50万余张，其中淫秽色情光盘4千余张。经查，此案是一个专门从事盗版及淫秽色情音像制品非法经营活动的犯罪团伙所为。该团伙自2006年4月以来，以成都"大裕科技"公司名义，长期批销非法音像制品，货源地、发货地、运输渠道都在广东，形成了产供销一体化。公司法人代表马某等6名犯罪嫌疑人先后被抓获。2010年11月12日，成都市金牛区人民法院判决马某等6名被告人因犯侵犯著作权罪和贩卖淫秽物品牟利罪，分别被判处有期徒刑5年6个月至3年6个月，并被处罚金22万元至11万元。

2008年7月18日，四川省出版物市场稽查总队根据举报线索，在成都市信立电器商城捣毁一处销售盗版光盘窝点，查获《士兵突击》、《鹿鼎记》、《血色湘西》等500余种盗版HDVD影视光盘3万余张，以及淫秽色情光盘300张。经查，该窝点位于商城地下二层，较为隐蔽，在没有办理任何经营证照的情况下，销售盗版等非法音像制品已有1年多，其销售

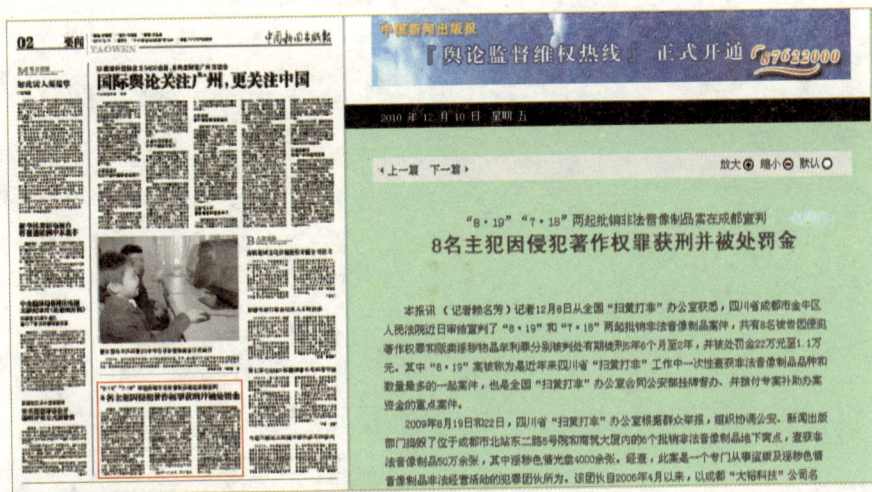

▶《中国新闻出版报》关于成都判决两起批销非法音像制品案的报道

对象多为市内街边商贩。该案随后被移送公安机关立案侦查，两名当事人被当地公安部门依法拘留。2010 年 11 月 12 日，成都市金牛区人民法院审结宣判：被告人贺某和王某因犯侵犯著作权罪和贩卖淫秽物品牟利罪，分别被判处有期徒刑 5 年和 2 年，并处罚金 3.2 万元和 1.1 万元。

河南新乡再端一家三无印刷厂

河南新乡再端一家三无印刷厂
涉案印厂长期盗印涉及码洋 4 亿余元
资料来源：《中国新闻出版报》2010 年 10 月 14 日

（本报记者邹韧）河南省"扫黄打非"办公室日前在新乡市公安局和牧野区公安局的配合下，成功地端掉了一家长期从事盗版印刷的三无印刷厂，现场查缴盗版胶片 4 万余张，盗版图书含封面 7000 余册。这也是继 9 月 3 日，河北省新乡县公安局在大召营镇端掉某印刷厂后取得的又一成

▶《中国新闻出版报》
关于河南新乡再端一家
三无印刷厂的报道

果。《中国新闻出版报》记者就此采访了配合此次执法行动的首都师范大学出版社打盗维权人员,他向记者介绍了整个案件的始末。

今年8月10日,首都师范大学出版社、陕西人民教育出版社、河北教育出版社、群言出版社分别接到举报,称新乡市牧野区王村镇大里村发现盗版的《5年高考3年模拟》系列图书、《中学教材全解》、《创新一点通:语文S版·字词句段篇章》、《剑桥雅思考试全真试题集5精讲》等。接报后,出版社的打盗人员经过认真核查,确定了该印刷厂的具体地址以及活动规律,盗版品种和盗版者的姓名等。随后,他们将所掌握的情况立即向新乡市文化稽查队进行举报。

8月13日,由河南省新乡市文化新闻出版局带队,新乡市公安局治安支队协助,前往大里村该印刷厂进行查处。该印刷厂有一个印刷车间,一个装订车间,一排办公室。执法人员当日仅从印刷车间查缴6000余册《5年高考3年模拟(答案全解全析)》和部分散页,但没有对大量存放盗版图书和散页的装订车间进行查处。

9月13日,首都师范大学出版社打盗人员将整个查缴情况向河南省"扫黄打非"办公室进行汇报。接报后,河南省新闻出版局局长詹玉荣非常重视,立即批示:第二天对该厂进行查处。9月14日,由河南省新闻出版(版权)局为执法主体,在新乡市公安局治安支队的协助下,终于成功地端掉了这家印刷厂。现场发现该印刷厂长期没有任何营业执照,并非法大量盗印了全国多家知名出版社的图书。

据首都师范大学出版社打盗人员了解,就在行动当天,该印刷厂已提前30分钟得到消息,并在现场发现他们正在焚烧的相关资料。执法人员从该印刷厂查缴的盗版胶片达4万余张,盗版图书含封面7000余册,PS版100余张,以及大量的生产、销售、财务凭证。从现场查缴的证据显示,该印刷厂从2007年起就从事盗版活动,先后盗印过除上述4家出版社的图书外,还大量盗印过人民出版社、商务印书馆、人民卫生出版社、法律出版社、珠海出版社的图书,共计总印数有1300万册,涉及码洋4亿余元。

河南省"扫黄打非"办公室领导在获悉查缴情况后,当即致电新乡市委，并通报现场查处情况。新乡市委领导非常重视，并派新乡市委宣传部长当天下午赶赴现场，同时新乡市文化新闻出版局相关负责人、牧野区主要负责人、牧野区公安分局领导和干警也相继前往现场。新乡市委宣传部长当即指示，由新乡市牧野区公安局迅速侦破此案，新乡市公安局进行协调和指导，由牧野区政府负责拆卸该印刷厂的设备。据了解，整个查缴行动，公安干警们一直到深夜 12 点才结束。而被盗版的 4 家出版社也派专人全程配合此次查缴行动。

第五篇
打牢基础

"扫黄打非"版权保护要靠群策群力群防群治

全国"扫黄打非"办公室举办各省（区、市）"扫黄打非"办公室主任培训班

全国"扫黄打非"办公室加大骨干业务培训

全国"扫黄打非"办公室加大查处大要案支持力度

各地开展"扫黄打非"工作举措

"扫黄打非"版权保护要靠群策群力群防群治

蒋建国在看望石家庄市"扫黄打非"
保护版权志愿者时指出
"扫黄打非"版权保护要靠群策群力群防群治
资料来源:《中国新闻出版报》2010 年 2 月 2 日

本报讯（记者赖名芳）1 月 27 日上午，全国"扫黄打非"工作小组副组长兼办公室主任、新闻出版总署副署长蒋建国在河北省委常委、宣传部部长、省"扫黄打非"工作领导小组组长聂辰席的陪同下，在河北石家庄市看望了"扫黄打非"、保护版权志愿者代表。他指出，"扫黄打非"、保护版权作为一项社会性的系统工程，除了政府部门的监管，最重要的是靠社会各方面的广泛参与、共同行动，群策群力、群防群治。石家庄建立的"扫黄打非"、保护版权志愿者队伍是一项重要的工作创新，其经验值得推广。

蒋建国在看望"扫黄打非"、保护版权志愿者代表时说，非法出版、侵权盗版活动不仅影响了出版市场正常秩序，损害了人民群众的利益，也影响了我国的国际形象，损害了国家利益。党和政府对"扫黄打非"、保护版权高度重视。开展这项工作除政府部门加强监管外，更需要社会各方面的广泛参与、共同行动，群策群力、群防群治。在此形势下，石家庄市创新性地组建了一只"扫黄打非"、保护版权志愿者队伍，这是一项重要的工作创新，在全国是首创，在河北省产生了很好的社会效果，也影响到了全国。作为志愿者，大家来自不同方面，既有发挥余热的老同志，也有年轻的大学生；既有法律界专家，也有普通群众；既有新闻出版行业职业工作者，也有热心公益事业的教师、家长、社区工作者，等等。无论来自

▶《中国新闻出版报》关于"扫黄打非"版权保护要靠群策群力群防群治的报道

哪方面，都有一颗对国家发展的责任心和对子孙后代的关爱心，和一种为"扫黄打非"、保护版权不辞辛苦的奉献精神。全国"扫黄打非"办公室、新闻出版总署一直关注着石家庄市"扫黄打非"、保护版权志愿者队伍的建设和发展，对大家满怀崇高的敬意。

蒋建国还对"扫黄打非"、保护版权志愿者们提出了三点希望：一是希望大家加强宣传，加大向群众、青少年宣传非法出版物的严重危害性；二是希望大家加强监督，不仅要监督违法人员进行非法出版的不法行为，也要监督合法单位是否有违规行为，要通过监督，并对这些违法违规行为进行规劝和举报；三是希望大家积极建言献策，将自己在进行志愿者行动中了解的情况、思考的问题、形成的建议及时向"扫黄打非"、新闻出版、版权保护部门反映，以利我们进一步改进工作，更好地做好工作。

陪同看望的还有全国"扫黄打非"工作小组办公室专职副主任、新闻出版总署反非法和违禁出版物司司长周慧琳，河北省"扫黄打非"领导小组副组长、省委宣传部秘书长魏平，河北省"扫黄打非"领导小组副组长兼办公室主任、河北省新闻出版局局长李晓明等。

相关链接

2007 年 10 月 13 日，石家庄市"扫黄打非"工作领导小组办公室、市新闻出版局、市版权局、共青团石家庄市委、新华区人民政府联合举行了"石家庄市'扫黄打非'、保护版权志愿者活动"启动仪式。这是全国首家举行的"扫黄打非"、保护版权志愿者活动。首批 200 名志愿者在石家庄市太和电子城门前庄严宣誓：愿意成为"扫黄打非"、保护版权志愿者，同时承诺尽己所能、不计报酬为此项工作贡献力量。至此拉开了石家庄市"扫黄打非"、保护版权志愿者活动的序幕。

志愿者招募方式主要是分为组织招募和社会招募两种。目前石家庄市志愿者服务支队已组建 7 个，下设大队、分队，登记在册的志愿者已达万名。为了整合全市资源，推动志愿活动再上新台阶，2008 年 10 月，又成立了石家庄市"扫黄打非"、保护版权志愿服务总队，主要由河北省会新闻媒体工作者、党政机关有关工作人员、法律工作者、版权执法人员和中介机构代表、出版物经营者、内部资料性出版物编辑、大中学校学生骨干及热心保护版权事业人士组成。

作为志愿者活动发起单位之一的石家庄新闻出版局，还详细地制定了 2008 年志愿者服务活动实施方案：首先建立了一个全面、系统的"扫黄打非"、保护版权志愿者信息库，将志愿者信息等具体情况登记造册，然后由该市新闻出版（版权）局安排有经验的领导为各区志愿者分批进行"扫黄打非"、保护版权方面的法律、法规、规章制度的培训。为了扩大社会影响，他们还在全市范围内开展了"扫黄打非"、保护版权志愿者有奖征文、知识竞赛活动。鉴于志愿者有较大一部分是大中专院校的在校生，根据学生自身特点和学校教学需要，在全市大中专院校之间开展与"扫黄打非"、保护版权有关的辩论赛、模拟法庭等活动。同时根据志愿者的权利和义务，在条件允许的情况下，让志愿者协助参加全市开展的集中行动、专项行动、案件查办。

全国"扫黄打非"办公室举办各省（区、市）"扫黄打非"办公室主任培训班

全国各省（区、市）"扫黄打非"办公室主任培训班开班，李长江指出
互联网已成为"扫黄打非"主战场

资料来源：《中国新闻出版报》2010 年 5 月 18 日

  本报讯（记者赖名芳）为深化网络环境下"扫黄打非"工作，根据 2010 年"扫黄打非"工作安排，全国"扫黄打非"办公室于 5 月 17 日—21 日在北京举办为期 5 天的全国各省（区、市）"扫黄打非"办公室主任培训班。这是全国"扫黄打非"办公室围绕网络"扫黄打非"工作首次举

▶《中国新闻出版报》关于全国"扫黄打非"办公室举办各省（区、市）"扫黄打非"办公室主任培训班的报道

办的法律、技术业务专题培训班。

全国"扫黄打非"工作小组专职副组长李长江5月17日在进行开班动员时指出，互联网已成为当前"扫黄打非"的主战场。"扫黄打非"战线要认清趋势审视大局，增强网上"扫黄打非"的政治责任感；要了解情势分析问题，提高网上"扫黄打非"工作的针对性；要积极探索开拓创新，推动网上"扫黄打非"工作不断取得新进展；要提高认识突出重点，狠抓"扫黄打非"工作各项任务落实，力争"扫黄打非"工作迈上新台阶。

李长江在讲话中分析说，在互联网迅猛发展的今天，"扫黄打非"形势严峻、任务艰巨。"扫黄打非"战线的同志们一定要从维护政治安定、社会稳定和文化安全的高度，进一步深化对"扫黄打非"斗争重要性、艰巨性、复杂性、紧迫性的认识，切实把思想和行动统一到中央的决策部署上来，把在实体文化市场开展"扫黄打非"的成功经验延伸到虚拟网络空间，像过去整治光盘生产线、整治音像市场一样深入开展互联网和手机媒体的"扫黄打非"，总结经验，不断将"扫黄打非"工作引向深入。

李长江指出，今年"扫黄打非"要围绕四项重点任务进行，即始终将封堵各类非法出版物及网上有害信息作为第一任务，将其摆在日常监管和集中行动的首要位置；大力扫除淫秽色情等文化垃圾，重点打击通过互联网和手机媒体传播淫秽色情及低俗信息；有效遏制各类侵权盗版行为，做到反盗版天天有行动；严肃查处非法和违规报刊，维护新闻出版正常秩序。在封堵网上传播各类非法出版物和有害信息方面，各地各有关部门要在干中学、学中干，不断总结经验，创新工作方法。要做到网上网下并举，不能有丝毫松懈，特别要加强网上信息监控和舆情研判，出新招、出实招，严防各类非法出版物及其有害信息通过网络快速扩散。继续开展打击手机网站传播淫秽色情信息专项行动，按照全国"扫黄打非"办公室日前下发的通知要求，抓巩固、抓重点、抓大案、抓源头，切实加大工作力度，确保专项行动达到预期目标。要围绕上海世博会和广州亚运会的举办，建立"扫黄打非"联防协作机制，有效遏制网上网下各类侵权盗版行为，净化文化市场。

最高人民法院研究室，公安部治安局、网监局，工信部通信保障局，中央外宣办网络局，全国"扫黄打非"办公室等相关部门负责人将为60余位来自全国各省（区、市）、副省级城市、省会城市"扫黄打非"办公室主要负责同志授课。

蒋建国在全国各省（区、市）"扫黄打非"办公室主任
培训班结业讲话时指出切实抓好当前"扫黄打非"工作
提高认识　强化责任　改进方法　建设队伍
资料来源：《中国新闻出版报》2010年5月24日

本报讯（记者赖名芳）5月21日，全国"扫黄打非"工作小组副组长兼办公室主任、新闻出版总署副署长蒋建国在北京参加全国各省（区、市）"扫黄打非"办公室主任培训班结业式时强调，各地区各部门要切实明确"扫黄打非"工作的性质，进一步解决好认识问题；落实"扫黄打非"工作的任务，进一步解决好责任问题；完善"扫黄打非"工作的措施，进一步解决好方法问题；强化"扫黄打非"工作的力量，进一步解决

▶《中国新闻出版报》关于蒋建国在全国各省（区、市）"扫黄打非"办公室主任培训班结业讲话的报道

好队伍问题。

蒋建国说，"扫黄打非"工作性质和任务是，坚决保护知识产权，确保意识形态安全和文化安全，维护社会和谐和稳定，推动社会主义文化大发展大繁荣，为实现经济社会又好又快发展营造良好的舆论氛围和文化环境。"扫黄打非"是党的工作，事关党和国家安全问题、战略问题、大局问题。因此，要坚决贯彻"扫黄打非""只能加强、不能削弱"的工作方针，在思想认识上、组织领导上、保障机制上切实做到只加强、不削弱。各地要进一步建立健全"扫黄打非"工作领导小组及其办公室。各地"扫黄打非"办公室要认真履行好综合、指导、协调、督办的职责，不要把"扫黄打非"工作混同于一般行政执法。

就如何落实"扫黄打非"工作任务、进一步强化工作责任问题，蒋建国提出，要坚决守住"扫黄打非"工作的"三条底线"，始终把打击非法出版活动作为"第一任务"，同时坚决打击制作传播淫秽色情信息和侵权盗版等违法犯罪活动。完成以上"扫黄打非"工作任务，就是我们的责任所在。同时，我们要按照属地责任、主管责任和职位责任，层层落实责任，做到谁主管谁负责、谁批准谁负责、谁收费谁负责，并按照工作职位、岗位将责任落实到人。

在讲到完善"扫黄打非"工作措施、进一步改进工作方法时，蒋建国说，"扫黄打非"办公室在宏观层面上，要切实抓好综合、指导、协调、督办工作；在中观层面上，要坚持强监管、打战役、抓工程，重点是抓好"珠峰"、"天山"、"南岭"、"护城河"等四大工程。在微观层面上，要做到时刻掌控市场，坚决防止扩散，彻底追根溯源，查办大要案件，广泛发动群众。

蒋建国最后还就加强"扫黄打非"工作队伍自身建设进行了阐述，希望大家增强自身素质，要边学习边工作，做到工作学习化、学习工作化，工作学习一体化，不断提高工作水平，努力推动"扫黄打非"工作上台阶。

全国"扫黄打非"办公室加大骨干业务培训

蒋建国：要将"扫黄打非"工作队伍培训经常化

资料来源：网易网 2010 年 10 月 25 日

　　10 月 22 日，全国"扫黄打非"工作小组副组长兼办公室主任、新闻出版总署副署长蒋建国在福建省福州市出席全国各省（区、市）"扫黄打非"办公室骨干培训班结业式时指出，要进一步加强"扫黄打非"工作队伍建设，增强政治素质，提高业务水平。今年以来，全国"扫黄打非"办公室分别在北京、新疆、福建举办了有关法律、技术业务的专题培训班，

▶ 网易网关于全国"扫
黄打非"办公室加大骨
干业务培训的报道

320

组织部分"扫黄打非"工作一线的同志学习业务知识、参观工作现场、交流经验体会，无论是对提高和统一大家的思想认识，增强"扫黄打非"工作责任意识，还是改进思想和工作方法，增强"扫黄打非"工作能力，都具有重要意义。今后，"扫黄打非"工作队伍培训要做到经常化。福建省委常委、宣传部长、省"扫黄打非"工作领导小组组长唐国忠出席培训班结业式并讲话。

蒋建国在讲话中首先阐述了"扫黄打非"工作的责任、任务和作用，强调"扫黄打非"工作在思想方法上，要做到服务大局、突出重点、抓住关键、具体深入、强化基础。他说，"扫黄打非"工作的性质和任务是高举保护知识产权的旗帜，为党和国家工作大局服务，确保党的意识形态安全和国家文化安全，维护社会和谐稳定，推动社会主义文化大发展大繁荣，为实现经济社会又好又快发展营造良好的舆论氛围和文化环境。"扫黄打非"工作在经济、政治、文化和社会建设中均发挥着重大作用。因此，对"扫黄打非"在思想认识上、组织领导上、保障机制上，都要切实做到只能加强、不能削弱，特别是在当前文化市场综合执法改革过程当中，各地要进一步建立健全"扫黄打非"工作机构，切实加强"扫黄打非"工作力量，明确"扫黄打非"工作职责，落实"扫黄打非"工作任务，防止出现削弱的问题。各地"扫黄打非"办公室要认真履行好综合、指导、协调、督办的职责，充分发挥作用。

蒋建国强调，要做好"扫黄打非"工作，必须以科学发展观为指导，切实改进工作方法。各级"扫黄打非"办公室在宏观层面上，要切实抓好综合、指导、协调、督办工作；在中观层面上，要坚持强监管、打战役、办大案、抓工程，重点抓好"护城河"、"南岭"、"珠峰"、"天山"等4大工程；在微观层面上，要做到时刻掌控市场，坚决查缴封堵，彻底追根溯源，大力查办案件，争取领导重视，积极协调部门，广泛发动群众，搞好社会宣传。他强调，各地要以出版物市场的好坏评判"扫黄打非"工作的优劣，思想是否重视，领导是否坚强，措施是否有力，保障是否到位，都要从出版物市场上看。蒋建国还要求进一步加强"扫黄打非"工作队伍自身建设，重点是抓好学习和培训，要边工作边学习，做到工作学习化，学习工作化，工作学习一体化，同时要加强培训，不断提高"扫黄打非"工作队伍的水平和能力。

唐国忠在介绍福建省"扫黄打非"工作时说，福建地处改革开放前沿，我们始终保持着清醒认识，树立了长期作战、敢于打硬仗的观念；对各种非法出版和侵权盗版违法犯罪活动始终保持着高压态势，做到常抓不懈、重拳出击、彻查彻办。同时，还狠抓体制机制建设，健全完善了快速反应机制、保障奖励机制、案件督查机制、部门联动机制，着力推动"扫黄打非"工作进基层。在狠抓大案要案查处方面，把生产、储存等中间环节作为突破口，追源头、挖窝点、破网络，有力地维护了福建政治安定、社会稳定和出版物市场秩序。当前，福建省按照全国"扫黄打非"办公室的部署和要求，正在进一步加强组织领导，夯实基层基础，创新工作方法和手段，努力推进全省"扫黄打非"工作不断向广度和深度拓展。

福建省政协副主席、省新闻出版局局长郭振家，福建省"扫黄打非"办公室主任、省新闻出版局党组书记陈秋平，新闻出版总署教育培训中心主任曹克勤，新闻出版总署反非法和违禁出版物司副司长黄晓新及来自全国各省（区、市）、副省级城市、省会城市"扫黄打非"办公室的骨干出席培训班结业式。

全国"扫黄打非"办公室加大骨干业务培训
资料来源：《中国新闻出版报》2010 年 10 月 19 日

本报讯（记者赖名芳）全国"扫黄打非"办公室于 10 月 18 日—22 日在福建省福州市举办为期 5 天的全国各省（区、市）"扫黄打非"办公室骨干培训班。这是今年以来全国"扫黄打非"办公室第二次围绕"扫黄打非"工作重点举办的有关法律、技术业务专题培训班。此次培训班以查办"扫黄打非"案件为中心，围绕如何依法有效地查办案件以及通过查办案件更好地深化新形势下的"扫黄打非"工作开展，立足解决当前"扫黄打非"工作中的热点、难点、重点问题。

全国"扫黄打非"办公室专职副主任、新闻出版总署反非法和违禁出版物司司长周慧琳在培训班上就"扫黄打非"工作面临的新形势、新技术挑战及承担的任务、职责、如何创新工作机制等问题作了专题报告。他说，"扫黄打非"工作任务是高举保护知识产权旗帜，为实现经济社会又好又快发展营造良好的文化环境。"扫黄打非"事关社会政治稳定，事关青少年健康成长，事关国家形象。因此，要坚决贯彻"扫黄打非""只能加强、不能削弱"的原则，不断完善体制机制建设和各项任务的落实。在当前新技术环境下，互联网已成为当前"扫黄打非"主战场，要深入开展网络"扫黄打非"，"扫黄打非"战线要坚决守住"扫黄打非"工作的"三条底线"，始终把打击非法出版活动作为"第一任务"，同时坚决打击制作传播淫秽色情信息和侵权盗版等违法犯罪活动，坚持查办大案要案，震慑违法犯罪分子。各地要认真贯彻"打防并举、标本兼治、综合治理"的工作方针，坚持"搞宣传、清市场、追源头、打窝点、破网络、办大案、抓长效"的基本工作方法，依法行政与多手段并举，社会治安综合治理与精神文明创建活动相结合，充分发挥政治、组织、保障、协调优势，做到"四有"即有领导主事、有人员做事、有经费办事、有机制成事。在改革

▶《中国新闻出版报》关于全国"扫黄打非"办公室加大骨干业务培训的报道

创新中不断完善长效工作机制和落实日常监管工作机制。在查办案件工作中要及时总结快速沟通、及时应对；各负其责、协调作战；讲究策略、稳妥推进；敢打敢拼、连续作战的经验。

福建省"扫黄打非"办公室主任、省新闻出版局党组书记陈秋平在培训班上介绍了福建省以查办重大案件为抓手，大力推进"扫黄打非"斗争深入开展的工作经验。他介绍说，近几年来，福建省各级"扫黄打非"部门在全国"扫黄打非"办公室、福建省委、省政府的指导下，以打击各类非法出版物、淫秽色情出版物、网络违法有害信息和侵权盗版出版物为重点，进一步加强部门协作和上下联动，充分发挥"扫黄打非"办公室的组织、协调、指导和督办职能，狠抓大要案的查处工作，实施了部门联动，行政与司法无缝衔接；加强案件协调督办；打防并举、封堵管理漏洞；建立激励机制、调动办案积极性，增加"扫黄打非"专项经费保障等一系列有效措施，先后破获了福州"3·17"地摊游商贩卖非法出版物案、"8·6"特大"六合彩"非法报刊批发窝点案、张文昌、张文胜假冒正规期刊诈骗钱财案等。2009年，福建省大要案报备数量达70件，位列全国第一。

最高人民法院刑三庭，公安部网监局，新闻出版总署法规司、全国"扫黄打非"办公室相关负责人为60余位来自全国各省（区、市）、副省

▶ 福建卫视关于全国"扫黄打非"办公室加大骨干业务培训的报道

级城市、省会城市"扫黄打非"办公室主要负责同志进行授课。来自重庆市、广州市、南京市、青岛市"扫黄打非"办公室一线负责同志介绍了基层"扫黄打非"办案经验。会议期间，与会人员还赴泉州市开展了泉州市开展"扫黄打非"进基层调研活动。

联合举报中心
市场监管的"千里眼"
资料来源：《中国新闻出版报》2011 年 1 月 6 日

　　（记者赖名芳）2010 年 12 月 29 日，全国"扫黄打非"办公室向社会公布了年度十大数据。记者注意到其中的一大数据：17 万条——全国"扫黄打非"办公室着力完善举报受理机制，截至 2010 年 12 月下旬，联合举报中心共受理各类举报线索 17 万多条，其中绝大多数是有关互联网和手机媒体传播淫秽色情信息，并已按照相关规定向 540 名举报人兑现举报奖励 55 万元。这一数据表明，联合举报中心目前已成为网络和出版物市场监管的"千里眼"、"顺风耳"。

　　2009 年 2 月 11 日，全国"扫黄打非"办公室举报中心、新闻出版总署举报中心、国家版权局举报中心精简合并为"全国'扫黄打非'办公室、新闻出版总署、国家版权局举报中心"（简称为"联合举报中心"）。联合举报中心承担举报受理（包括电话举报、来信举报、来访举报以及网上举报）、案件转办，汇总分析等职能，由全国"扫黄打非"办公室负责联合举报中心的日常工作，及时受理群众举报并督办落实。其中，对于非法出版物、淫秽色情出版物、侵权盗版出版物、非法报刊及非法新闻活动、网上有害信息等"扫黄打非"各类案件，根据属地管理和谁主管谁负责的原则，协调和转交各省级"扫黄打非"部门及相关部门查办。对于一些重大举报线索，全国"扫黄打非"办会同新闻出版总署、国家版权局、公安部等有关部门进行挂牌督办。

　　联合举报中心成立一年多来，实行了 24 小时值班制度，通过网络、来电、来信、传真等方式收到群众举报线索近 20 万个，特别是自 2009

年 11 月起全国开展打击互联网和手机网站传播淫秽色情信息专项行动以后，日接电话举报最高达到 600 余个。据统计，2009 年 12 月 4 日至 2010 年 12 月下旬，共收到有效举报 174 704 条，其中网上举报 166 489 条，电话和信件举报 8215 条。已核查网站 IP、网站属地及备案信息 174 691 条，已分别转公安部、工信部等部门处理。2010 年全年共受理各类举报线索 182 094 条。（见下表）

时　间	平均每天接举报数量（条）	接举报总数量（条）
第一季度	1529	137602
第二季度	209	18810
第三季度	147	13245
第四季度	138	12437

从数据可以发现，2010 年第四季度受理举报数量较第一、二、三季度明显下降，这说明 2010 年通过开展迎世博"扫黄打非"专项行动、迎亚运"扫黄打非"专项行动和打击互联网和手机媒体传播淫秽色情信息专项行动等重点专项行动，使不良信息源头得到一定治理，网络文化环境得

▶《中国新闻出版报》关于联合举报中心的报道

到进一步净化，为国家的重大活动营造了良好的文化氛围，为未成年人的健康成长筑造了绿色网络空间。

当然，互联网和手机淫秽色情信息问题还没有彻底解决，据联合举报中心有关负责人介绍，该中心在 2010 年第四季度对被举报的网站进行域名解析、核实、数据分析发现，98%以上的淫秽色情网站服务器托管在国外，且以美国最多，占国外淫秽色情网站总数的 89%；绝大部分淫秽色情和低俗网站被重复举报；出现"涉黄"网站将淫秽色情网址隐秘传播到博客、论坛或其他深层链接的现象；目前举报利用 QQ 号进行裸聊、发布招嫖信息和利用 QQ 空间传播淫秽色情信息的现象较为突出。这些现象意味着整治互联网和手机淫秽色情信息工作依然任重道远。

全国"扫黄打非"办公室加大查处大要案支持力度

全国"扫黄打非"办公室加大查处大要案支持力度
督办案件可申请获 2 至 20 万元办案补助经费
资料来源:《中国新闻出版报》2010 年 4 月 9 日

本报讯（记者赖名芳） 为切实加大对全国"扫黄打非"办公室督办案件的查处支持力度，进一步规范对专项经费的管理，全国"扫黄打非"办公室于近日下发了《全国"扫黄打非"工作小组办公室办案补助经费拨付办法（试行）的通知》，明确了办案补助经费的申请和拨付程序。办案补助经费的拨付数额为每案 2 万元至 20 万元。

《通知》明确，对于危害国家安全和社会稳定、严重破坏出版发行秩序的案件，如印刷、复制、发行淫秽出版物达 1 万册（件）以的、非法出版物达 5 万册（件）以上的、盗版出版物达 10 万册（件）以上的重大案件；重大假报刊、假记者、假记者站、假新闻案件；重大互联网和手机网站传播淫秽色情信息或者通过手机传播淫秽色情信息案件等均可被列入全国"扫黄打非"办公室督办的案件。如果案件涉及的非法出版物虽未达到所规定的数量，但案情复杂、影响恶劣且具有典型性的案件，也可被列入全国"扫黄打非"办公室督办案件。各地区各有关部门应对全国"扫黄打非"办公室督办案件的查办工作给予足够的人力、物力和财力保障。确有实际困难的，经省级"扫黄打非"工作领导小组办公室向全国"扫黄打非"办公室提出书面申请。办案补助经费的申请，原则上在案件已经侦办终结或已经进行宣判后，才能向全国"扫黄打非"办公室提出。对案情极为复杂，需要投入巨大的案件，虽未侦结或审结，但办案经费确实不足的，也可以作为特例向全国"扫黄打非"办公室申请，经全国"扫黄打

▶《中国新闻出版报》关于全国"扫黄打非"办公室加大查处大要案支持力度的报道

非"工作小组负责人同意后可给予办案补助经费。《通知》特别强调,批准的办案补助经费应按财务管理规定完善拨付手续,且不得挪作他用。

据全国"扫黄打非"办公室有关负责人介绍,追根溯源、查办大案要案是"扫黄打非"工作中的一项重点任务。近年来,全国"扫黄打非"办公室确立了重点案件督办制度。2009年,全国"扫黄打非"办公室从联合举报中心接收举报线索、各地报送备案线索中,挑选了一批重点案件进行了挂牌督办。其中,全国"扫黄打非"办公室联合公安部共同挂牌督办"扫黄打非"重点案件达17起;由全国"扫黄打非"办公室挂牌、各省(区、市)"扫黄打非"办公室督办重点案件40起。对这57起重点督办案件,全国"扫黄打非"办公室通过直接协调督办和专人、发函、电话督办的方式及时掌握案情、推动查处,其中包括四川成都"6·11"批销淫秽盗版音像制品案、"5·05"系列制售低俗音像制品案、哈尔滨"3·07"储存销售非法图书案、广州"7·15"制售非法音像制品案等,截至目前,涉及20余个省的57个重点案件的查处情况均有不同程度的进展,做到了及时侦办、移送、审结。此外,全国"扫黄打非"办公室还建立了完善的"扫黄打非"案件查办保障机制,规范了重点案件查办补助经费使用办法,实行了重点案件审结的随时表彰。2009年,全国"扫黄打非"办公室共下拨给各地查办全国重点大案要案专用补助经费 185 万元，有力保障了全国重点案件的有效查处。为充分发挥全国"扫黄打非"办公室在案件查办工作中的指导、协调、督办和激励作用，带动各地重视案件查办和表彰奖励工作，避免重复奖励，全国"扫黄打非"办公室已将全国"扫黄打非"办案有功集体、办案有功个人的表彰奖励制度化、规范化、日常化，凡达到表彰要求的"扫黄打非"案件，一俟结案随即表彰，不再年终统一表彰。

各地开展"扫黄打非"工作举措

引导广大群众自觉抵制远离非法出版物

四川稳步推进"扫黄打非"进社区乡村试点

资料来源：《中国新闻出版报》2010 年 7 月 8 日

　　根据全国"扫黄打非"办公室总体部署，四川省在总结多年试点工作经验的基础上，今年把"扫黄打非"进社区试点工作作为建立健全"扫黄打非"工作体系的重要内容，全面深入推进"扫黄打非"进社区、进乡村工作。最近，四川省"扫黄打非"办公室组织对部分地区的试点工作进行了调研，认为各地对此项工作高度重视，能够认真按照全省统一安排，结合本地实际，精心组织，狠抓落实，成效显著。实践证明，试点工作的开展提高了全社会对"扫黄打非"工作的认知度和认同感，对引导广大群众自觉抵制、远离非法出版物和文化垃圾，打击侵权盗版，保护知识产权，净化出版物市场发挥了重要作用。

　　成都是西南地区重要的商品集散地、物流中心和交通枢纽，人流集中，情况复杂，出版物市场规模大、辐射宽、影响广。针对以上特点，成都市"扫黄打非"办公室潜心研究、精心谋划，于近期下发了深入开展第四批"扫黄打非"进社区试点工作的通知，要求在主城区已开展三批"扫黄打非"进社区、进基层、进街道试点活动的基础上，部署安排距中心城区较远的都江堰、崇州、邛崃、新津、大邑和蒲江等县市开展试点工作，明确了开展试点工作的目标、任务及方法，提出了工作要求。

　　南充市"扫黄打非"办公室扎实开展"扫黄打非"进社区试点工作，指导营山县"扫黄打非"部门用心谋事、扎实干事，不仅将试点工作全面推进城镇社区，而且还扩大到乡村，工作亮点突出，成效十分显

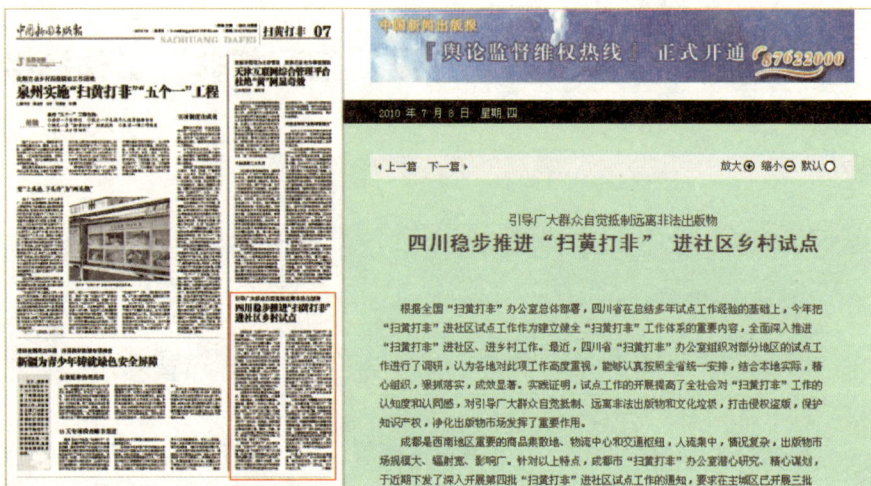

▶《中国新闻出版报》关于四川稳步推进"扫黄打非"进社区乡村试点的报道

著，为未成年人的健康成长和社会的和谐稳定营造了良好的舆论氛围和文化环境。

宜宾市高度重视"扫黄打非"进社区试点工作，为推动试点工作的深入开展，宜宾市"扫黄打非"办公室近日组织检查组，深入到江安县江安镇，对开展试点工作的江安镇两个社区进行指导检查。宜宾市珙县"扫黄打非"办公室切实加强对"扫黄打非"进社区试点工作的领导，认认真真抓落实，于5月26日在开展试点工作的巡场镇安民社区，举行了一场"扫黄打非"文艺会演活动，由社区"扫黄打非"文艺宣传队表演了自编自导的十多个健康有益的文艺节目，并在演出现场发放了"扫黄打非"资料500余份。寓教于乐的形式，扩大了"扫黄打非"的影响，收到了较好效果。安民社区还于6月11日对30名义务监督员进行了业务培训。

甘孜州是四川省藏族同胞主要聚集区，肩负着实施"扫黄打非""珠峰"工程、维护藏区社会稳定的重任。由于该州地域辽阔，出版物市场监管难度大，州"扫黄打非"工作部门克服困难，在努力做好市场日常监管的同时，积极探索藏区出版物市场监管新思路、新方法。他们按照全省开展"扫黄打非"进社区试点工作的要求，加强组织宣传动员，积极部署在州府所在地康定县的东关社区、泸定县城南社区开展"扫黄打非"进社区试点工作，争取在取得试点工作经验的基础上，再向州内其他县区和乡镇逐步推广。

目前，四川省其他市州正按照全省"扫黄打非"办公室的统一部署，结合本地实际，进一步深入开展本地"扫黄打非"进社区、进乡村试点工作。

湖南怀化启动"春雷行动"
资料来源：《中国新闻出版报》2010 年 2 月 25 日

（梁舒健　文／摄）春节前，怀化市"扫黄打非"办公室组织协调市文化、新闻出版、版权、公安、城管、工商等单位执法人员近 60 余人，对城区各大文化经营场所及重点地段和单位进行全面清查，检查当天即在怀化市城区查处非法出版物 1287 册，非法音像制品光碟 162 张（其中有 60 张盗版光碟为正在热映的大片《孔子》）。

据悉，此次被命名为"春雷行动"的文化市场整治检查一直持续到 2 月 20 日，主要以集中整治行动和日常巡查相结合的方式来开展，旨在对

▶《中国新闻出版报》关于湖南怀化启动"春雷行动"的报道

节前城区出版物和音像市场的低俗、淫秽色情、封建迷信等各类非法出版物及音像制品进行坚决查处，并对城区尚存"黑网吧"依法取缔。截至目前，怀化市已检查各类文化经营场所 112 家，共收缴低俗和封建迷信等各类非法出版物 2692 册，各类非法音像制品光碟 2162 张。目前，怀化市文化行政执法部门已经依法对相关单位及当事人进行查处，并在积极追查违法源头和窝点。

江苏省上月收缴非法出版物 10 万件

资料来源：《中国新闻出版报》2010 年 2 月 25 日

（记者邹韧）记者近日从江苏省"扫黄打非"办公室了解到，为确保春节期间出版物市场健康稳定，打好今年"扫黄打非"行动的开局之仗，江苏省各级"扫黄打非"工作领导小组负责人高度重视，亲自指挥市场一线执法检查。2 月 10 日，江苏省"扫黄打非"工作领导小组副组长、省新闻出版（版权）局局长徐毅英和省"扫黄打非"办公室主任、省新闻出版局副局长傅杰三带领省和南京市"扫黄打非"办公室及南京市、区文化市场执法人员，冒雨深入夫子庙、集庆门大街等繁华地区出版物市场，现

▶《中国新闻出版报》关于江苏省上月收缴非法出版物 10 万件的报道

场查看市场管理情况，对加强市场监管工作提出明确要求。

据了解，江苏省"扫黄打非"办公室于2010年元旦前就下发《关于做好2010年元旦和春节期间出版物市场监管和集中检查工作的通知》，对元旦、春节期间出版物市场净化工作提前作出安排，明确提出严查市场、加强互联网和手机媒体监控、落实值班和信息报送制度的工作要求。各地"扫黄打非"办公室充分发挥职能作用，组织协调公安、工商、文化、新闻出版和文化市场综合执法等部门联合重拳出击，净化节日市场。

南京市"扫黄打非"办公室联合玄武区"扫黄打非"办公室及公安机关，经过缜密侦查，锁定一批销非法盗版光盘的窝点，于2月4日上午一举出击，收缴涉嫌非法盗版光盘8000张。徐州、淮安、泰州等市专门下发市场检查通知，进一步确定监控的重点时段、重点部位和重点对象。徐州市在学生放假前后这一特殊时段，组织对校园周边和电脑城等区域进行针对性全面清查，共收缴非法出版物4000余件。苏州、镇江等市建立健全了节日值班和报告制度，对突发问题及时发现、及时处置。根据举报线索，镇江市对南门大街夜市等重点地区进行了突击检查，现场取缔13个流动摊点，收缴非法音像制品4万张。无锡、南通、宿迁等市不仅对市区出版物批发场所、出版物零售店和电脑软件市场等重点文化市场进行重点清查，而且组织所辖县、区开展高密度检查行动。1月28日，南通如皋市对如城、白蒲等镇进行突击检查，收缴各类非法出版物6000件，取缔无证经营单位1家。据初步统计，全省一个月来共收缴各类非法出版物近10万件。

据悉，江苏省各地"扫黄打非"办公室普遍采用了媒体报道、公开销毁、街头咨询等方式，加强对"扫黄打非"行动的宣传报道，并向社会公布举报电话，以鼓励更多人民群众参与"扫黄打非"斗争。盐城市举行了侵权盗版音像制品及非法游戏机、赌博机公开销毁活动，现场销毁非法音像制品20万张、电子游戏机260台。该市还专门举行了"远离黄、赌、毒"千人签名活动，有效增强了"扫黄打非"的社会认同感。

据江苏省"扫黄打非"办公室工作人员介绍，自从1月15日全国和江苏省"扫黄打非"工作电视电话会议后，南京、徐州、连云港、淮安、盐城、南通、苏州等市相继召开了"扫黄打非"工作会议，分析形势，明确任务，研究有针对性的工作举措。各地充分认识到，2010年是应对国际金融危机冲击获得新胜利的关键一年，也是上海世博会、广州亚运会举办之年，"扫黄打非"工作服务党和国家工作大局、净化社会文化环境、保护知识产权的任务更加紧迫、更加繁重，要以高度的政治责任感扎实开展工作，特别是要坚持标本兼治、重在治本的原则，努力构建"扫黄打非"综合治理体系，把"扫黄打非"斗争持续引向深入。

浙江集中行动提出"四个一"

资料来源：《中国新闻出版报》2010年2月25日

浙江省新闻出版局近日召开全省出版物市场监管和"扫黄打非"工作会议，重点对第一阶段的集中行动提出"四个一"要求，即向各市"扫黄打非"工作领导小组作一次汇报；召开一次会议，部署第一阶段工作；制定2月上旬至5月底以打击手机和互联网淫秽色情信息为重点的第一阶段集中行动方案，特别是省和全国"两会"前后，要加大打击违禁出版物和网上有害信息的力度；春节前组织一次出版物市场的全面清查、扫除各种

▶《中国新闻出版报》关于浙江集中行动提出"四个一"的报道

文化垃圾，干干净净迎接虎年新春，并为省和全国"两会"的召开营造良好的精神文化环境。

宁波市文化市场行政执法总队下发了《宁波市春节和两会期间文化市场专项整治行动方案》，部署开展为期3个月的专项整治行动。一是始终把查缴封堵非法出版物作为"扫黄打非"工作重中之重的任务来落实，全面清查节日市场，坚决杜绝违禁出版物和有害信息流传；二是突出保护未成年人健康成长这一重点，加强对校园周边出版物市场的监管力度；三是突出内容监管，加强对出版物市场，特别是农村、城乡结合部等重点区域的动态化管理；四是突出对网络文化市场的监管，加强对网络游戏、网络出版等经营活动的管理。

绍兴市文化市场行政执法支队在认真做好专项整治行动的同时，进一步完善出版物市场突发性事件应急工作机制和日常监管检查制度，建立应急预案，保证举报电话和执法人员通讯24小时畅通，落实节假日、夜间值班制度，合理部署检查力量，分时段、分区域做好出版物市场的全面清查。

杭州市余杭区文化市场行政执法大队也于日前专门召开会议，部署落实专项整治行动，并对整治行动提出几点要求：一是要提高认识，高度重视，尤其在春节、全国"两会"期间更要密切关注市场，确保和谐发展；二是要突出重点，明确责任，及时、准确掌握辖区内出版物市场的具体动态；三是要灵活多变，提高效率，在具体行动方式上采取执法组、大队联合执法等多种形式，保证市场清查取得成效。

"扫黄打非"工作要坚持"四个重在"

——河南省委书记卢展工在省委常委会听取省"扫黄打非"工作汇报时的讲话（摘要）

资料来源：《中国新闻出版报》2010年4月20日

编者按：河南省委、省政府近年来高度重视"扫黄打非"工作。日前，河南省委常委会专题听取第二十三次全国"扫黄打非"工作电视电话会议精神及河南省贯彻落实意见的汇报。河南省委书记卢展工在会上作了重要讲话，讲话既有高度又有深度，既体现了加强党的领导的原则要求，又反映了"扫黄打非"工作的实际需要，具有很强的针对性和指导意义。本报现摘要刊发讲话，希望对各地的"扫黄打非"工作有所启发。

全国"扫黄打非"电视电话会议已经连续召开了 23 次，说明这项工作很重要。"扫黄打非"工作说到底是舆论导向问题，是社会管理问题，是为经济社会发展和未成年人健康成长营造良好环境的问题，是意识形态领域的斗争问题。各地各有关部门一定要学习好、贯彻好中央精神，坚持以科学发展观为指导，时刻绷紧"扫黄打非"这根弦，高度重视并切实做好"扫黄打非"工作，努力营造良好的社会文化环境。在这里，我结合河南省实际情况讲几点意见。

第一，充分肯定成绩。多年来，河南省"扫黄打非"工作取得了很大成绩，特别是近几年河南一直是全国"扫黄打非"工作先进省份，省委、省政府对此是充分肯定的。这些成绩要对社会各界大力宣传，充分反映河南"扫黄打非"工作取得的成绩。对于一些省份反映河南是非法出版物重要源头的问题，大家一定要高度关注，迅速查清，及时向上级部门汇报，主动做好澄清工作。

▶《中国新闻出版报》关于"扫黄打非"工作要坚持"四个重在"的报道

第二，务必保持清醒。在看到成绩的同时，我们必须清醒地认识到，与过去相比，当前"扫黄打非"工作面临的挑战更加严峻、任务更加繁重。一是现在的技术手段与过去大不一样。过去的信息技术、通信网络、印刷手段还不够发达，互联网、手机等都没有普及，印刷还主要是铅字排版。受技术条件限制，非法出版物的传播渠道相对简单，监控相对容易。随着互联网、手机等信息技术的快速发展，新型出版媒体和出版物流通业态不断出现，传播渠道日益多样化，手段更加隐蔽，网上炮制、网上出版、网上传播有害信息的现象呈活跃之势，增加了监管难度。要打击新形势下的制"黄"贩"黄"、非法出版和侵权盗版等活动更加不易，必须有高素质的管理人才、先进的监控手段和相应的法律制度予以支撑。而目前这些条件尚不完全成熟，缺乏有效的应对手段和监管措施。二是境内外有害信息的渗透破坏活动依然猖獗，而且渗透的策略手法、途径方式出现了新变化。特别是随着我国互联网的普及和出版物市场的对外开放，他们利用出版渠道制作和传播各种非法出版物等，这种非法活动直接威胁着我国的文化安全和意识形态安全。如果我们在政治上放松警惕，会导致社会风气败坏，经济建设也不可能搞好。各级各有关部门和广大党员干部要始终保持清醒，特别是在政治上一定要十分清醒，从服务党和国家工作大局、维护人民群众根本利益、保持国家长治久安的战略高度出发，认真研究我们面临的严峻形势和挑战，更多地看到我们工作中的问题和不足，采取更加有力有效的措施，切实做好"扫黄打非"工作。

第三，坚持"四个重在"。一是重在持续，就是要坚持过去"扫黄打非"工作的好做法，保持工作的连续性。二是重在提升，就是不能简单地用传统方法、传统手段来应对新出现的各种各样的问题，而是要适应形势的需要，不断更新手段方法，提升"扫黄打非"工作水平和效果。三是重在统筹，就是要统筹协调好"扫黄打非"工作方方面面的力量。"扫黄打非"工作涉及面广、战线很长，具有很强的系统性、综合性，必须统筹协调新闻出版、文化、公安、工商、海关等部门的力量，综合运用行政、法律、经济、宣传和社会监督等多种手段，共同发挥作用。虽然现在河南省形成了"扫黄打非"工作领导小组负总责、相关部门各负其责、领导小组办公室综合协调的工作机制，但如何加强统筹协调还需要进一步研究。比如，在网络管理上，公安、宣传和其他一些部门都在管，很多信息资源都能掌握，现在的关键是看这些部门之间互通不互通，对信息敏感不敏感、反应快不快。"扫黄打非"工作领导小组办公室要在党委、政府的统一领导下，充分发挥统筹协调作用，不断加大组织协调力度，不仅协调好党政有关部门，而且协调好移动、联通、电信等相关国有企业，使各相关部门协调、呼应起来，形成"扫黄打非"的强大合力。四是重在为民，就是要坚持以人为本，把为人民群众营造良好的社会文化环境作为"扫黄打非"工作的最终目的，把老百姓满意不满意作为衡量"扫黄打非"工作成效的根本标准。

第四，加强工作联动。一是"扫黄打非"工作要与社会管理紧密衔接起来。如果社会管理的基层组织是健全的、工作是有效的、管理是规范的，那么"扫黄打非"工作就很好开展了。比如，印刷作为一个特种行业，只要把从事这一行业的电脑复印店、印刷厂等都规范起来、管理起来，就可以从源头上治理非法出版物。因此，开展"扫黄打非"工作要与负责社会管理的相关部门工作紧密衔接起来，既充分体现党的要求又依法依纪办事，既做到上层高度重视又着力加强基层工作，做到基层"扫黄打非"工作有人抓、有人管、有成效。二是"扫黄打非"工作要与舆论宣传、精神文明建设很好结合起来。我们经常强调要加大宣传力度，目的就是要加强精神文明建设，坚持正确的舆论导向。"扫黄打非"是净化文化市场、促进精神文明建设的重要手段。同样，精神文明建设搞得好、舆论导向正确，能够增强抵制非法出版物的自觉性，能够增加免疫力。因此，要把"扫黄打非"与舆论宣传、精神文明建设结合起来，使之相互促进。在舆论宣传上，我们一定要把握好度，坚持内外有别，加大正面宣传力度，努力营造良好的舆论环境和氛围。

第五，加强组织领导。各级党委、政府要进一步深化对"扫黄打非"工作重要意义的认识，不断强化责任意识，切实加强对"扫黄打非"工作的领导。各级党委、政府和领导干部要有政治敏感性，不断增强政治意识，对"黄赌毒"、非法出版物等问题绝不能小视，如果任由其在一定范围内形成声势，那就很危险，会留下很大的隐患和后遗症。大家一定要把"扫黄打非"工作作为一项政治任务摆上重要位置，切实增强责任感和使命感。同时，要积极为"扫黄打非"工作创造有利条件。要在机构保障、队伍保障、投入保障上，为"扫黄打非"工作提供长期稳定的支持。要切实加强社会管理，更多地关注社会事业特别是文化事业发展，在资金投向上更多地重视民生，关心特殊困难群体。总之，要把工作重点放在加强薄弱环节上，认真抓好"扫黄打非"工作，努力为人民群众创造良好的社会文化环境。

宁夏明确近期"扫黄打非"重点

资料来源：《中国新闻出版报》2010 年 5 月 19 日

5 月 12 日，宁夏"扫黄打非"办公室召开"扫黄打非"部分成员单位参加的座谈会。宁夏新闻出版局（版权局）副局长黄洪乾传达了甘肃兰州召开的全国"扫黄打非""天山工程"座谈会议精神。

在座谈会上，宁夏回族自治区"扫黄打非"办公室主任、自治区新闻

▶《中国新闻出版报》关于宁夏明确近期"扫黄打非"重点的报道

出版局党组副书记、副局长海军就宁夏"扫黄打非""天山工程"组织实施作了部署。他认为，要强化组织领导，各有关成员单位要完善各负其责的领导体制，强化区域联防，积极配合新疆和其他省份，做到信息共享、案情互通、协同作战，强化日常监管，切实加强对区内出版物印刷复制企业的监管，重点加强对出版、印刷、物流、仓储、运输等有关行业的监管，推动工程各项任务得到有效落实。海军要求宁夏"扫黄打非"各成员单位要在一个月内开展一次以打击"疆独"、"藏独"非法出版物和宣传品为重点的"扫黄打非"专项行动，并加强对有关重点案件的查办力度。进一步明确工作方法，时刻掌控出版物市场。相关部门要进一步加强协作关系，进一步明确各自的责任，共同完成好工程的各项任务。

化解市县乡村四级联动工作困难
泉州实施"扫黄打非""五个一"工程
资料来源：《中国新闻出版报》2010 年 7 月 8 日

（通讯员温金明　记者张福财）每个月 26 日下午，福建省泉州晋江市磁灶镇的文体、教育、公安、消防、城建等部门人员组成的巡逻队都会到镇上的文化经营市场进行拉网式巡查，一旦发现非法出版物、淫秽色情类出版物，他们立刻深查深究，力求铲除背后窝点。

磁灶镇文体服务中心主任曾海峰告诉记者，在过去，大家对"扫黄打非"工作的认识比较笼统，不知该查什么、怎么查，以致部分该查处的没查处。自 2004 年开始实施"五个一"工程后，干部群众提升了对"扫黄打非"工作意义的认识，明白了该做什么，怎么做。以"五个一"工程为抓手，当地"扫黄打非"工作取得了实效，现在镇上几乎找不到涉"黄"涉非的出版物了。

曾海峰所说的"五个一"工程是指 2004 年泉州市为解决"扫黄打非"工作遇到的困难而出台的新举措。在不增加基层负担的情况下，这 5 项举措利用基层现有的资源，形成市区、县、乡镇、村（居）四级联动的常态化工作机制，改变了基层"扫黄打非"工作长期以来无人管、不知怎么管

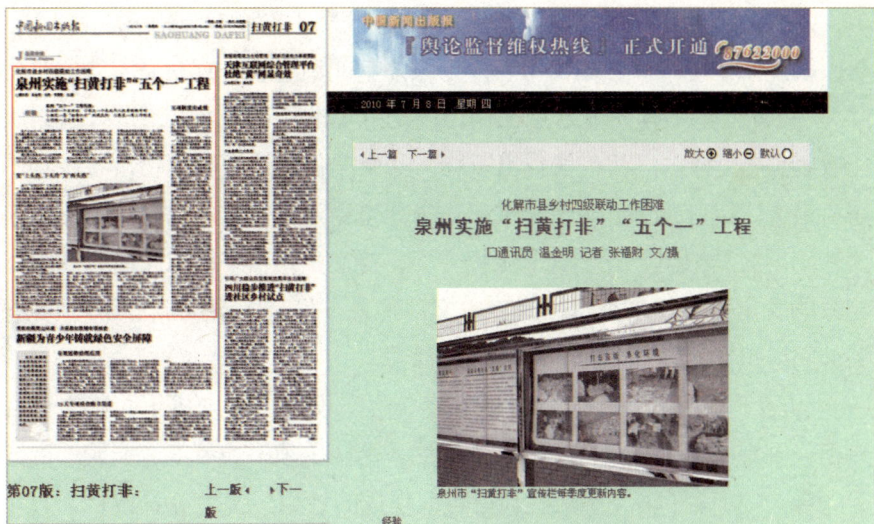

▶《中国新闻出版报》关于泉州实施"扫黄打非""五个一"工程的报道

的局面。工程实施几年来，泉州市"扫黄打非"工作面貌一新，不仅摆摊设点的少了，而且端掉了众多的制售非法出版物窝点，从源头上净化了出版物市场。

变"上头热、下头冷"为"两头热"

由于"扫黄打非"工作点多面广、任务重，对象隐蔽性、流动性强，加上需要多部门协调配合，因此很难取得持续成效，常发生死灰复燃的情况。泉州市在开展"扫黄打非"工作的十几年间就面临着众多困难。泉州市新闻出版局副局长戴源水介绍说，任务重、人手少是20世纪80年代开展"扫黄打非"工作时就面临着的困难。泉州南安市有150多万人、20多个乡镇，但只有2名"扫黄打非"工作人员，很难应付得过来。而最突出的问题是在大多数城市社区、乡镇农村和村居组织没有"打黄扫非"工作机构，没有"扫黄打非"工作职能（或对职能不明确），更没有具体分管领导或工作人员，存在"上头重视，下头忽视"的状况。在长期的打压下，不法分子开始从繁华街市向城郊社区转移，从中心城区向农村乡镇转移，特别是针对青少年的不良出版物在城市社区、乡镇农村屡禁不止，基层"扫黄打非"工作形势越发严峻。

怎么把基层组织的作用发挥好，使"扫黄打非"工作在基层有人管、有人做，知道怎么管、怎么做，成为泉州新闻出版局一直在思考的问题。

"扫黄打非"有3项重点工作，一是打击非法出版物；二是打击盗版出版物；三是打击淫秽色情类出版物。其中淫秽色情类出版物对青少年的毒害最大。以《加强和改进未成年人思想道德建设意见》出台为契机，泉州新闻出版局拟出"五个一"工程方案，提交泉州市委、市政府，获得了充分的肯定。泉州市委、市政府以文件形式下发到各县（市、区）、各有关部门组织实施，并安排了专项实施经费。

"五个一"工程包括：办好一个宣传栏、设立一个未成年人优秀读物专柜、制定一条"扫黄打非"村规民约、落实一项工作制度、明确一名分管领导。"扫黄打非"宣传栏利用各地现成的计生、卫生等宣传栏，每季度更新一次内容；未成年人优秀读物专柜也依托图书报刊阅览室、书刊零售店、音像店等现有网点设立；"扫黄打非"村约村规由基层自行制定；工作制度则根据新闻出版局的要求由基层结合当地实际自行制定；各城市社区、农村乡镇都指定一名领导负责"扫黄打非"工作，并明确其主要职责。5个项目操作简便，既能达到工作目的，又不增加基层负担。

2004年8月，"五个一"工程开始前期的宣传发动，并在每个县确定2到3个乡镇作为试点，由专人负责开始落实试点工作。在总结试点建设的情况后，2005年6月，"五个一"工程在泉州市所有城市社区、农村乡镇和经济比较发达、人口比较集中、交通比较方便、任务比较重的村（居）推广开来。

五项制度出成效

戴源水介绍说，过去基层没有明确"扫黄打非"工作的负责人，谁分管谁负责的政策难以落实，有时市"扫黄打非"办公室到基层办案时，竟然找不到相关的人了解情况。

为了切实抓出实效，"五个一"工程将重点放在制度的建设上，特别落实了宣传教育、巡查报告、联防协作、举报奖励和责任追究5项制度。

相关部门发动基层组织广泛运用板报、专栏、讲座、广播等形式，大力宣传"扫黄打非"的政策、法规、信息动态；组织建立了一支以保安、民兵、党团员等为骨干的巡查队伍，及时上报辖区内兜售、制贩非法出版物的活动，并主动与"扫黄打非"、公安、工商、文化、新闻出版等部门保持联系，积极配合行政执法部门查办案件。

为克服基层人手少的问题，发挥群众的作用，出台了举报奖励办法，对举报有功的人员给予奖励；为增强基层领导的积极性和责任感，泉州"扫黄打非"办公室与市县签订责任状，市县再与乡镇一级签订责任状，又把"扫黄打非""五个一"工程建设纳入了社会治安综合治理和精神文明创建工作的检查考评范围，把"五个一"工程建设成效，作为评选文明城市、文明社区、文明单位和检验社会治安综合治理成果的重要指标。

晋江市磁灶镇东山村支部书记张谋独告诉记者，过去村民不知道"扫黄打非"是什么，发现了也不知道向谁报告处理。现在村民都明白了，做到既不兜售、不购买、不传看"扫黄打非"所涉及的出版物，还能积极提供破案线索，协助处理办案。

"五个一"工程实施几年来，泉州市的"扫黄打非"工作成效显著。泉州市"扫黄打非"办公室石恒介绍说，以前查处的案件多是地摊、游商的小案件，现在这类案件少了，查处到的多是制作窝点的大案；过去的案件是行政处罚案件多，现在的案件刑事处罚的多。说明"五个一"工程实施后，"扫黄打非"办案力度增大了。据了解，每年泉州市的"扫黄打非"工作接到的举报电话近百起，以此发现并端掉了一批制作窝点，仅去年就查办8起此类案件，堵住了涉黄、涉非出版物源头，市面上相关出版物因此骤减，在泉州市中心城区已多年未见地摊、游商。

四川信管局完成手机涉黄五环节清理

资料来源：《中国新闻出版报》2010年1月28日

按照全国、四川省关于深入整治手机淫秽色情专项行动的部署和要求，四川省通信管理局把治理手机网络涉黄问题放在突出位置，加强组织领导，成立了专项行动领导小组，并积极采取有效措施，完善发现处置机制，加大宣传动员，抓住重点环节，重拳打击手机涉黄网站，已取得阶段性成绩。

2009 年 12 月 24 日，四川省通信管理局会同省政府新闻办、省委宣传部、省"扫黄打非"办公室、省公安厅等部门，举行了"绿色WAP·纯净 3G"主题活动启动仪式，对四川省通信业开展整治手机淫秽色情专项工作进行了全面部署，要求各基础电信企业和增值业务企业切实采取措施，认真贯彻落实全国、全省整治手机淫秽色情专项行动的各项要求，紧紧抓住手机涉黄的 5 个重点环节进行排查清理。即：一是业务推广渠道中业务合作伙伴、合作方式、业务推广模式和网络连接方式存在的问题；二是手机网站内容接入环节中为备案接入、信息安全管理协议不落实、违法网站不能及时切断和接入网站含有涉黄信息的问题；三是服务器层层转租问题；四是手机上网违规代收费问题；五是手机涉黄网站转换域名逃避打击问题。同时向社会公告，接受群众监督。

2010 年 1 月 11 日，四川省通信管理局协调组织省互联网协会，会同省外宣办、省"扫黄打非"办公室等有关部门，举行了"12321 网络不良与垃圾信息四川省举报受理中心"开通现场会暨共建文明网络环境活动启动仪式，这标志着四川省深入开展整治手机淫秽色情专项行动进入了新阶段，将对进一步加大对网络违法和不良信息的打击力度、净化网络文化环

▶《中国新闻出版报》关于四川信管局完成手机涉黄五环节清理的报道

境产生重要的积极作用。

截至目前，四川省通信管理局已初步完成对手机涉黄 5 个重点环节的清理，并对清理中发现的漏洞和问题开展了重点整治。已督促基础企业与 19 家合作伙伴重新签订补充协议，并签订了信息安全责任承诺书。对成都指南针联网公司的转包行为，已督促电信与其停止合作，并将有关信息向公安机关作了通报。同时，配合公安部门处了低俗信息案件 49 起。该局下一步将再接再厉，进一步加大对网络和手机网站淫秽色情活动的整治力度，组织全省通信行业开展好"绿色 WAP·纯净 3G"主题活动，大力扫除网络淫秽色情等文化垃圾，为未成年人健康成长营造良好社会文化环境。

清理校园周边环境开展教材教辅专项检查
新疆为青少年铸就绿色安全屏障
资料来源：《中国新闻出版报》2010 年 7 月 8 日

（记者新文）近日，新疆维吾尔自治区对 15 个地州市相继开展了校园周边社会文化环境清理整治工作，并组织相关部门对部分地区中小学教材教辅征订使用情况和校园周边出版物市场进行了检查。此举目前已经初见成效，一批游商被取缔，违规学校也受到相应处罚。

有效延伸治理范围

此次清理整治校园周边社会文化环境工作，新疆各地主要从四方面入手：首先是落实责任。针对近一段时间以来，当地校园周边存在的问题和薄弱环节，有针对性地采取措施，对工作责任进行了详细分解。第二是重点突出在前期对校园周边文化市场、游商、地摊进行专项治理的基础上，将清理整治的范围进行了有效延伸。第三是强化宣传。为使全社会了解和掌握清理校园周边社会文化环境工作动态，各地充分发挥新闻媒体和网络的作用，大力宣传报道清理整治工作，对查办的案件及时曝光，推动清理整治工作向纵深推进。全区共在各类媒体发布工作信息 100 余条。第四是加强培训。为保证此项工作落到实处，各地分别组织行政执法人员和校园

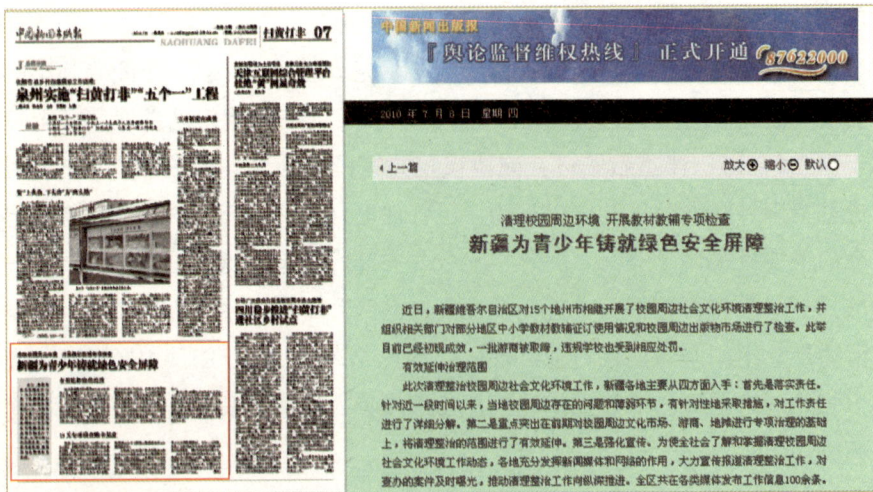

▶《中国新闻出版报》关于新疆为青少年铸就绿色安全屏障的报道

周边文化市场经营业主进行培训，传达学习相关文件及法律法规，并对经营业主提出明确要求，全区共培训人员 800 余人。

截至目前，新疆全区共出动人员 4983 人（次），检查中小学校 420 余家，检查校园周边各类文化经营场所 2686 家（次），收缴各类非法出版物 13 115 张（册），取缔游商、地摊 20 家，查处接纳未成年人进入网吧 15 家，取缔电子游艺厅 48 家，收缴涉嫌传播违法信息的电脑主机 4 台，收缴"少儿版人民币"340 余张，流氓玩具、不良贴画 435 套。

15 天专项检查购书渠道

按照《2010 年全区"扫黄打非"行动方案》，新疆伊犁哈萨克自治州结合辖区实际，组织相关部门对地区中小学教材教辅征订使用情况和校园周边的出版物市场进行了为期 15 天的专项检查。通过督导、检查，大部分学校都能按照相关部门和教学大纲的要求，从新华书店征订教辅教材，未发现学校和教师擅自要求学生征订与教学无关的课外读物，校园周边的书刊销售点都按照要求从正规渠道进书。

但检查中也发现个别学校擅自从新华书店以外渠道为学生征订教辅教材的现象。分析其原因，一是新华书店没有及时向学校推荐教辅教材用书。二是部分学校征订教辅教材用书时间超过预定期。三是部分学校根据学生和家长的要求从别处购买。四是新华书店的征订目录中无所需教辅教材。针对上述问题，检查人员要求新华书店要及时加强与学校的沟通联系，随时补充学校所需用书。

此次专项行动共检查学校21所，校园周边书刊销售点22家。查处3家经营盗版图书的书刊销售点，取缔流动摊点3处，收缴盗版图书1100本。对擅自从书刊销售点征订教辅教材用书的8所学校，依法进行了处罚。

还孩子纯净健康文明的网络天空
——广东万名母亲网络护卫行动纪实

资料来源：《中国新闻出版报》2010年8月19日

（**本报记者邹韧**）网络是一把"双刃剑"，它在给我们的生活带来超乎想象的便捷和丰富多彩的同时，也带来了始料不及的新问题，尤其是非法网站的不良信息和低俗内容，越来越严重地毒害孩子们的身心健康。近年来，未成年人因沉迷网络而导致网络成瘾、荒废学业、效仿暴力色情游戏、轻信滥交网友甚至人格分裂、行为障碍等情况时有发生，由此引发违法犯罪的相关案例屡见不鲜。对于正处于身心成长期的孩子来说，他们的好奇心强，对新鲜事物感兴趣，但辨别力、抵抗力和自制力都比较弱，如果因沉迷网络而难以自拔，因受到不良信息影响而走上犯罪道路，轻则荒废学业重则葬送未来，有多少母亲会因此而感到焦虑、伤心以至绝望。为此，广东省妇女联合会于2009年3月8日，在全省启动了"净化网络护卫孩子——万名母亲网络护卫行动"，活动已经开展了将近一年半，是否取得了预期的效果？《中国新闻出版报》记者日前采访了广东省妇联儿童工作部部长莫一云。

让母亲走进孩子的世界

少年强则中国强，孩子的事是天大的事。据莫一云介绍，2009年年初，因网络淫秽低俗信息严重侵害了未成年人身心健康，而引发了大量家庭悲剧，这一社会问题立即引起了广东省妇联主席温兰子的高度重视，她提出了以保护儿童为目标、以家庭为阵地、以母亲为主体，在全省开展群众性宣传教育活动的工作思路。由于家庭处于抵御互联网低俗信息侵害孩子的第一线，在预防未成年人被不健康网络侵害中起着举足轻重的作用。因此以家庭为阵地，发动广大母亲和家庭成员为净化网络、护卫孩子的健康成长出力是最行之有效又简便易行的方法。

虽然在保护孩子、引导孩子、教育孩子方面，天下母亲都是最上心、最尽心尽力的，但让母亲时刻监督孩子，会不会造成孩子的逆反心理呢？对此莫一云表示，他们也想到这一点，因此对母亲们提出了四点要求：第一，要多与孩子沟通、交流。母亲要尽量腾出时间与孩子相处，防止孩子因心灵空虚或缺少关爱而沉迷网络。第二，要与孩子共同学习和了解网络世界，一起面对网络中的问题，因势利导，培养孩子良好的分辨能力和自我控制能力，远离有害信息。第三，严于律己，不浏览不良信息，不参与有害信息的制作和传播。第四，及时主动举报发布淫秽低俗信息的网站和信息，给孩子们创建一个健康、文明的网络环境。莫一云说，通过这一年多的实践，他们发现很多母亲从以前根本不知道网络是什么，到现在已经熟练地掌握了上网的基本技能；从以前谈网色变到现在和孩子一起上网；从以前简单粗暴地阻止孩子上网，到现在正确地引导孩子上什么网等，都

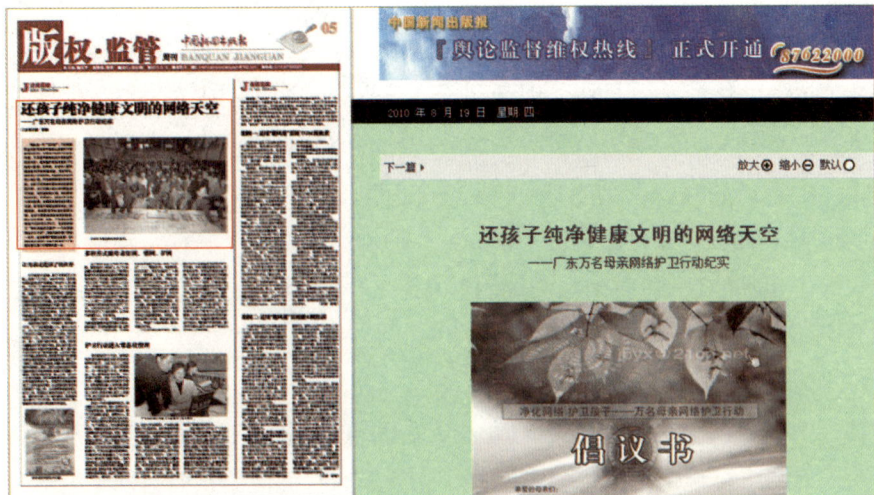

▶《中国新闻出版报》关于广东开展万名母亲网络护卫行动的报道

在发生着一点一滴的变化。很多妈妈自从参与了护卫行动，通过对网络的了解，渐渐地开始从家长变成孩子的朋友。

多种方式助母亲知网、懂网、护网

由于很多母亲对网络并不熟悉，就更谈不上举报了。为了让母亲能尽快熟悉网络文化，广东省妇联要求各地借助家庭教育和帮扶困境儿童的工作力量，从家教讲师团、"爱心父母"中发展一批热心人士为骨干，组建护网志愿者队伍。同时省妇联争取各合作网站的技术支持简化了举报流程，对参与护卫行动的南方网等四大网站进行了界面统一、入口统一、反馈统一的改造；对已发现的淫秽色情信息进行了归类；对举报方法进行了简化；对技术名词进行了口语化翻译，让母亲们易懂好记，方便举报。

据莫一云介绍，广东省妇联结合家庭道德教育宣传实践月活动，组织编印《网络家教知多D》宣传册2.1万本，下发到全省，用来指导母亲掌握孩子安全上网的"三步曲"——"预防优先、有效管理、共同克服"；他们还编排了"e路成长"情景剧、《上网，我有一双火眼金睛》儿童诗等，形象生动，寓教于乐的节目进行宣传；为了引导家长学习网络知识，还专门编制了"做网络时代的好父母"家教课件，并邀请专家进行巡讲，开办专题讲座，创办"家教通"短信家长学校，举办大型电视专题晚会、征文比赛，组织媒体专题报道、热点讨论等活动，使百万家长从中受到教育与启迪。据不完全统计，全省共举办主题家教讲座、报告会、咨询活动等1148场，参加家长近50万人，帮助广大母亲知网、懂网，有能力护网。

只让母亲努力是不够的，省妇联还利用社会资源多角度培养孩子的兴趣，分别与耐克体育公司、亚洲基金合作，面向城市流动儿童开展"让我玩"体育运动项目和创建"爱心图书室"，丰富孩子们的业余生活。"六一"期间，广东省妇联启动了"农村儿童流动图书室"项目，在全省农村建立了千个流动图书室。倡导广大儿童多读书、读好书、会读书，把孩子们从网上解放出来。各级妇联因地制宜，如：汕头市妇联启动"儿童e家园"，畅通了网上学习与举报渠道；佛山市妇联运用25个德育中心进行宣传教育，定期与电视台合作开展与孩子心灵对话；珠海市妇联举办特色亲子活动，预防孩子沉迷网络；肇庆市妇联为该市4600多户家庭加装绿色上网软件等。

护卫行动进入常态化管理

通过组织护卫行动，发现那些失管失教容易受网络不良信息影响的孩子，主要来自于三类家庭：一类是父母忙，没时间管孩子；另一类是管而不当，简单粗暴；再一类就是也管也问，但只是偶尔抽空、或自己对网络知之甚少，蜻蜓点水般问问孩子的情况，没有感情交融、心灵沟通。很多家长的表现如出一辙：孩子何时学会上网的，茫然不知；孩子上网看什么，知之不详；孩子问题严重了，"病急乱投医"。

经过一年多的摸索和努力，通过建立工作机构、统一思想认识、广泛宣传发动、畅通举报渠道，使护卫行动深入家庭，深得民心。莫一云回忆，在护卫行动启动之初，当广东省妇联向全省母亲发出倡议后，21个地级以上市妇联便积极响应，相继在全省各地举行启动仪式或群众性宣传活动，普发《倡议书》，使护卫行动迅速家喻户晓，短短10多天，网上专题网页点击率便超过100万人次，得到了广大家长、尤其是母亲的积极响应和踊跃参与。而各地妇联也积极响应，仅肇庆市妇联就建立了13支有1854人参加的巾帼护网队，她们坚持每天上网巡查不良信息，及时举报，利用业余时间到人流集中的地区发放《倡议书》等宣传资料，为群众答疑解惑，起到了很好的义务宣传员、辅导员、举报员的作用。在护卫行动期间，广东省妇联组织了五期通报，及时向省有关领导和部门以及全国妇联报送护卫行动进展情况，交流各地的做法和经验。通报制度的建立，进一步加强了省妇联对基层护卫行动的掌握和指导，实现了上下良性互动，推动了护卫行动的持续发展。据不完全统计，活动开展至今，已有11万母亲签名支持，活动专题点击量高达百万，举报不良信息22万多条，关闭违规网站1369家，删除淫秽、低俗信息80余万条、图片13万张和一批小说、游戏、视频、相册等，对净化网络文化环境起到了积极的促进作用。

通过组织护卫行动，广大母亲的护网意识明显增强、护网能力明显提升，"净化网络，护卫孩子"成为全社会的共同心愿。现在护卫行动已进入常态化管理，成为工作的一部分。据悉，广东省目前正在采取积极措施，开展对网络、手机中色情图片、信息的综合整治。在抵制网络淫秽色情和低俗信息的斗争中，母亲是孩子的贴身保护人，是最积极的观察员、报告员。据了解，儿童工作部也因护卫行动而荣获 2009 年度广东省"扫黄打非"先进集体称号。

春风润物无声护蕾
——江西省宜春市"春风护蕾"行动侧记
资料来源：《中国新闻出版报》2010 年 9 月 16 日

（记者邹韧）记者日前从江西省宜春市文化和新闻出版局了解到，宜春市自今年 3 月 20 日—6 月底在全市开展规范网吧管理"春风护蕾"百日行动以来，取得了良好的成效。为了巩固百日行动的工作成果，目前又推进了百日行动"回头看"工作，预计将于 10 月 31 日结束。据统计，宜春市"春风护蕾"百日行动共组织全市近千名网吧经营业主和网吧管理人员参加相关法律法规的教育培训，培训率达 98％。全市共出动执法人员 1280 多人（次），采取"零点突击"、"20 点突击"和"午间突击"等多种方式，清查网吧经营场所 2690 余家（次），立案查处违法违规案件 95 件，

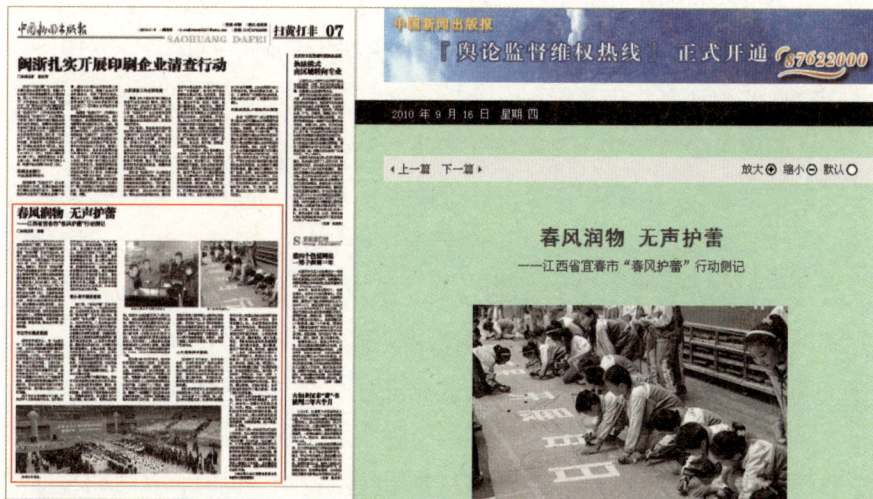

▶《中国新闻出版报》关于江西省宜春市开展"春风护蕾"行动的报道

吊销网吧经营证照 14 家、取缔 18 家证照不全的黑网吧、停业整顿 26 家违规网吧，处以行政罚款处罚 63 家，全市网吧经营市场秩序明显好转，网吧经营场所接纳未成年人、传播有害信息的违法违规问题得到有效遏制，经营环境、安全环境、管理环境、服务水平有了明显改善。

书记市长高度重视

据宜春市副市长、市"扫黄打非"工作领导小组第一副组长舒建勋介绍，之所以把这次规范网吧管理百日行动取名为"春风护蕾"，要从一封信说起。3 月初，一位市民写信向宜春市委书记反映他的孩子沉迷网吧、有家不回的问题，立即引起了市委书记的高度重视，当即批示有关部门通过开展专项整治行动，规范网吧经营行为。3 月 18 日，宜春市市长龚建华主持召开了市政府常务会，就规范网吧管理问题进行了专题研究，并决定在全市范围内开展百日整治行动，集中解决未成年人上网吧问题。

由于当时正是春暖花开之际，而未成年人又是祖国的花朵，他们便决定将这次行动命名为"春风护蕾"百日行动，取春风润物、无声护蕾之意，象征保护未成年人健康成长。同时他们制定了行动方案，主要采取强化教育、集中整治、规范管理等综合手段，重点解决网吧经营场所接纳未成年人上网、超时经营、传播淫秽色情、凶杀暴力有害信息等违法违规问题，着力增强网吧经营业主守法经营的意识，健全网吧管理长效机制，营造全社会关爱青少年身心健康、共同参与和监督网吧管理的社会氛围，努力创建良好的社会文化环境。

铁心硬手狠抓落实

据了解，"春风护蕾"百日行动具体分为 4 个阶段：一是宣传发动阶段，主要是向社会发布《规范网吧管理"春风护蕾"百日行动公告》，深入宣传"春风护蕾"百日行动的意义、任务和举措。二是自查自纠阶段，组织网吧经营业主集中开展行业法律法规学习培训，进行守法经营、办健康文明网吧的教育，并组织网吧经营业主对照有关法律法规和部门规章开展自查自纠。三是集中治理阶段，组织联合执法队伍，对网吧开展集中清查整治，对重点地域、重点场所进行集中执法行动。同时，认真研究网吧管理工作中出现的新情况、新问题，积极探索网吧管理工作的长效机制。

四是巩固提高阶段,对全市城乡网吧规范管理情况进行一次"回头看",逐一排查问题整治情况,进一步巩固整治成果。

之所以取得了不错的效果,宜春市文化和新闻出版局局长李光发认为,主要是他们针对教育、整治、查处 3 个环节,经过精心部署,周密组织实施,紧紧抓住了网吧接纳未成年人、传播有害信息、无证照经营 3 个重点问题,铁心硬手、重拳出击的结果。如在中心城区就开展了 4 次大的行动,查处违规经营网吧和黑网吧 22 家;高安市对违法违规经营的 16 家网吧进行了停业整顿并处以罚款;樟树市取缔 3 家农村黑网吧,拟吊销 1 家网吧《网络文化经营许可证》、处罚 8 家超时经营和 2 家假身份证上网的网吧;上高县查处违规接纳未成年人的网吧 6 家等。通过整治行动,严厉打击了网吧违规经营行为,12318、12319 电话举报率也明显下降。

在为期 100 天的行动中,全市网吧管理部门既分工负责,又密切协同。文化和新闻出版、城管部门全力以赴、抓教育培训、抓日常监管、抓违规经营处罚;公安部门严把实名登记关,积极参与集中行动,有效建立了防止未成年人上网和信息网络安全的防护墙;工商部门上下联动,组织开展了持续的清查打击黑网吧专项行动,端掉了一批藏匿于居民区和农村乡镇的黑网吧;电信部门积极参与和配合执法部门的行动,及时对网吧经营场所实施了信号零点切除和对违法违规经营网吧吊证、停业整治的信号切断;消防部门加大对网吧经营场所消防安全隐患的排查力度,对存有消防安全隐患的网吧实施严厉处罚;教育部门、共青团等部门积极配合,在中小学开展绿色健康上网教育,加强了校园上网场所的管理,有力地配合了百日行动。

七大绝招标本兼治

在这次百日行动中,全市各级政府、各网吧管理部门坚持边教育整治、边规范管理,注重从治本上解决网吧管理上存在的薄弱环节和问题,积极探索创新网吧管理的新模式,建立新机制,寻找新办法,使网吧管理在长效机制创建中有了新突破。

据江西省宜春市文化和新闻出版局相关负责人介绍,在这次百日行动中,他们采取了七大绝招:第一招,加大科技监管力度,完善网吧视频监控平台和上网登记身份识别软件系统建设。第二招，采取分片布局，集中管理模式。如，丰城市探索分类指导、集中管理办法，形成城区网吧"一街两区"三角布局，并在部分乡镇推进网吧兼并重组、公司运作模式。第三招，兼并重组，减少总量。靖安、奉新探索全县网吧重组联营模式，推行兼并重组，减少数量，规范了网吧管理。第四招，强化责任。上高县、樟树市建立未成年人上网与学校校长、教导处主任、年级组长、班主任连带责任追究制度。第五招，制度上墙，责任到人。全市所有网吧建立健全了各项管理制度，并在经营场所张贴。第六招，严密监管，严厉处罚。文化、城管、工商、公安等职能进一步加大了对全市网吧巡查力度和案件处罚力度。第七招，零点断线，不超时经营。全市所有网吧都实行了零点断线，杜绝了超时经营现象。

尽管百日行动取得了良好的效果，但由于全市网吧数量多、分布广，还存在一些整治不到位的盲区、死角。例如，一些农村乡镇网吧还没有达到规范管理的要求。再有，要从治本上解决网吧规范经营管理的问题，目前还有很多难点问题要破解，如调控结构、减少数量、提升品质等。

正是为了进一步巩固百日行动的工作成果，防止网吧经营场所违法违规问题的反弹，目前宜春市又开展了"春风护蕾"百日行动"回头看"工作，目的是着眼于网吧经营场所的长效管理和规范管理，从治本入手解决影响网吧规范管理的深层次问题，建立健全规范网吧管理的长效机制和防控未成年人沉溺网吧，影响学业，影响身心健康的工作体系，全面规范网吧市场经营秩序，创建网吧经营管理的良好环境。

闽浙扎实开展印刷企业清查专项行动
资料来源：《中国新闻出版报》2010 年 9 月 16 日

（记者赖名芳）对地下非法印刷厂打击不力和对正规印刷企业监管不到位，常被人们认为是非法出版物屡禁不止的重要原因。在 7 月中旬召开的全国"扫黄打非"工作座谈会上明确了全国"扫黄打非"部门将加大对非法印刷活动进行严厉打击的措施。为贯彻落实全国"扫黄打非"工作座谈会会议精神，根据全国"扫黄打非"办公室最近下发的《关于组织开展印刷企业清查行动的通知》，福建省各级新闻出版部门通过以与印刷企业经营负责人签订承诺书的方式，加强对印刷企业的教育和监管；浙江省"扫黄打非"部门则根据省委省政府的工作部署，多措并举，扎实深入地开展了印刷企业清查专项行动。在为期1个月的专项行动中，共出动检查4816人次，检查印刷企业4337家次，发现违规41家，立案3起，取缔无证书报刊摊点9家，收缴非法出版物1823册（张）。

福建：印刷企业签订守法经营承诺书

据福建省"扫黄打非"办公室有关负责人介绍，在最近组织开展的印刷企业清查行动中，福建省各级新闻出版部门按照全国统一部署，以与印刷企业经营负责人签订承诺书的方式，增强了企业的守法经营意识，收到了较好的效果。截至8月31日，福建省各级新闻出版管理部门已与2300多家的印刷企业签订了《印刷企业守法经营承诺书》。

福建省"扫黄打非"工作领导小组领导高度重视此次清查行动，及时作出批示，要求按照通知要求，结合福建省实际迅速开展工作。为此，福建省"扫黄打非"办公室与省新闻出版局联合制定了清查行动工作方案，

▶《中国新闻出版报》关于闽浙扎实开展印刷企业清查专项行动的报道

根据全国"扫黄打非"办公室关于严守"三条底线"的要求和当前及今后打击非法出版物面临的严峻形势，有针对性地提出工作要求，明确目标，落实责任，要求各地新闻出版行政管理部门按照属地管理的原则，召开辖区内所有印刷企业负责人会议，并与每一家印刷企业签订守法经营承诺书。福建省新闻出版局还专门草拟了《福建省印刷企业守法经营承诺书》样本，供各地参照落实。福建省将按照全省"扫黄打非"工作座谈会精神，在推进"扫黄打非"工作进基层的同时，继续开展专项清查行动，并把清查行动与"扫黄打非"第三阶段重点工作任务紧密结合起来，坚决杜绝非法出版物在福建省印刷、传播。

浙江：力求清查工作全面有效

按照全国"扫黄打非"办公室《关于组织开展印刷企业清查行动的通知》精神，浙江省"扫黄打非"办公室开展了为期一个月的印刷企业清查专项行动。据浙江省"扫黄打非"办公室有关负责人介绍，从清查专项行动看，浙江省印刷企业总体情况良好，经营秩序规范有序，截至目前，尚未发现承印非法出版物、淫秽色情出版物的情况，专项行动取得阶段性成果。

浙江省委、省政府领导高度重视印刷企业清查专项行动，省"扫黄打非"办公室迅速行动，对全省清查工作作出部署，并转发通知，明确工作要求，落实工作责任。各地纷纷采取措施，迅速召开以查处印制非法出版物为重点的印刷企业清查专项行动会议，制定清查专项行动方案，分解工作任务，明确工作职责，建立了联席会议制度和信息定期通报制度，构建有效的监管工作机制。

浙江省"扫黄打非"办公室要求各地在全面清查的基础上，要把具有出版物印刷资质的、承接境外印刷业务和因违法违规被列入"黑名单"的印刷企业作为重点对象；把印刷企业的印刷车间、成品仓库作为重点部位；把企业设在城郊结合部、集中经营地作为重点区域；把是否严格执行承印"五项制度"、是否印制非法出版物作为重点内容。同时要求，在查源头的同时，应加强对流通市场的排查，重点对车站、码头、机场、高速公路服务区、校园周边、集贸市场、城乡结合部、城区主要路段等区域的书报刊零售点的巡查力度。做到点面结合、全面清查、不留死角。如义乌市把印刷企业的清查与出版物市场集中检查结合起来，把打击印制、销售、传播非法出版物的违法犯罪活动与打击侵权盗版结合起来，把印刷业的规范管理与取缔无证印刷厂结合起来，做到"四查"，即查面上、查仓库、查手续、查渠道，力求清查工作全面有效。

为进一步加强印刷市场的监管，浙江省各级"扫黄打非"办公室特别强化日常监管，各地以工作日每天、双休日不少一天的安排一组检查的巡查频率对印刷企业、打字复印点、书报刊经营单位进行巡查。在结合清查专项行动的同时，做好对印刷企业的宣教工作，要求严格执行《印刷业管理条例》、《印刷品承印管理规定》等相关法规的规定，做好内部管理，努力做到守法经营、规范经营、文明经营，把住出版物市场的源头关。杭州、丽水、台州等地还组织市区交叉检查，对各县（市）、区的印刷清查专项行动工作进行督察，以促进清查行动工作有效开展。温州市组织文化、公安、工商等部门开展联合执法检查，取缔两家无证印刷厂，收缴承印的印刷品。

全国"扫黄打非"办公室有关负责人就全国对印刷企业开展清查行动在接受《中国新闻出版报》记者采访时表示，据调查，国内绝大多数非法出版物出自各类地下非法印刷厂，部分非法出版物印刷企业和对外贸易印刷企业参与印制的情况时有发生，甚至有少数出版物印刷企业也存在违法承印业务现象。因此，全国"扫黄打非"办公室最近组织部署了对印刷企业开展一次拉网式的清查行动，目的在于坚决取缔各类地下非法印刷窝点，严厉打击各类印制传播非法出版物的违法犯罪活动，全面落实印刷委托书等制度，建立健全印刷委托"台账"制度。此外，还对这类违法犯罪活动高发地区开展了重点整治，对反复出现非法印刷发行源头的地区和部门，要追究有关负责人的责任，切实做到守土有责，守土负责，守土尽责，坚决防止有分工不负责、有责任不到位。

内蒙古 101 个旗县年底将全部建立"扫黄打非"机构
资料来源：凤凰网 2010 年 9 月 1 日

8 月 31 日，首都"扫黄打非·护城河"工程 2010 年工作会在呼和浩特举行。会议总结了"扫黄打非·护城河"工程实施以来的工作成绩，提出要大力净化文化市场，扎实推进工程建设深入开展，继续完善工程建设的联防协作体系，强力推进工程建设的组织实施。

全国"扫黄打非"工作小组专职副组长李长江讲话，自治区党委常委、宣传部部长、自治区"扫黄打非"工作领导小组组长乌兰致辞。

李长江对我区"扫黄打非"工作给予了高度评价。他强调，各成员省（区、市）要把"扫黄打非·护城河"工程建设纳入党委、政府的重要议事日程，摆上突出位置。要通过签订合作备忘录等形式，明确各成员省

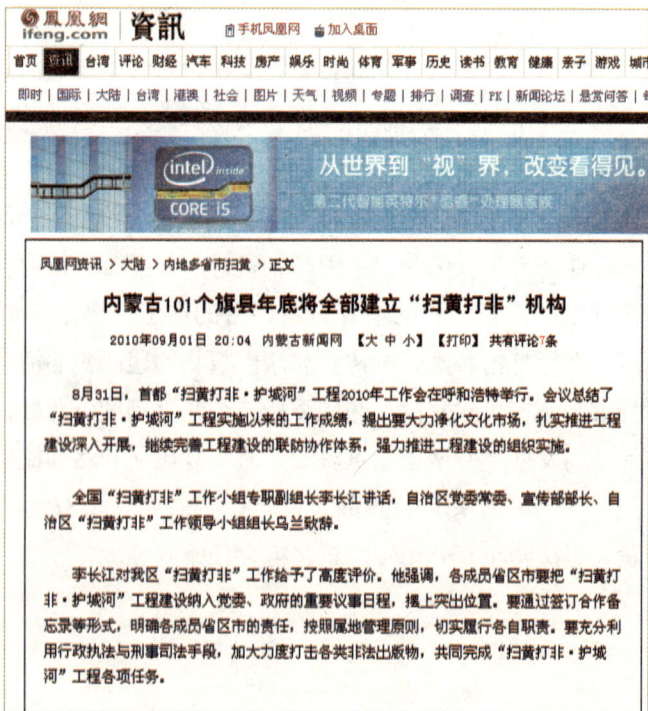

▶ 凤凰网关于内蒙古 101 个旗县年底将全部建立"扫黄打非"机构的报道

（区、市）的责任，按照属地管理原则，切实履行各自职责。要充分利用行政执法与刑事司法手段，加大力度打击各类非法出版物，共同完成"扫黄打非·护城河"工程各项任务。

乌兰在致辞中说，内蒙古地跨"三北"，毗邻八省，在"扫黄打非·护城河"工程中肩负着重要责任。自治区党委、政府对"扫黄打非"工作一直高度重视，在理顺工作体制、创新工作机制、建立健全工作机构、保障工作落实等方面给予了大力支持。目前，全区 12 个盟市"扫黄打非"工作全部做到机构健全、运转正常。到今年年底，全区 101 个旗县区将全部建立"扫黄打非"工作机制，并努力把"扫黄打非"工作向乡镇（苏木）延伸。

会上，北京市"扫黄打非"工作领导小组办公室分别与河北省、山西省、内蒙古自治区、辽宁省、河南省"扫黄打非"工作领导小组办公室签署了《首都"扫黄打非·护城河"工程合作备忘录》。审议并通过了《首都"扫黄打非·护城河"工程实施方案》。与会各省（区、市）"扫黄打非"工作领导小组办公室负责人进行了发言。

中央宣传部出版局，公安部一、三局，全国"扫黄打非"工作小组办公室，北京市、天津市、河北省、山西省、辽宁省、山东省、河南省和内蒙古自治区"扫黄打非"工作领导小组及办公室负责人参加会议。

山东判决两起网络传"黄"案
资料来源：《中国新闻出版报》2010 年 12 月 29 日

本报讯（记者赖名芳）记者日前从全国"扫黄打非"办公室获悉，山东省青岛市黄岛区人民法院和莱西市人民法院先后宣判了"1·14"和"8·27"两起网络传播淫秽色情信息案件。

2009 年 5 月至 2010 年 1 月，山东青岛市魏某、任某租用两台国外服务器，非法经营 3 个淫秽色情网站，以人体艺术为幌子发布淫秽图片，通过网民浏览其网站上链接的广告联盟赚取广告费牟利。为了增加点击量，两人建立了 VDDPV 和 YEEIP 两个流量联盟，用来推广其网站，所获利

▶《中国新闻出版报》关于山东判决两起网络传"黄"案的报道

益由两人均分。经鉴定，3个网站上共有9139张淫秽图片。近日，青岛市黄岛区人民法院以传播淫秽物品牟利罪判处魏某有期徒刑11年，并处罚金人民币2万元；判处任某有期徒刑10年，并处罚金人民币2万元。

2009年5月初至6月中旬，山东莱西市栾某多次通过互联网在某网站发布主题帖22个，其中涉及淫秽色情图片88张、淫秽色情视频1部，网民点击量达6万余人次。2010年8月27日，栾某因涉嫌传播淫秽色情信息被刑事拘留。近日，莱西市人民法院以传播淫秽物品罪判处栾某有期徒刑1年，缓刑2年。

第六篇
成果显著

今年第一季度"扫黄打非"工作扎实有效

全国"扫黄打非"办公室
一季度共查处各类案件 3202 起
资料来源:《人民日报》2010 年 5 月 5 日

新华社北京 5 月 5 日电（记者璩静 王千子）记者近日从"扫黄打非"办公室获悉，今年第一季度全国共查缴非法光盘生产线 5 条，查处各类案件 3202 起；收缴各类非法出版物 851.6 万件，其中侵权盗版出版物 787.6 万件，淫秽色情出版物 18.4 万件，非法报纸期刊 24.9 万件。

今年以来各地各部门更加重视案件查办工作，案件查办机制更趋健全。1 月 21 日，广东省中山市破获一起特大非法光盘生产窝点案，现场

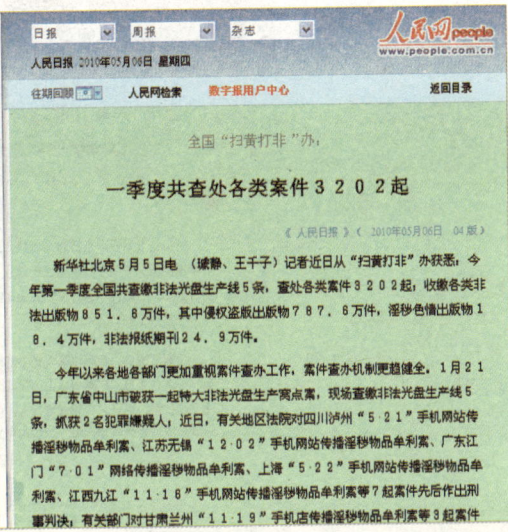

▶《人民日报》关于全国"扫黄打非"办一季度工作扎实有效的报道

查缴非法光盘生产线 5 条，抓获 2 名犯罪嫌疑人；近日，有关地区法院对四川泸州"5·21"手机网站传播淫秽物品牟利案、江苏无锡"12·02"手机网站传播淫秽物品牟利案、广东江门"7·01"网络传播淫秽物品牟利案、上海"5·22"手机网站传播淫秽物品牟利案、江西九江"11·16"手机网站传播淫秽物品牟利案等 7 起案件先后作出刑事判决；有关部门对甘肃兰州"11·19"手机店传播淫秽物品牟利案等 3 起案件作出行政处罚；福建泉州"11·22"手机网站传播淫秽物品牟利案、北京"11·26"手机网站传播淫秽物品牟利案等 40 余起案件已由公安机关刑事侦查终结，正在移送检察院提起诉讼。针对一些不法分子为了逃避打击，将淫秽色情网站服务器向境外转移的问题，江苏、上海、福建、广东等地分别摸索出落地查人的有效做法。

据介绍，第一季度全国"扫黄打非"办公室、新闻出版总署、国家版权局联合举报中心共接收有效举报 140 028 条，其中网上举报 133 227 条，电话举报 6801 条；按举报奖励办法已向 460 名举报人兑现奖金 47 万元。

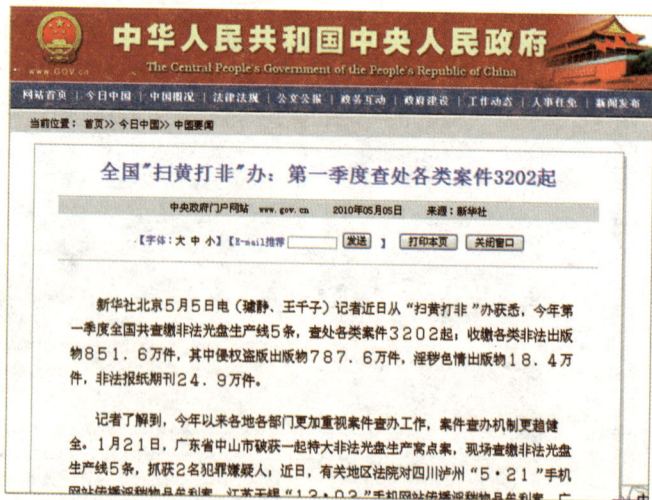

▶ 中国政府网关于 2010 年第一季度"扫黄打非"工作扎实有效的报道

今年一季度全国收缴非法出版物 851.6 万件

资料来源:《法制日报》2010 年 5 月 6 日

法制日报北京 5 月 5 日讯（记者朱磊）记者今天从全国"扫黄打非"办公室了解到，今年 1 月至 3 月，全国共收缴各类非法出版物 851.6 万件，其中侵权盗版出版物 787.6 万件，淫秽色情出版物 18.4 万件，非法报纸期刊 24.9 万件；查缴非法光盘生产线 5 条；查处各类案件 3202 起。2009 年 11 月至今年 3 月，依法关闭包括手机淫秽色情网站在内的违法违规网站 14 万多个。

▶《法制日报》关于 2010 年第一季度"扫黄打非"工作扎实有效的报道

　　据统计，1月至3月，各省（区、市）检查市场共出动87.6万人次，检查出版物市场、店档摊点37.6万个次，检查印刷复制企业14.1万家次，取缔关闭出版物市场、店档摊点9093个、印刷复制企业569家。

　　据介绍，全国"扫黄打非"办公室决定从4月1日至10月31日在全国范围内开展迎世博"扫黄打非"专项行动，为上海世博会的顺利举办营造良好的文化市场环境。

打击互联网和手机媒体传播淫秽色情
信息专项行动取得阶段性显著成效

网络"扫黄"封堵关闭淫秽色情网站 1.9 万个

删除淫秽色情信息 112 万条

资料来源:《人民日报》2010 年 8 月 3 日

本报北京 8 月 2 日电(记者张贺)记者今天从全国"扫黄打非"办
公室获悉,自 2009 年 12 月全国开展打击互联网和手机媒体传播淫秽色情

▶《人民日报》关于打
击互联网和手机媒体
传播淫秽色情信息专
项行动取得阶段性显
著成效的报道

▶中央电视台《新闻联播》关于打击互联网和手机媒体传播淫秽色情信息专项行动取得阶段性显著成效的报道

信息专项行动以来，各地各有关部门周密部署，标本兼治，取得了阶段性显著成效。截至 7 月中旬，有关部门共删除网上淫秽色情信息 112 万条；封堵、关闭淫秽色情网站 1.9 万个，其中手机网站 1.55 万个。各级公安机关共破获网络和手机媒体传播淫秽色情案件 1653 起。全国"扫黄打非"办公室先后对 11 起手机媒体传播淫秽色情信息重点案件进行了挂牌督办。

为抓好源头治理，确保整治取得长效，有关部门和三大基础电信运营商强化对业务推广渠道等环节的信息安全管控和应急处理，对存在流程不规范、资质有问题的 237 家企业进行了清退，与 414 家开展业务推广合作的企业重签信息安全协议，不断完善手机上网代收费管理制度等。中国互联网络信息中心（CNNIC）对新注册申请的 29.5 万个域名进行实名审核，停止解析涉"黄"域名 4287 个。同时，为全面提升对信息安全事件的预防、控制能力，相关部门迅速推进各项技术手段建设工作。

网络和手机媒体"扫黄"行动得到了广大人民群众的大力支持。据统计，全国"扫黄打非"举报中心先后接到相关举报线索 15.9 万余条，向 511 名举报人兑现奖金 52.1 万元。

涉黄网站一年关了6万个
高技术、堵源头、筑堤坝、护校园，多管齐下斩"黄魔"
资料来源：《人民日报》2010年11月24日

（记者张贺）

网络文化环境大净化

"经过这一年的治理，网络和手机传播色情信息的现象大大减少，马鞍山市已连续几个月没有接到一起群众举报。"普永亮是马鞍山市公安局网安支队的警察，也是该市网安部门网络"扫黄打非"专项行动小组的负责人。2009年，打击互联网和手机媒体传播淫秽色情信息专项行动在全国铺开后，普永亮和同事们先后破获数起案件。其中，安徽省手机淫秽第

▶《人民日报》关于打击互联网和手机媒体传播淫秽色情信息专项行动取得阶段性显著成效的报道

一案"狼群网"案件的破获，在全国产生很大反响。普永亮说："去年行动最紧张的时候，我们要 24 小时轮流值守机房，整整 7 个月，每天不间断工作十五六个小时，一条条地甄别分析数万条线索，先后出动外线侦查 40 余次。"马鞍山市是全国开展专项行动的一个缩影。据统计，专项行动开展至今，全国共对接入的 178.5 万个网站进行了全面排查，关闭涉黄网站 6 万多个，关闭未备案网站 3000 多个。共查处互联网和手机媒体传播淫秽色情信息案件 2197 起，行政案件 1773 起，查处相关涉案人员 4965 人。曾经肆虐一时的网络、手机淫秽色情信息，现已基本被封堵，网络和手机文化环境得到净化。

拨测效率提高 1.5 万倍

封堵淫秽色情信息必须从源头入手，基础电信企业责无旁贷。行动开展以来，各地从全面清理网络接入市场和未备案网站等环节入手，按照"谁接入、谁负责"原则，不断加强对基础电信企业的管理，及时封堵不良信息。中国移动等基础电信运营商第一时间在集团与各省公司成立了一把手任组长的专项行动工作组。今年 1 月，中国移动又成立了专业化的信息安全管理部，将信息安全的保障工作精细化、制度化、长效化。中国移动数据部合作管理处副经理赵威说，公司已建成一整套覆盖全国的智能拨测体系，大大提升了对网站的拨测效率和拨测效果，每天完成的拨测量相当于一个 41 人工作团队一年的人工拨测量，效率比人工拨测提高了 1.5 万倍。据赵威介绍，中国移动还开发出一种智能图像识别技术，可通过扫描图片来鉴别是否涉黄。"当然，再先进的技术也代替不了人的眼睛，所以在系统过滤出疑似图片后，还要经过一道人工鉴定，这样有些相扑运动员、游泳运动员的图片就不会被'误伤'了。"

"妈妈班"筑起爱心堤坝

"妈妈班"是一支人工复核团队，像一道坚实的堤坝，将有害信息拦截在初发状态。谭莹是中国移动云南公司热线服务中心一室经理助理，负责组建"妈妈班"。她说，我们服务热线现有 1500 多名员工，绝大多数都是女性。我们把处于哺乳期的女员工组织起来，成立"妈妈班"，负责海量手机网站的拨测工作。这些年轻妈妈仔细审查每一个页面，不放过任何一个涉黄网站，每人每天拨测网站数达 300 个。同时，"妈妈班"成员还积极带动家人和亲朋好友，共同参与打击"黄毒"，有效深化拓展了专项行动的成果。目前中国移动已在三个大区中心和各省都建立了类似于云南移动"妈妈班"的人工复核团队，对于复核确认的涉黄网站已基本实现了实时的自动封堵。中央领导在视察云南移动时曾鼓励这些妈妈员工："你们肩负着社会千千万万妈妈的重托"，大家在备受鼓舞的同时也感觉到了沉甸甸的责任。通过立体化拨测、人工复核和自动封堵，截止到目前，中国移动拨测的网站已超过 160 万个，发现并封堵涉黄网站超过了 6 万个，境外网站占 98.9%。

网络"扫黄"护校园净土

一次，上海某女大学生因与男友分手遭到报复，数十张"不雅照"在网上传播，系统自动抓取，及时阻断在上海校园网的传播，有效控制了有害信息蔓延。参与开发这一系统的上海市教育卫生工作委员会副调研员耿绍宁说，上海教育系统网站、论坛数量较大。据估算，仅复旦、交大、上师大三所高校 BBS 日均发帖量超过 15 万，监控任务十分艰巨。作为上海教育系统的牵头人，耿绍宁与教育部思政司和专业技术公司的有关同志共同研发了具备海量信息抓取、有害内容分析等功能的网络舆情监测系统。同时，针对学生网上、网下思想行为特征，提取和建立了一套有针对性的关键词库和词群，对提高有害信息的抓取效果十分有效，对整治工作发挥了重要的基础性作用。耿绍宁说，大学生正处于青年阶段，认知水平高，思想活跃，但社会经验少，防范意识不强，极易受到淫秽色情等不良信息的影响。在大学生群体中做好整治工作，除了严厉打击和封堵，还要立足教育，注重标本兼治，不断拓展整治工作的教育内涵。

普永亮也认为，除了严厉打击之外，还应加强在青少年中的法制教育。据他介绍，在被抓获的犯罪嫌疑人中，80%是 18 岁至 26 岁的年轻人，许多人法制观念薄弱，竟然不知道在我国传播淫秽色情信息是犯法行为。"要想把专项行动的成果保持下去，还要大力加强宣传和教育，提高青少年的法制观念和对不良信息的免疫力"。

"扫黄打非"专项行动振奋人心

资料来源:《光明日报》2010 年 12 月 7 日

（记者吴娜）自 2009 年 11 月起，一场轰轰烈烈的打击互联网和手机媒体传播淫秽色情信息专项行动在全国开展。经过中央外宣办、全国"扫黄打非"办公室等九部门的通力合作，专项行动取得了阶段性的显著成效，淫秽色情信息传播得到有效遏制，网络环境得到进一步净化。

这次专项行动，极大地振奋了人心，形成了良好的社会舆论氛围，同时对互联网和手机媒体传播淫秽色情信息的利益链条进行了有效清理。据了解，全国对已接入的 178.5 万个网站进行了全面排查，关闭涉黄网站 6 万多个，关闭未备案网站 3 千多个。

▶《光明日报》关于"扫黄打非"专项行动振奋人心的报道

作为专项行动的协调、指挥部门，全国"扫黄打非"办公室做了卓有成效的工作，为行动的顺利开展奠定了基础。

精心部署推动专项行动深入开展

专项行动伊始，按照中央的指示精神，全国"扫黄打非"办公室紧急部署，迅速发出动员令。从 2009 年 11 月 16 日到 12 月 16 日的一个月时间内，先后发出《关于开展打击手机网站传播淫秽色情信息的紧急通知》，对外公布举报电话和奖励举报办法；召开"扫黄打非"部分成员单位联络员会议，讨论开展专项行动相关工作；正式下发《深入开展打击手机网站传播淫秽色情信息专项行动实施方案》，指导行动的开展。

奖励举报，动员群众广泛参与，是推动专项行动深入开展的重要突破口。据全国"扫黄打非"办公室有关负责人介绍，各种举报方式和奖励办法公布后，迅速引起了社会各界的高度关注。2009 年 12 月 5 日，全国"扫黄打非"办公室举报中心接到署名为山西省忻州市一名刚毕业大学生张某对于网络色情泛滥的举报信，工作人员迅速核实举报信提供的淫秽色情网站线索，及时按规定转交相关部门查处，并兑现举报奖金。此事经媒体报道后，引起全社会对专项行动的重视。

全国"扫黄打非"办公室还通过举办社会各界人士抵制网络淫秽色情信息座谈会、及时向新闻媒体发布专项行动进展情况等多种形式，形成强大的舆论环境。据介绍，专项行动期间，人民日报、新华社、光明日报、中央电视台等中央媒体先后刊发全国"扫黄打非"办公室提供信息的相关报道和点评 600 余条，搜狐、新浪等网络媒体的有关转载量更是达到 200 万余条之多，为专项行动的深入开展提供了强大的舆论支持。

在全国"扫黄打非"办公室的精心部署和推动下，广大群众纷纷行动起来，在全社会迅速掀起了围歼网络"传黄"的高潮。据介绍，专项行动开展以来，全国"扫黄打非"办公室举报中心接到相关举报线索共计 17 万余条，已向 516 名举报人兑现奖金共计 52.9 万元。

沟通协调检查督促工作落实

有关负责人表示，全国"扫黄打非"办公室切实把专项行动作为重点工作来抓，充分发挥综合协调作用，督促各地方各有关部门狠抓落实，确保抓到底、抓到位、抓出成效；有关部门各司其职、齐抓共管、形成合力，是这次专项行动取得实效的关键。

专项行动期间，全国"扫黄打非"工作小组领导带队到全国十余个省市，听取各有关部门工作汇报，深入各基础运营企业调研、督导，要求进一步加大清查整治力度，规范经营行为，坚决切断传播淫秽色情信息违法行为背后的利益链。全国"扫黄打非"办公室先后联合中央宣传部、工业和信息化部、公安部、文化部、国家工商总局、国家广电总局、新闻出版总署等部门组成督导检查组，分别对北京等 11 个省市开展专项行动情况进行了督导检查，对河南等 5 个省市的专项行动进行了检查评估。据介绍，督导检查组通过了解各地在"行动部署"、"宣传教育"、"清理网站"、"查办案件"、"源头治理"、"技术防范"、"落实问责"等 7 方面的工作，对其提出具体建议和评价，为各地相关部门明确职责、抓出实效起到了积极的促进作用。

全国"扫黄打非"办公室始终把查办案件作为工作的重要抓手，先后对江西九江"11·16"手机网站传播淫秽色情信息案等 11 起网络传播淫秽色情信息重点案件进行了挂牌督办。同时，积极指导各地充分运用《关于办理利用互联网、移动通讯终端、声讯台制作、复制、出版、贩卖、传播淫秽电子信息刑事案件具体应用法律若干问题的解释（二）》，加大案件查办、审判力度，依法严惩网络传播淫秽色情信息违法行为。专项行动开展以来，各地共查处互联网和手机媒体传播淫秽色情信息案件 2197 起，行政案件 1773 起，查处相关涉案人员 4965 人。

总结表彰继续深入推进工作

2010 年 7 月 23 日，全国"扫黄打非"工作小组在京召开全国"扫黄打非"工作座谈会，总结打击互联网和手机媒体传播淫秽色情信息专项行动取得的成效，分析当前面临的形势，研究部署下一阶段工作。会议要求按照"抓源头、打基础、切断利益链"的要求，及时研究新情况、发现新问题，有针对性地采取新对策新措施。加强对互联网和手机媒体的基础管理，加快建立实名注册制度，健全搜索引擎管理制度和信息安全保障制度，完善相关法律法规，形成长效工作机制。

为总结经验，发扬成绩，鼓舞斗志，进一步推动打击互联网和手机媒体传播淫秽色情信息工作深入开展，全国"扫黄打非"工作小组于2010年11月22日召开表彰会，对在专项行动中作出突出成绩的北京市互联网宣传管理办公室等131个有功集体和李尧等202名有功个人进行了表彰奖励。会议强调，要坚持一手抓繁荣、一手抓管理，总结经验、学习先进，创新思路、完善措施，努力把互联网和手机媒体建设成为社会主义先进文化的新阵地、公共文化服务的新平台、人们精神文化生活的新空间。

这些活动的开展有力推动了专项行动取得重大成果。全国"扫黄打非"办公室有关负责人说，"打击互联网和手机媒体传播淫秽色情信息专项行动，是党和政府保护未成年人健康成长的一项重要举措，是'扫黄打非'在新的社会环境下肩负的一项重要历史使命，得民心，顺民意，我们责无旁贷！""专项行动虽告一段落，这项工作只有起点、没有终点，只能加强、不能削弱，必须把它作为一项长期任务深入持久地抓好。"

拔剑出鞘驱黄毒
——全国开展打击互联网和手机媒体传播淫秽色情信息专项行动综述

资料来源：《中国青年报》2010年11月23日

新华社北京11月23日电（记者璩静）一场全社会参与、力度空前的打击网络和手机网站淫秽色情信息行动从2009年底开始持续展开，引起社会各界广泛关注。

2009年11月16日，《关于开展打击手机网站传播淫秽色情信息的紧急通知》下发。12月6日，全国"扫黄打非"工作小组召开专题会议部署开展行动。自专项行动开展以来，各地各部门认真贯彻中央要求，通力合作、尽职尽责，做了大量卓有成效的工作，淫秽色情信息传播得到有效遏制，网络环境得到进一步净化。

全国96%的省份在"行动部署"、"宣传教育"、"清理网站"、"查办案件"、"源头治理"、"技术防范"、"落实问责"七大类工作检查中表现

▶《中国青年报》关于全国开展打击互联网和手机媒体传播淫秽色情信息专项行动的报道

"较好"。各地电信管理部门督查省份的网站备案率均达到90%以上，备案信息的准确率也达到80%以上。此外，各地电信、移动、联通等基础运营商也采取了切实措施，从业务推广渠道、手机网站接入、服务器层层转租、手机代收费等相关环节进行了清理整治。

据统计，全国共对已接入的178.5万个网站进行了全面排查，关闭涉黄网站6万多个，关闭未备案网站3000多个。落地查人，追根溯源，一批手机网站传播淫秽色情信息典型案件起到了警示作用。专项行动期间，共查处互联网和手机媒体传播淫秽色情信息案件2197起，行政案件1773起，查处相关涉案人员4965人。

全国"扫黄打非"办公室举报中心数据显示，专项行动期间收到举报共计16万余条，并已分六批次向516名举报人兑现奖金共52.6万元。

在剑指网络和手机"黄毒"的风暴中，不断涌现出了以对事业、对人民高度负责的精神，默默奉献、不辱使命，为专项行动取得成功付出了艰辛努力的先进个人。

"齐抓共管、群防群治、清理封堵、查办案件、穷追猛打、常抓不懈。"全国"扫黄打非"工作小组办公室相关负责人表示，手机网站传播色情信息蔓延态势已初步遏制，下一阶段，网络和手机"扫黄"行动要坚持不懈、深入持久地开展下去。

——要按照抓源头、打基础、切断利益链要求，把互联网建设、利用和管理结合起来，强化政府监管、强化企业责任、强化行业自律、强化责任追究，做到媒体管理和产业管理相衔接、分级管理和属地管理相结合，做到责任落实、管理到位，确保内容健康、传输安全。

——要针对淫秽色情信息传播的新情况、新动向，抓住重点难点问题，切实加强监督管理，深入查办大案要案，严惩违法犯罪行为，形成强大的法律威慑力。

——要从保证广大未成年人健康成长、从加强社会主义精神文明建设的高度，以更加有力的措施、更加有效的办法，不断巩固和扩大工作成果。

——要加强舆论宣传，充分反映党和政府净化互联网和手机媒体的坚定决心，反映人民群众的愿望和呼声，加强社会监督，倡导文明办网、文明上网，形成良好网络文化环境。

全国"扫黄打非"办公室发布 2010 年十大数据

"扫黄打非"十大数据公布
遏制非法出版蔓延　打击淫秽色情传播
资料来源:《人民日报》2010 年 12 月 31 日

　　本报北京 12 月 30 日电（记者张贺）12 月 29 日，全国"扫黄打非"办公室公布年度十大数据，涉及全年部署开展的一系列专项行动，遏制各类非法出版物的传播和蔓延，打击互联网和手机媒体传播淫秽色情信息，以及查办大案要案等方面工作。

　　4437 万件 —— 截至目前，全国共收缴各类非法出版物 4437.3 万件。其中淫秽色情出版物 98.1 万件，侵权盗版出版物 3734.6 万件，非法报刊 392.7 万份。

　　1.6 万起 —— 截至目前，全国共查处各类案件 1.6 万余起。其中淫秽色情出版物案件 1669 起，侵权盗版出版物案件 1 万多起，"假报刊、假记者、假记者站、假新闻"案件 371 起。

　　6 万多个 —— 打击互联网和手机媒体传播淫秽色情专项行动开展至今，共关闭涉黄网站 6 万多个。

　　3639 万件 —— 4 月 26 日世界知识产权日前，全国"扫黄打非"办公室组织 31 个省（区、市）举行了侵权盗版及非法出版物集中销毁活动，共销毁盗版图书、音像制品、电子出版物及非法报刊 3639 万件，充分展示了我国打击侵权盗版的决心和成果。

　　26 起 —— 从 10 月份开始，全国"扫黄打非"办公室扎实推进打击侵犯知识产权和制售假冒伪劣商品专项行动，强化了对市场的巡查和对印刷复制等企业的检查，已梳理出两批共 26 起侵权盗版案件会同有关部门

▶《人民日报》关于全
国"扫黄打非"年度
十大数据公布的报道

进行了重点督办。

17万余条 —— 全国"扫黄打非"办公室着力完善举报受理机制，联合举报中心全年共受理各类举报线索17万多条。其中绝大多数是有关互联网和手机媒体传播淫秽色情信息。已按照相关规定向534名举报人兑现举报奖励54.4万元。

5条 —— 广东省中山市破获一起特大非法光盘生产窝点案，现场查缴非法光盘生产线5条，非法光盘387万余张。

18起 —— 针对不法分子非法出版教育类期刊并收取版面费牟利的突出问题，全国"扫黄打非"办公室部署北京、山东、广东和海南等地开展了打击非法教育类期刊专项工作，重点督办了18起重点案件，有关地区认真予以查处，并组织媒体进行了公开曝光。

148个 —— 对查办大案要案成绩突出的集体和个人，全国"扫黄打非"办公室都及时给予了表彰奖励，先后对查办河南、广东、四川"7·15"制售非法出版物系列案等大案要案、打击互联网和手机媒体传播淫秽色情专项行动进行表彰奖励，共表彰奖励办案有功集体 148 个、有功个人 242 名。

▶ 中央电视台《新闻联播》关于 2010 年全国"扫黄打非"十大数据的报道

3 亿 —— 围绕迎接世界知识产权日和上海世博会，全国"扫黄打非"办公室会同有关部门共同启动了主题为"加入绿书签，分享正版生活"的 2010 年"绿书签行动"，全国有 100 家出版社、100 家网站、100 家电影院、100 家中小学校和 1000 家图书（音像）店参与了派送绿书签等活动，有 3 亿网民加入网上绿书签行动。

全国"扫黄打非"年度十大数据公布
资料来源：新华网 2010 年 12 月 30 日

新华网北京 12 月 30 日电（记者璩静 马嘉骊）全国"扫黄打非"办公室日前对外公布年度十大数据，涉及全年部署开展的一系列专项行动，遏制各类非法出版物的传播和蔓延，打击互联网和手机媒体传播淫秽色情信息，以及查办大案要案等方面工作。

新华网关于全国"扫黄打非"年度十大数据公布的报道

—— 4437 万余件。截至目前，全国共收缴各类非法出版物 4437.3 万件。其中淫秽色情出版物 98.1 万件，侵权盗版出版物 3734.6 万件，非法报刊 392.7 万份。

—— 1.6 万余起。截至目前，全国共查处各类案件 1.6 万余起。其中淫秽色情出版物案件 1669 起，侵权盗版出版物案件 1 万多起，假报刊、假记者、假记者站、假新闻案件 371 起。

—— 6 万多个。打击互联网和手机媒体传播淫秽色情专项行动开展至今，共关闭涉黄网站 6 万多个。

—— 3639 万件。4 月 26 日世界知识产权日前，全国"扫黄打非"办公室组织 31 个省（区、市）举行了侵权盗版及非法出版物集中销毁活动，共销毁盗版图书、音像制品、电子出版物及非法报刊 3639 万件，充分展示了我国打击侵权盗版的决心和成果。

—— 26 起。从 10 月份开始，全国"扫黄打非"办公室扎实推进打击侵犯知识产权和制售假冒伪劣商品专项行动，强化了对市场的巡查和对印刷复制等企业的检查，已梳理出两批共 26 起侵权盗版案件会同有关部门进行了重点督办。

——17万多条。全国"扫黄打非"办公室着力完善举报受理机制，联合举报中心全年共受理各类举报线索 17 万多条，其中绝大多数是有关互联网和手机媒体传播淫秽色情信息。已按照相关规定向 534 名举报人兑现举报奖励 54.4 万元。

——5条。广东省中山市破获一起特大非法光盘生产窝点案，现场查缴非法光盘生产线 5 条，非法光盘 387 万余张。

——18起。针对不法分子非法出版教育类期刊并收取版面费牟利的突出问题，全国"扫黄打非"办公室部署北京、山东、广东和海南等地开展了打击非法教育类期刊专项工作，重点督办了 18 起重点案件，有关地区认真予以查处，并组织媒体进行了公开曝光。

——148个。对查办大案要案成绩突出的集体和个人，全国"扫黄打非"办公室都及时给予了表彰奖励，先后对查办河南、广东、四川"7·15"制售非法出版物系列案等大案要案、打击互联网和手机媒体传播淫秽色情专项行动进行表彰奖励，共表彰奖励办案有功集体 148 个、有功个人 242 名。

——3亿。围绕迎接世界知识产权日和上海世博会，全国"扫黄打非"办公室会同有关部门共同启动了主题为"加入绿书签，分享正版生活"的 2010 年"绿书签行动"，全国有 100 家出版社、100 家网站、100 家电影院、100 家中小学校和 1000 家图书（音像）店参与了派送绿书签等活动，有 3 亿网民加入网上"绿书签行动"，进一步推动全社会形成尊重知识、尊重创造，支持正版、拒绝盗版的良好风尚。

全国收缴非法出版物逾 4 千万件
资料来源：《法制日报》2010 年 12 月 30 日

（记者朱磊）29 日从全国"扫黄打非"办公室获悉，今年以来，截至目前，全国共收缴各类非法出版物 4437.3 万件。其中淫秽色情出版物 98.1 万件、侵权盗版出版物 3734.6 万件、非法报刊 392.7 万份。

全国"扫黄打非"办公室今天公布了年度统计数据，涉及全年部署开

▶《法制日报》关于全国收缴非法出版物逾4千万件的报道

展的一系列专项行动，包括遏制各类非法出版物的传播和蔓延、打击互联网和手机媒体传播淫秽色情信息以及查办大案要案等方面工作。

据统计，截至目前，全国共查处各类案件 1.6 万余起。其中淫秽色情出版物案件 1669 起，侵权盗版出版物案件 1 万多起，假报刊、假记者、假记者站、假新闻案件 371 起。打击互联网和手机媒体传播淫秽色情信息专项行动开展至今，共关闭涉黄网站 6 万多个。

全国"扫黄打非"办公室着力完善举报受理机制，联合举报中心全年共受理各类举报线索 17 万多条。已按照相关规定向 534 名举报人兑现举报奖励 54.4 万元。

全国关闭六万涉黄网站向举报人兑现奖励 54.4 万

资料来源:《中国青年报》2010 年 12 月 30 日

本报北京 12 月 29 日电（记者刘声）全国"扫黄打非"办公室今天公布了该部门 2010 年度工作的十大数据。

这十大数据包括:

4437 万件。截至目前，全国共收缴各类非法出版物 4437.3 万件。其中，淫秽色情出版物 98.1 万件，侵权盗版出版物 3734.6 万件，非法报刊 392.7 万份。

1.6 万起。截至目前，全国共查处各类案件 1.6 万余起。其中，淫秽色情出版物案件 1669 起，侵权盗版出版物案件 1 万多起，假报刊、假记者、假记者站、假新闻案件 371 起。

6 万个。打击互联网和手机媒体传播淫秽色情专项行动开展至今，共关闭涉黄网站 6 万多个。

3639 万件。4 月 26 日世界知识产权日前，全国"扫黄打非"办公室组织 31 个省（区、市）举行侵权盗版及非法出版物集中销毁活动，共销毁盗版图书、音像制品、电子出版物及非法报刊 3639 万件，充分展示了我国打击侵权盗版的决心和成果。

26 起。从 10 月开始，全国"扫黄打非"办公室扎实推进打击侵犯知识产权和制售假冒伪劣商品专项行动，强化对市场的巡查和对印刷复制等企业的检查，已梳理出两批共 26 起侵权盗版案件，并已会同有关部门进行重点督办。

17 万条。全国"扫黄打非"办公室着力完善举报受理机制，联合举报中心全年共受理各类举报线索 17 万多条，其中绝大多数是有关互联网和手机媒体传播淫秽色情信息。按照相关规定已向 534 名举报人兑现举报奖励 54.4 万元。

5 条。广东中山市破获一起特大非法光盘生产窝点案，查缴非法光盘生产线 5 条，非法光盘 387 万余张。

▶《中国青年报》关于全国关闭六万涉黄网站的报道

18起。针对不法分子非法出版教育类期刊并收取版面费牟利的突出问题，全国"扫黄打非"办公室部署北京、山东、广东和海南等地开展打击非法教育类期刊专项工作，重点督办18起重点案件，有关地区认真予以查处。

148个。对查办大案要案成绩突出的集体和个人，全国"扫黄打非"办公室都及时给予表彰奖励，共表彰奖励办案有功集体148个、有功个人242名。

3亿。围绕迎接世界知识产权日和上海世博会，全国"扫黄打非"办公室会同有关部门共同启动2010年"绿书签行动"，全国有100家出版社、

100 家网站、100 家电影院、100 家中小学校和 1000 家图书（音像）店参与派送绿书签等活动，有 3 亿网民加入网上"绿书签行动"，进一步推动全社会形成尊重知识、尊重创造，支持正版、拒绝盗版的良好风尚。

数据展示去年全国"扫黄打非"成果
资料来源：《中国文化报》2011 年 1 月 1 日

本报讯（记者白炜）2010 年 12 月 29 日，全国"扫黄打非"办公室公布 2010 年度十大数据，对当年全国"扫黄打非"工作进行了回顾。

这十大数据包括：

4437 万件：截至目前，全国共收缴各类非法出版物 4437.3 万件。

1.6 万起：截至目前，全国共查处各类案件 1.6 万余起，其中淫秽色情出版物案件 1669 起，侵权盗版出版物案件 1 万多起，假报刊、假记者、假记者站、假新闻案件 371 起。

6 万个：打击互联网和手机媒体传播淫秽色情专项行动开展至今，共关闭涉黄网站 6 万多个。

3639 万件：2010 年世界知识产权日（4 月 26 日）前，共销毁盗版图书、音像制品、电子出版物及非法报刊 3639 万件。

26 起：从 2010 年 10 月开始，全国"扫黄打非"办公室强化对市场的巡查和对印刷复

▶《中国文化报》关于数据展示去年全国"扫黄打非"成果的报道

制等企业的检查，梳理出两批共 26 起侵权盗版案件，并会同有关部门进行了重点督办。

17 万条：全国"扫黄打非"办公室联合举报中心全年共受理各类举报线索 17 万余条，其中绝大多数是有关互联网和手机媒体传播淫秽色情信息，已按照相关规定奖励举报人。

5 条：广东省中山市破获一起特大非法光盘生产窝点案，现场查缴非法光盘生产线 5 条、非法光盘 387 万余张。

18 起：针对不法分子非法出版教育类期刊并收取版面费牟利的突出问题，全国"扫黄打非"办公室部署北京、山东、广东和海南等地开展了打击非法教育类期刊专项工作，重点督办了 18 起重点案件，有关地区认真予以查处并组织媒体进行了曝光。

148 个：全国"扫黄打非"办公室对查办大案要案以及打击互联网和手机媒体传播淫秽色情专项行动成绩突出的 148 个集体和 242 名个人进行了表彰奖励。

3 亿：围绕迎接世界知识产权日和上海世博会，全国"扫黄打非"办公室会同有关部门共同启动了主题为"加入绿书签，分享正版生活"的 2010 年"绿书签行动"，全国有 100 家出版社、100 家网站、100 家电影院、100 家中小学校和 1000 家图书（音像）店参与了派送绿书签等活动，有 3 亿网民加入网上"绿书签行动"。

2010 年 "扫黄打非" 取得五大显著成绩

全国 "扫黄打非" 办公室在京召开副主任和小组联络员会议

2010 年 "扫黄打非" 取得五大显著成绩

李长江、蒋建国出席会议

资料来源:《中国新闻出版报》2010 年 12 月 31 日

本报讯(记者赖名芳)12 月 29 日,全国 "扫黄打非" 办公室在京召开副主任和小组联络员会议。会议对 2010 年 "扫黄打非" 工作进行了总

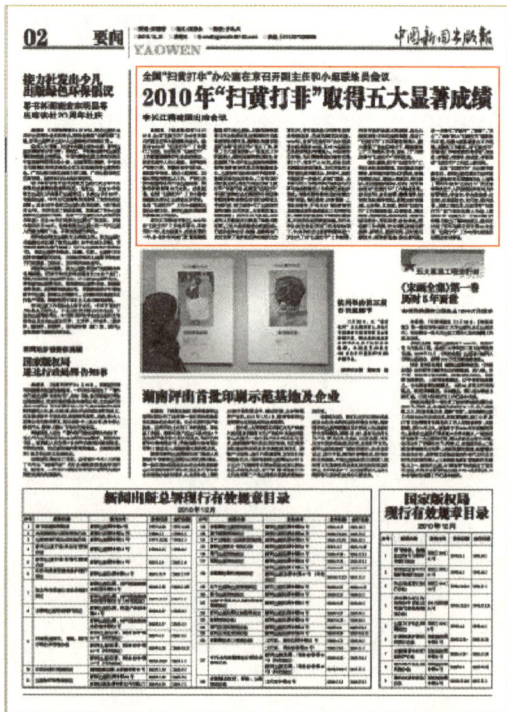

▶《中国新闻出版报》关于 2010 年 "扫黄打非" 取得五大显著成绩的报道

结，认为全国"扫黄打非"工作紧紧围绕维护社会政治稳定、促进未成年人身心健康、保护知识产权等目标，积极开展专项行动、组织集中治理、查办大案要案、加强日常监管等重点工作，严厉打击侵权盗版等各类非法出版活动、清除淫秽色情等文化垃圾，成效显著。全国"扫黄打非"工作小组专职副组长李长江出席会议并讲话。全国"扫黄打非"工作小组副组长兼办公室主任、新闻出版总署副署长蒋建国主持会议。

李长江在讲话中指出，2010 年的"扫黄打非"工作是不平凡、不寻常的一年，是力度最大、成效显著的一年。各地各有关部门紧紧围绕查缴各类非法出版物、扫除淫秽色情等文化垃圾特别是互联网和手机媒体淫秽色情信息、遏制各类侵权盗版行为等"扫黄打非"重点工作，取得了五大显著成绩：一是重点工作明显深入。狠抓措施和责任落实，有效遏制了各类非法出版物和淫秽色情等网络有害信息的传播蔓延势头，出版物市场始终保持平稳有序、繁荣发展的良好势头。二是专项行动明显见效。通过开展迎世博"扫黄打非"专项行动、迎亚运"扫黄打非"专项行动和打击互联网和手机媒体传播淫秽色情信息专项行动等重点专项行动，有力地净化了出版物市场和网络文化环境，为国家的重大活动营造了良好的文化氛围，为未成年人的健康成长筑造了绿色网络空间。三是大案要案查办明显加快。行政执法和公安、检察、法院等部门充分发挥了案件查处和办理的主力军作用，将行政执法与刑事司法有效衔接起来，办案机制更加完善。2010 年，全国"扫黄打非"办公室共督办各类案件 83 起，其中 79 起案件已抓获涉案犯罪嫌疑人，36 起案件已审结，先后表彰奖励办案有功集体 17 个、有功个人 40 名。四是长效机制建设明显提高。文化市场的日常监管力度不断加大，科学化、规范化程度进一步强化，多部门联动、企业参与的工作格局和行政执法与刑事司法相衔接的工作机制已经初步形成。网络淫秽色情信息封堵能力不断增强，网站备案、内容拨测、上网日志留存、手机 WAP 网站有害信息发现过滤等系统建设工作不断推进，网络安全运营水平得到明显提高。五是舆论宣传明显加强。在中央和各地党委宣传部门的指导协调下，中央和地方主要新闻媒体进一步加大了对"扫黄打非"工作部署、开展专项行动意义和成效、查办大案要案等方面的宣传报道，推动了"扫黄打非"工作不断走向深入，极大震慑了违法犯罪分子，警醒教育了广大网络从业者，提高了广大群众参与"扫黄打非"的积极性。

会议强调，明年"扫黄打非"工作任务依然很繁重，面对复杂的新形势、新问题和新技术的挑战，要保持清醒认识，增强大局意识、责任意识。要加强组织领导，各部门负责同志要对"扫黄打非"工作高度重视，亲自过问、亲自部署、靠前指挥，切实担负起领导责任。要制定切实措施，出实招，见实效，确保"扫黄打非"工作领导到位、任务到位、责任到位、措施到位。各相关部门要强化协同配合，齐抓共管、综合治理。要创新工作机制，针对网络发展的新规律、新特点，超前研判，及时使用新技术、采取新措施、解决新问题。进一步深化"护城河"、"珠峰"、"天山"、"南岭"四大"扫黄打非"联防协作工程，完善大案要案查办工作机制。要狠抓工作落实，对"扫黄打非"的每项工作都要做到有部署、有检查、有整改、有指导、有成效，不断推动"扫黄打非"工作迈上新台阶。

全国"扫黄打非"办公室专职副主任、新闻出版总署反非法和违禁出版物司司长周慧琳在会上通报了 2010 年全国"扫黄打非"先进集体和先进个人评选情况和有关文件起草情况。中宣部、中央政法委、公安部、交通运输部、文化部、海关总署、国家工商总局、民航局等"扫黄打非"部门相关负责人在会上就《2011 年"扫黄打非"行动方案（讨论稿）》提出了建设性意见。会议还讨论了明年初将召开的第 24 次全国"扫黄打非"工作电视电话会议议程及有关事项。

全国"扫黄打非"四大工作机制保障案件查办

全国"扫黄打非"办公室
四大机制保障大案要案查办

资料来源：中国政府网 2010 年 12 月 24 日

新华社北京 12 月 23 日电（记者璟静 马嘉骊）记者 23 日从全国"扫黄打非"办公室获悉，截至 2010 年 12 月 15 日，全国共收缴淫秽色情出版物 98.1 万件，查办淫秽色情出版物案件 1669 起，共收缴侵权盗版出版物 3734.6 万件，查办侵权盗版出版物案件 10 425 起。

全国"扫黄打非"办公室相关负责人表示，查办案件尤其是查办大案要案是深入开展"扫黄打非"斗争的关键手段，"扫黄打非"工作要不断完善四大机制，以加大查办大案要案力度。

——完善举报受理机制。对于 2010 年所收到的 17 万余条各类举报线索，全国"扫黄打非"办公室已及时转交相关部门进行了处理，并按照规定向 534 名举报人兑现举报奖励 54.4 万元。同时，全国"扫黄打非"办公室转办各类违规违法图书、报刊、音像制品和电子出版物举报案件 1015 件，各地据此查实处理案件 107 件。

——完善大案要案协调督办机制。全国"扫黄打非"办公室在全面、及时了解和掌握各地大案要案办理情况的基础上，梳理全国挂牌督办大案要案 83 起，并对各地在案件办理中遇到的问题及时予以协调解决。截至目前，全国"扫黄打非"办公室与公安部联合或单独召开案件协调会 30 余次，累计派出 40 余人次赴有关地区协调、指导、督促案件查办工作。

——完善案件查办保障机制。为加大对全国挂牌督办案件的经费支持力度，全国"扫黄打非"办公室制定下发了大案要案经费补助办法，规

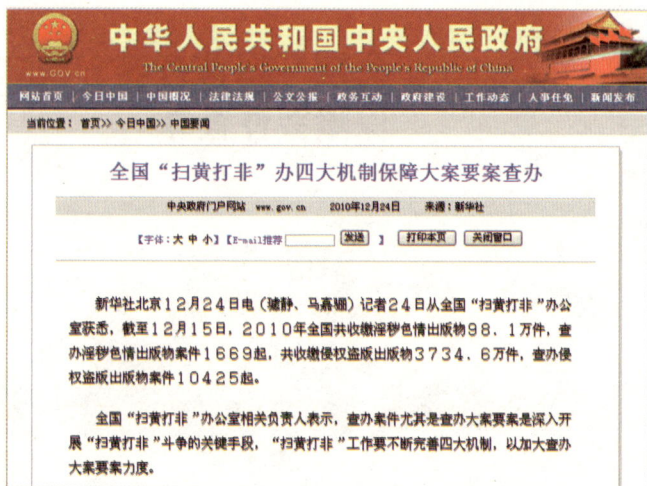

▶ 中国政府网关于全国"扫黄打非"四大工作机制保障案件查办的报道

范了补助经费的申请范围、条件和程序，全年对各起大案要案给予办案经费补贴共计数百万元。

——完善案件查办奖惩机制。对查办大案要案成绩突出的集体和个人，全国"扫黄打非"办公室都及时给予了表彰奖励，先后对河南、广东、四川"7·15"制售非法出版物系列案等大案要案的举报者和相关有功者进行了表彰奖励，共表彰奖励办案有功集体 17 个、有功个人 40 名。全国"扫黄打非"工作小组还专门召开打击互联网和手机媒体传播淫秽色情信息专项行动表彰会，对专项行动中取得突出成绩的 131 个有功集体和 202 名有功个人进行了表彰。

> ### 全国"扫黄打非"四大工作机制保障案件查办
> ### 补贴 295 万元支持 23 起大要案侦破
> 资料来源：《中国新闻出版报》2010 年 12 月 28 日

查办案件尤其是查办大案要案是深入开展"扫黄打非"斗争的关键手段。2010 年全国"扫黄打非"工作不断完善四大工作机制，即举报受理机制、大案要案协调督办机制、案件查办保障机制和案件查办奖惩机制，以加大查办大案要案力度。据全国"扫黄打非"办公室相关负责人介绍，

2010年全国"扫黄打非"办公室对23起大案要案给予的办案经费补贴就达295万元。同时，按照规定向534名举报人兑现举报奖励达54.4万元。

在完善举报受理机制方面，联合举报中心全年共受理各类举报线索17万多条，其中绝大多数是有关互联网和手机媒体传播淫秽色情信息的，都及时转中央有关部门进行了处理，按照规定向534名举报人兑现举报奖励54.4万元。转办各类违规违法图书、报刊、音像制品和电子出版物举报案件1015件，据此转各地查实处理重点案件107件。

在完善大案要案协调督办机制方面，全国"扫黄打非"办公室在全面、及时了解掌握各地大案要案办理情况的基础上，梳理全国挂牌督办大案要案72件，并对各地在案件办理中遇到的问题及时予以协调解决。全国"扫黄打非"办公室与公安部联合或单独召开案件协调会30余次，派出40余人次赴有关地区协调、指导、督促案件查办工作。

在完善案件查办保障机制方面，全国"扫黄打非"办公室制定并下发了大案要案经费补助办法，规范补助经费的申请范围、条件和程序，加大对全国挂牌督办案件的经费支持力度，共对23起大案要案给予办案经费补贴295万元。

在完善案件查办奖惩机制方面，全国"扫黄打非"办公室对查办大案

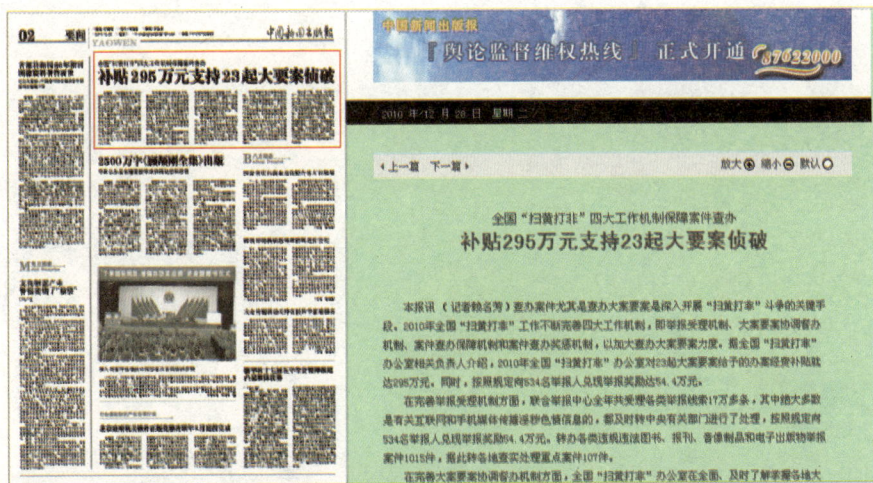

▶《中国新闻出版报》关于全国"扫黄打非"四大工作机制保障案件查办的报道

要案成绩突出的集体和个人及时给予表彰奖励，先后对河南、广东、四川"7·15"制售非法出版物系列案等大案要案进行表彰奖励，共表彰奖励办案有功集体 17 个、有功个人 40 名。针对河南新乡多次成为全国非法出版物案件源头的情况，全国"扫黄打非"办公室专门发出查办案件情况通报，引起河南省高度重视，推动新乡多起案件取得重大突破，并追究有关责任人的责任。

据记者了解，全国"扫黄打非"办公室今年在部署各地各有关部门深入开展专项行动的同时，按照严查文化市场、严管源头渠道、严办大案要案的基本要求，注重加大日常监管力度，形成了长效机制，致使出版物市场检查的日常化、规范化程度进一步提高，有关管理制度进一步落实；出版物源头渠道的监管，已形成海关、交通运输、铁路、民航等部门各负其责、相互配合的工作模式；案件查办充分发挥公安机关主力军作用，完善了行政执法与刑事司法相衔接的工作机制。

维护国家文化安全的坚强防线

维护国家文化安全的坚强防线
——2010 年全国"扫黄打非"综述
资料来源:《人民日报》2010 年 12 月 31 日

　　（记者张贺）2010 年，全国"扫黄打非"工作声势浩大，成效显著，亮点频现。通过一系列不间断专项治理行动，有效遏制了淫秽色情出版物、侵权盗版出版物等非法出版物的传播和蔓延。全年共收缴各类非法出版物 4437.3 万件，查处各类案件 1.6 万多起，查缴非法光盘生产线 5 条。"扫黄打非"在维护社会政治稳定、促进未成年人身心健康、保护知识产权等方面的作用日益凸显。"扫黄打非"已经成为一道维护国家文化安全

▶ 人民网关于 2010 年全国"扫黄打非"工作的报道

397

的坚强防线。

截断"黄毒"源头，净化互联网等新媒体

互联网和手机等新媒体正成为传播淫秽色情信息的重要通道，一些不法之徒和不负责任的厂商以色情信息为诱饵，大肆牟利，严重威胁青少年身心健康。为此，从 2009 年底开始，全国"扫黄打非"办公室会同中央外宣办等部门组织开展了打击互联网和手机媒体传播淫秽色情信息专项行动。截至今年 11 月底，共关闭涉黄网站 6 万多个。传播淫秽色情信息的网站明显减少，互联网和手机媒体上的低俗信息明显减少，涉及互联网和手机媒体传播淫秽色情信息的群众举报明显减少，不良信息源头治理得到进一步加强，网络环境得到进一步净化。

针对淫秽色情等文化垃圾的新动向，各地"扫黄打非"部门对带有色情、暴力等内容的玄幻小说和内容粗俗、格调低下的恶俗网络歌曲进行治理，对手机销售店和维修店等进行清查。一批淫秽色情出版物特别是传播淫秽色情信息的重点案件顺利告破。福建、四川等地破获了多起租用境外服务器开办淫秽色情网站案件，都做到了落地查人。根据"两高"新的司法解释，各地对传播淫秽色情信息犯罪的刑事打击力度明显加大。广东江门"7·01"网络传播淫秽色情信息案主犯被判处有期徒刑 13 年，上海"5·22"手机网站传播淫秽色情信息案主犯被判处有期徒刑 11 年 6 个月，江苏无锡"12·02"手机网站传播淫秽色情信息案主犯被判处有期徒刑 11 年。

打击侵权盗版，反盗版天天有行动

打击侵权盗版在"扫黄打非"工作中的比重日益提高，"扫黄打非"已经成为我国保护知识产权的一把利剑。2010 年，全国共收缴侵权盗版出版物 3734.6 万件，其中盗版音像制品 3061 万件、盗版图书 539.7 万件、盗版电子出版物 133.9 万件，查办侵权盗版出版物案件 10 425 起。2010 年 4 月 26 日世界知识产权日前，全国 31 个省（区、市）举行了侵权盗版及非法出版物集中销毁活动，全国共销毁盗版图书、音像制品、电子出版物及非法报刊 3639 万件，展示了我国政府打击侵权盗版的决心和成果。在全国"扫黄打非"办公室的指导和督办下，各地各有关部门先后破获了

一批有影响的侵权盗版出版物大案要案，其中广东省中山市破获一起特大非法光盘生产窝点案，现场查缴非法光盘生产线 5 条，非法光盘 387 万余张。对制售传播侵权盗版出版物行为的刑事打击力度进一步加大，一批违法犯罪分子受到严惩。河南新乡"9·03"非法盗印案，3 名主犯分别被判处有期徒刑 13 年至 10 年，并处罚金 30 万至 10 万元。

查处非法报刊，维护新闻出版秩序

近年来，以"假报刊、假记者、假记者站、假新闻"为代表的"四假"在个别地区泛滥成灾，引起群众极大不满。为此，全国各级"扫黄打非"部门开展了一场打击"四假"专项行动，全国共收缴非法报刊 392.7 万份，查办假报刊、假记者、假记者站、假新闻案件 371 起。同时，针对一些不法分子利用广大教师在职称评定中需要发表学术论文的市场需求，非法出版各种教育类期刊并收取版面费牟利的突出问题，北京、山东、广东和海南等地开展了打击非法教育类期刊专项工作，严厉查处非法出版教育类期刊并非法牟利的行为，探索建立遏制非法出版教育类期刊的长效机制。在此次专项工作中，全国"扫黄打非"办公室重点督办了群众举报的 18 起重点案件，有关地区认真予以查处，并组织媒体进行了公开曝光。

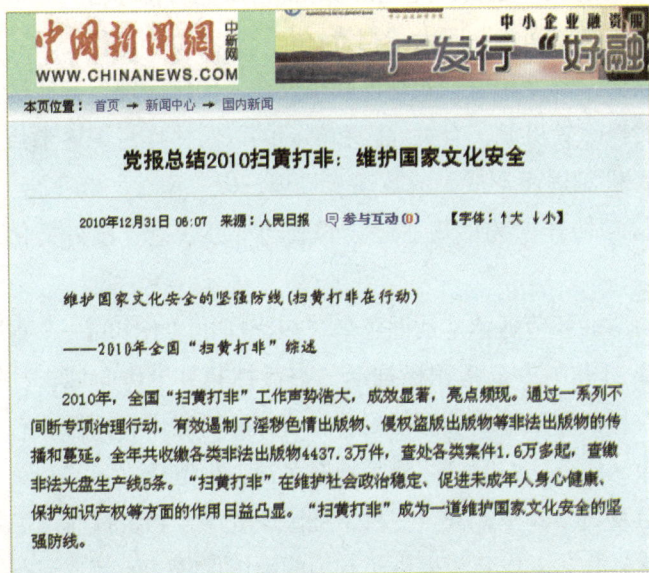

▶ 中国新闻网关于 2010 年全国"扫黄打非"工作的报道

人民日报评"扫黄打非" 提至国家文化安全高度

来源：人民网-人民日报　　　　　　　　2010年12月31日05:20

我来说两句(0)　复制链接　打印　大中小

2010年，全国"扫黄打非"工作声势浩大，成效显著，亮点频现。通过一系列不间断专项治理行动，有效遏制了淫秽色情出版物、侵权盗版出版物等非法出版物的传播和蔓延。全年共收缴各类非法出版物4437.3万件，查处各类案件1.6万多起，直缴非法光盘生产线5条。"扫黄打非"在维护社会政治稳定、促进未成年人身心健康、保护知识产权等方面的作用日益凸显。"扫黄打非"成为一道维护国家文化安全的坚强防线。

截断"黄毒"源头

净化互联网等新媒体

互联网和手机等新媒体正成为传播淫秽色情信息的重要通道。一些不法之徒和不负责任的厂商以色情信息为诱饵，大肆牟利，严重威胁青少年身心健康。为此，从2009年底开始，全国"扫黄打非"办公室会同中央外宣办等部门组织开展打击互联网和手机媒体传播淫秽色情信息专项行动。截至今年11月底，共关闭涉黄网站6万多个。传播淫秽色情信息的网站明显减少，互联网和手机媒体上的低俗信息明显减少，涉及互联网和手机媒体传播淫秽色情信息的群众举报明显减少，不良信息源头治理得到进一步加强，网络环境得到进一步净化。

▶《人民日报》关于2010年全国"扫黄打非"工作的报道

北京破获了假冒《中国教育学刊》非法出版案。

联防协作具体化，"扫黄打非"进基层

近年来，随着形势的发展，一省一地的单独行动已经难以达到"扫黄打非"工作要求，必须建立一整套跨地区的协调联防的机制。为此，"护城河"、"珠峰"、"天山"、"南岭"四大"扫黄打非"联防协作工程全面启动运行，建立起联席会议制度和信息共享、联合查缴、印制管理、案件协查、审鉴互助、经费保障等机制。有关地区和部门的联防协作意识逐步强化，任务逐步明确，机制逐步形成，成效逐步显现。以"南岭"为平台，开展"扫黄打非"区域协作，为广州亚运会的成功举办营造了良好文化环境。

向基层延伸，向薄弱环节延伸，是近年来"扫黄打非"工作的一个重要方向。全国"扫黄打非"办公室积极推动"扫黄打非"工作向城市社区、城乡结合部、农村集市延伸，确保基层"扫黄打非"工作有人抓、有人管、有成效。安徽、江苏、四川、福建等地在乡镇、街道成立了"扫黄打非"工作领导小组及其办公室，甚至在村、社区成立了"扫黄打非"工作站，为基层"扫黄打非"工作开展提供了有力的组织保障。河南省委召开常委会，专题研究部署"扫黄打非"工作，明确在市县文化体制改革中新成立的文化广电新闻出版局加挂本级"扫黄打非"工作领导小组办公室的牌子。新疆15个地州市和95个县市区的"扫黄打非"工作机构、人员编制基本到位。"扫黄打非"的地位和作用日益彰显。

2010 年全国"扫黄打非"工作取得明显成效

一路正义之歌 —— 2010 年全国"扫黄打非"工作取得明显成效

资料来源：新华网 2010 年 12 月 24 日

（记者璩静　马嘉骊）打击互联网和手机媒体传播淫秽色情信息、部署迎世博和迎亚运专项行动、深化联防协作工程建设、完善查办大案要案工作机制、推进"扫黄打非"进基层……2010 年，全国"扫黄打非"办公室有重点地开展了一系列行动，强监管，抓落实，有效遏制了淫秽色情出版物、侵权盗版出版物等的传播，有力打击了各类非法出版活动，为上海世博会、广州亚运会和亚残运会的成功举办营造了良好的社会文化环境。

大力扫除文化垃圾，重点打击互联网和手机媒体传播淫秽色情信息

截至今年 12 月 15 日，全国共收缴淫秽色情出版物 98.1 万件，查办淫秽色情出版物案件 1669 起。据不完全统计，截至 11 月底，全国共关闭涉黄网站 6 万多个，查处互联网和手机媒体传播淫秽色情案件 2197 起。

自 2009 年底开始，全国"扫黄打非"办公室就会同相关部门组织开展了打击互联网和手机媒体传播淫秽色情信息专项行动，部署协调各地各有关部门做好网站清理、行业整治、案件查办、技术防范、制度建设、法律保障、社会监督等工作。随着各地对网络"涉黄"犯罪刑事打击力度加大，一批淫秽色情出版物案件特别是网络传播淫秽色情信息的重点案件顺利告破。

福建、四川等地破获了多起租用境外服务器开办淫秽色情网站案件，广东江门"7·01"网络传播淫秽色情信息案主犯被判处有期徒刑 11 年 6 个月，江苏无锡"12·02"手机网站传播淫秽色情信息案主犯被判处有期

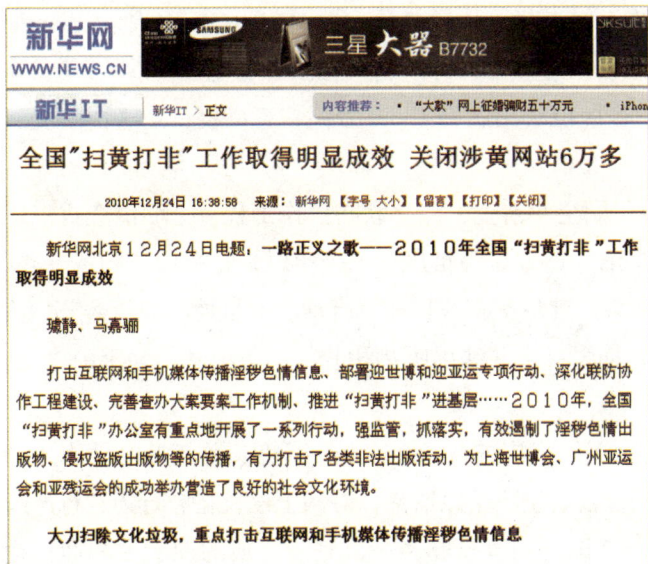

新华网关于 2010 年全国"扫黄打非"工作取得明显成效的报道

徒刑 11 年，四川雅安"群益网"传播淫秽色情信息案主犯被判有期徒刑 12 年，并处罚金 60 万元。

此外，全国"扫黄打非"办公室联合举报中心全年共受理各类举报线索 17 万多条，按规定向 534 名举报人兑现举报奖励 54.4 万元。

专项行动开展以来，全国传播淫秽色情信息的网站明显减少，互联网和手机媒体上的低俗信息明显减少，群众举报明显减少，网络环境得到进一步净化。"网络扫黄是在扫除精神毒品，是对健康人负责！""要标本兼治，让黄色毒瘤没有立足之地。""打击淫秽'黄网'，还孩子一片蓝天。"……各方面的反映和声音表明，淫秽色情信息的传播正遭到日益强烈的声讨，铲除网络手机"黄毒"、净化网络环境，是一项得民心、顺民意的工程。

"齐抓共管、群防群治、清理封堵、查办案件、穷追猛打、常抓不懈。"全国"扫黄打非"办公室相关负责人表示，手机网站传播色情信息蔓延态势已初步遏制，下一阶段，网络和手机"扫黄"行动要坚持不懈、深入持久地开展下去。

有效遏制各类侵权盗版行为，做到反盗版天天有行动

开展专项行动、查办典型案件、组织督导检查、奖励群众举报……全国"扫黄打非"工作多措并举、成效显著。截至 2010 年 12 月 15 日，全国共收缴侵权盗版出版物 3734.6 万件，其中盗版音像制品 3061 万件、盗版图书 539.7 万件、盗版电子出版物 133.9 万件，查办侵权盗版出版物案件 10 425 起。

——部署开展印刷企业清查、深化联防协作工程、全面清查重点地区印刷企业、细化综治考评办法等措施……今年以来，全国"扫黄打非"办公室在春节和"两会"前后"扫黄打非"行动、迎世博和迎亚运"扫黄打非"专项行动中，都将打击非法出版物和非法出版活动作为重中之重，从源头上加以遏制。

——部署各地对正规门店进行全面清查，对兜售盗版及非法出版物的游商地摊和无证照经营者坚决予以取缔，对网上侵权盗版行为进行严肃查处……今年以来，全国"扫黄打非"办公室在开展的迎世博和迎亚运"扫黄打非"专项行动中，高举保护知识产权旗帜，把打击侵权盗版出版物作为重点任务，世博会、亚运会期间重点地区的市场面貌明显改观。据统计，上海世博会期间，沪苏浙三地共查缴侵权盗版出版物 520 万余件，查办相关案件 668 起。

今年，全国"扫黄打非"办公室从 10 月份开始按照中央统一部署，开展打击侵犯知识产权和制售假冒伪劣商品专项行动，强化对市场的巡查和对印刷复制企业的检查，梳理出一批侵权盗版案件进行重点督办。目前，该专项行动正在稳步推进。全国"扫黄打非"办公室列为重点督办案件的河南新乡"9·03"非法盗印案 3 名主犯分别被判处有期徒刑 13 至 10 年，并处罚金 30 万元至 10 万元。全国"扫黄打非"办公室还联合新闻出版总署（国家版权局）、公安部、最高人民法院和最高人民检察院先后两次下发通知，对 26 个重点案件进行挂牌督办，陆续破获了一批侵权盗版出版物大案要案。

严厉查处非法违规报刊，维护新闻出版秩序

目前，全国共收缴非法报刊 392.7 万份，并加大了查办假报刊、假记者、假记者站和假新闻的查处力度，共破获各种"四假"案件 371 起。

据介绍，针对一些不法分子利用广大教师在职称评定中需要发表学术论文的市场需求，非法出版各种教育类期刊并收取版面费牟利的突出问题，全国"扫黄打非"办公室部署在北京、山东、广东和海南等地开展了

▶ 中国平安网关于
2010 年全国"扫黄打
非"工作取得明显成
效的报道

▶ 新华网关于 2010 年
全国"扫黄打非"工作
取得明显成效的报道

打击非法教育类期刊专项工作，重点督办了群众举报的 18 起重点案件，并已严厉查处了"《中国教育学刊》非法出版案"等一批案件。

全国"扫黄打非"办公室相关负责人表示，2011 年"扫黄打非"工作将对非法出版物的制作、出版、印刷、复制、运输、仓储、销售、传播等各环节进行全程查缴，加强查办案件尤其是查办大案要案，打击犯罪者、震慑违法者、警示跟风者、教育从业者，鼓舞广大群众，加大宣传力度，进一步在社会上形成认同、支持、参与"扫黄打非"的良好舆论氛围，充分调动群众参与"扫黄打非"的积极性。

追根溯源、查办案件、协调部门、发动群众。2011 年，"扫黄打非"工作将继续谱写一路正义之歌……

2010 年全国"扫黄打非"十大案件公布

2010 年"扫黄打非"有哪十大案件

资料来源:《光明日报》2011 年 1 月 5 日

本报北京 1 月 4 日电(记者庄建)全国"扫黄打非"办公室今天公布 2010 年"扫黄打非"十大案件。案件的查处震慑了犯罪分子,打击了侵权盗版和制黄贩黄犯罪活动,进一步净化了网络和社会环境。

这十大案件是哪些呢?

河北衡水"3·27"非法出版期刊案

经审理,河北省衡水市中级人民法院以犯诈骗罪判处主犯张某某有期徒刑 13 年,并处罚金 20 万元。张某某等人合伙开办了一家网络工作站,并在网上注册"鼎城论文发表网",假冒《中国教师》等正规期刊名义面向全国进行约稿、组稿,要求作者将所谓"版面费"汇入指定银行账户,伪造期刊寄送作者。张某某等人共非法印制《教育评论》等 7 种期刊共计 25 期 2500 余册,受骗群众达 1100 余人,涉案金额达 100 余万元。

江苏无锡"12·02"手机网站传播淫秽物品牟利案

无锡市惠山区人民法院以传播淫秽物品牟利罪判处此案主犯陈某某有期徒刑 11 年并处罚金人民币 2 万元,潘某有期徒刑 4 年并处罚金人民币 5000 元。陈某某以营利为目的,通过 QQ 和潘某联系,让其帮助租用境外服务器空间,开办手机淫秽网站,还通过为他人做广告推广,获利人民币 9268 元。

湖北荆州"8·24"网络传播淫秽色情信息案

湖北省荆州市荆州区人民法院以犯组织淫秽表演罪判处此案主犯郑某等 6 年至 3 年有期徒刑,并处罚金 50 万至 1 万元,重庆访问科技有限公司、重庆彩蓝科技有限公司、重庆聚乐网络有限公司犯组织淫秽表演罪，分别被判处罚金 100 万元、80 万元、50 万元。

山东梁山"9·19"盗版教辅图书案

梁山县人民法院以侵犯著作权罪分别判处此案主犯刘某某等 4 人 4 年至 1 年有期徒刑，并处罚金 5 万至 2 万元。全国"扫黄打非"办公室将此案列入重点督办案件，案件查办迅速取得突破。经查，徐某某伙同刘某某等人，集资 100 余万元，委托梁山县大陆印刷公司和华天印刷厂盗版盗印济南出版社、首都师范大学出版社等出版社图书 10 万余册、码洋 400 余万元，以 2 折左右销售。

黑龙江哈尔滨"3·07"特大销售非法出版物案

哈尔滨市道外区人民法院以非法经营罪判处此案主犯张某某有期徒刑 12 年，并处罚金人民币 10 万元，史某某等其他 7 名被告也分别被判处 7

▶《光明日报》关于 2010 年全国"扫黄打非"十大案件的报道

年至 2 年不等的有期徒刑。全国"扫黄打非"办公室派专人督办此案，案情迅速查清，有关涉案人员依法受到严惩。

贵州贵阳"4·01"批销淫秽音像制品案

贵阳市云岩区人民法院以贩卖淫秽物品和非法经营罪一审判处此案主犯刘某某有期徒刑 11 年，剥夺政治权利 1 年，并处罚金 1 万元。

▶ 中央电视台关于 2010 年全国"扫黄打非"十大案件的报道

四川成都"8·19"批销淫秽盗版光盘案

成都市金牛区人民法院以侵犯著作权罪和贩卖淫秽物品牟利罪，分别判处此案主犯马某某等 6 名涉案嫌疑人 5 年 6 个月至 3 年 6 个月不等的有期徒刑，并处罚金 22 万元至 11 万元。全国"扫黄打非"办公室、公安部联合对此案挂牌督办，并专门召开协调会，要求有关地区、部门配合查处。

河南新乡"9·03"非法印刷盗版图书案

新乡市新乡县人民法院以非法经营罪分别判处此案主犯侯某某等 3 人有期徒刑 13 至 10 年，并处罚金 30 万元至 10 万元。根据举报线索，河南省新乡县"扫黄打非"部门组织力量对该县大召营镇前高庄村一非法印刷厂进行突击检查，共查获盗印商务印书馆等出版单位的《现代汉语词典》、《古汉语常用字字典》、《中学教材全解》等图书 45 种，2 万余册，码洋 37 万余元。

新疆"1·01"特大制售非法出版物案

近日，此案涉及新疆方面已有 9 名犯罪嫌疑人因非法经营罪被判处 6

年至 1 年不等有期徒刑,甘肃方面李某某等 3 人也因非法经营罪被判处 8 年至 5 年有期徒刑,并处罚金 2 万元至 1 万元。全国"扫黄打非"办公室对此案高度重视,联合公安部共同挂牌督办此案,并于 2010 年 5 月 9 日在甘肃兰州专门召开案件协调会指导督办。

河南新乡"9·14"非法印刷盗版图书案

河南省新乡市牧野区人民法院以非法经营罪分别判处贾某某等 6 名主要涉案人员 14 年 6 个月至 10 年有期徒刑,并处罚金 800 万元至 210 万元。全国"扫黄打非"办公室对此案高度重视,专门通报要求河南省"扫黄打非"部门要彻查彻究,严惩犯罪分子。经查,该厂从 2009 年 8 月起共非法印刷《专题讲座》、《三校名师讲义》等图书 400 万余册。

2010 年"扫黄打非"十大案件公布刑事打击盗版 敲山震虎
资料来源:《中国新闻出版报》2011 年 1 月 6 日

(本报记者赖名芳)全国"扫黄打非"工作小组办公室 1 月 4 日向社会公布了 2010 年十大"扫黄打非"案件。这十大案件涉及河北、江苏、湖北、重庆、山东、黑龙江、贵州、四川、河南、新疆、甘肃等多个省(区、市),目前均已宣判,其中主要涉案人员最高被判处有期徒刑 14 年 6 个月,并最高被处罚金 800 万元。这些案件的快侦、快诉、快审、快结,有力地打击了非法制作、出版、印刷、发行、销售出版物活动及手机网站传播淫秽物品等违法犯罪活动,严惩了一批违法犯罪分子,同时警示了跟风者,教育了从业者,起到了敲山震虎的作用,同时也表明各地"扫黄打非"机构充分发挥协调、督导、保障作用,不断加大跨地区案件的侦破与查办,特别是进一步增强了对违法犯罪活动的刑事打击力度。

1. 河北衡水"3·27"非法出版期刊案

2010 年 2 月 8 日,河北省衡水市中级人民法院以犯诈骗罪判处"3·27"非法出版期刊案主犯张某某有期徒刑 13 年,并处罚金 20 万元。

2009 年 2 月,福建省"扫黄打非"办公室接到线索反映福州有人冒用正规期刊《教育评论》名义进行约稿、组稿,并以此诈骗钱款,案件线索指向河北衡水。经查，2008 年 3 月，张某某等人合伙在衡水市开办了一家网络工作站，并在网上注册"鼎城论文发表网"，假冒《中国教师》、《基础教育》、《教育评论》等正规期刊名义面向全国进行约稿、组稿，要求作者将所谓"版面费"汇入指定银行账户，随即把稿件交印刷厂排版、印刷，然后将伪造期刊寄送作者。张某某等人共非法印制《教育评论》、《基础教育》等 7 种期刊共计 25 期 2500 余册，受骗群众达 1100 余人，涉及 27 个省（区、市），涉案金额达 100 余万元。

2. 江苏无锡"12·02"手机网站传播淫秽物品牟利案

2010 年 2 月 11 日，无锡市惠山区人民法院以传播淫秽物品牟利罪判处"12·02"手机网站传播淫秽物品牟利案主犯陈某某有期徒刑 11 年、并处罚金人民币 2 万元，潘某有期徒刑 4 年，并处罚金人民币 5000 元。

2009 年 11 月 26 日，无锡市网警支队根据学生家长举报线索，查获一个名为"4G 新网"的手机淫秽网站。该网站载有大量的淫秽图片和淫秽电影，只能通过手机访问。经进一步调查发现，该网站创办人同时还开办了"3G 天下淫图"等 6 个手机淫秽网站。全国"扫黄打非"办公室将此案列入重点案件挂牌督办，要求江苏省"扫黄打非"办公室加大案件查处的指导协调力度。通过调查取证，侦查人员于 12 月 2 日在广州抓获网站开办者陈某某（在校大学生）。经查，2009 年 4 月，陈某某以营利为目的，通过 QQ 和潘某联系，让其帮助租用境外服务器空间，开办手机淫秽网站。陈某某利用该网站上传淫秽图片 570 张，提供链接淫秽视频 1389 部。其间，陈某某还通过为他人做广告推广，获利人民币 9268 元。潘某明知陈某某开办淫秽网站，仍为其提供租用境外服务器空间，注册、变更域名及解决技术问题等帮助，并收取人民币 463 元。

3. 湖北荆州"8·24"网络传播淫秽色情信息案

2010 年 5 月 31 日，湖北省荆州市荆州区人民法院分别以犯组织淫秽表演罪，判处"8·24"网络传播淫秽色情信息案主犯郑某等 6 年至 3 年有期徒刑，并处罚金 50 万至 1 万元，重庆访问科技有限公司、重庆彩蓝科技有限公司、重庆聚乐网络有限公司犯组织淫秽表演罪，分别被判处罚金 100 万元、80 万元、50 万元。

▶《中国新闻出版报》关于 2010 年全国"扫黄打非"十大案件的报道

2009 年 4 月，湖北省荆州市公安局网监支队发现一批淫秽色情网站，这些网站以域名跳转和替换方式，最终指向同一主域名的淫秽色情网站，并且全部依附于同一广告联盟推广网站。经调查发现，分别以郑某、戴某某、刘某某为首的重庆访问科技有限公司、重庆彩蓝科技有限公司、重庆聚乐网络有限公司签订协议进行"业务合作"，招募"女主播"进行一对一收费聊天，在网络视频上多次组织淫秽表演活动，从中牟利。截至警方查获时，已吸引 570 余万注册会员，非法吸金 1493 万余元。

4. 山东梁山"9·19"盗版教辅图书案

2010 年 7 月 19 日，梁山县人民法院以侵犯著作权罪分别判处

"9·19"盗版教辅图书案主犯刘某某等4人4年至1年有期徒刑，并处罚金5万至2万元。

2009年9月19日，根据举报线索，山东济宁市公安局治安支队会同梁山县公安局，先后对拳铺镇华天印刷厂、新大陆印刷公司以及涉嫌储存盗版图书的关庄村的某食用菌厂进行了突击搜查，查获盗版《5年高考3年模拟：英语》等盗版教辅图书2万余册，涉案码洋70余万元，抓获涉案嫌疑人徐某某。全国"扫黄打非"办公室将此案列入重点督办案件，案件查办迅速取得突破。经查，自2009年4月以来，徐某某伙同刘某某等人，集资100余万元，委托梁山县大陆印刷公司和华天印刷厂盗版盗印济南出版社等出版社的图书10万余册、码洋400余万元，以2折左右的价格销往山东、新疆、四川、黑龙江等地。

5. 黑龙江哈尔滨"3·07"特大销售非法出版物案

2010年8月13日，哈尔滨市道外区人民法院以非法经营罪判处"3·07"特大销售非法出版物案主犯张某某有期徒刑12年，并处罚金人民币10万元，史某某等其他7名被告也分别被判处7年至2年不等的有期徒刑。

2009年3月7日，根据群众举报线索，全国"扫黄打非"办公室派专人前往现场督办，黑龙江省"扫黄打非"办公室组织公安、新闻出版、工商等部门联合行动，破获一起特大销售非法出版物案，现场查缴盗版和非法出版物1086种、18万余册，抓获张某某等9名犯罪嫌疑人。

6. 贵州贵阳"4·01"批销淫秽音像制品案

2010年8月30日，贵阳市云岩区人民法院以贩卖淫秽物品和非法经营罪一审判处"4·01"批销淫秽音像制品案主犯刘某某有期徒刑11年，剥夺政治权利1年，并处罚金1万元。

2010年4月1日，在贵州省"扫黄打非"办公室暗访的基础上，该省出版物市场稽查队会同贵阳市文化、公安等部门，对贵阳市云岩区黄金路某小区进行联合检查，一举查获销售淫秽、盗版音像制品地下窝点3个，收缴淫秽、盗版音像制品30余万张（其中淫秽音像制品2.1万张），并先后抓获刘某某等4名犯罪嫌疑人。

7. 四川成都"8·19"批销淫秽盗版光盘案

2010 年 11 月 12 日，成都市金牛区人民法院以侵犯著作权罪和贩卖淫秽物品牟利罪，分别判处"8·19"批销淫秽盗版光盘案主犯马某某等 6 名涉案嫌疑人 5 年 6 个月至 3 年 6 个月不等的有期徒刑，并处罚金 22 万至 11 万元。

2009 年 8 月 19 日，根据群众举报，四川省"扫黄打非"办公室组织协调公安、新闻出版部门捣毁了位于成都市金牛区北站东二路 5 号院和城隍庙商筑大厦的批销非法音像制品地下窝点 6 个，查获非法音像制品 51 万余张（其中淫秽色情光盘 4000 余张），抓获涉案人员 4 名。全国"扫黄打非"办公室、公安部联合对此案挂牌督办，并专门在京召开案件协调会，要求有关地区、部门配合查处。经查，此案是一个专门从事盗版及淫秽色情音像制品非法经营的犯罪团伙所为，其货源地、运输渠道主要在广东，且形成了产供销一体化网络。

8. 河南新乡"9·03"非法印刷盗版图书案

2010 年 11 月 19 日，新乡市新乡县人民法院以非法经营罪分别判处"9·03"非法印刷盗版图书案主犯侯某某等 3 人有期徒刑 13 至 10 年，并处罚金 30 万至 10 万元。

2010 年 9 月 3 日，根据举报线索，河南省新乡县"扫黄打非"部门组织力量对该县大召营镇前高庄村一非法印刷厂进行突击检查，共查获盗印商务印书馆、首都师范大学出版社、陕西人民教育出版社等出版单位的《现代汉语词典》、《古汉语常用字字典》、《中学教材全解》等图书 45 种、2 万余册、码洋 37 万余元。10 月 28 日，涉案嫌疑人侯某某等 3 人先后被抓获。经查，2007 年 3 月，侯某某租赁新乡县新大实业有限责任公司的北院，在未经工商、新闻出版部门批准的情况下开办一印刷厂，伙同侯某某、姜某某等人，未经出版单位许可，非法从事出版物的出版、印刷、复制、发行业务达三年半。

9. 新疆"1·01"特大制售非法出版物案

近日，新疆"1·01"特大制售非法出版物案涉及新疆方面已有 9 名犯罪嫌疑人因非法经营罪被判处 6 年至 1 年不等有期徒刑，甘肃方面李某某等 3 人也因非法经营罪被判处 8 年至 5 年有期徒刑，并处罚金 2 万至 1 万元。

2010 年 1 月以来，新疆公安部门先后根据线索查获在甘肃印制、通过乌鲁木齐市发往全疆的非法出版物 180 余种 15 万余册，抓获从事非法出版物制售活动的涉案嫌疑人 89 名。同时，根据新疆方面提供线索，甘肃省公安机关在兰州市安宁汇通印刷厂抓获正在进行非法出版物交易的李某某、马某某、苗某 3 名涉案人员，现场查获非法出版物印制模板 270 卷、非法出版物成品 25 种 1.7 万余册，以及各类印刷器材。同日还在甘肃临夏自治州广河县马某某的住所及其制贩窝点，查获非法出版物 14 种 2 万册、散装半成品 2000 册、散页 1.8 万张，以及胶印机 2 台、裁纸机 1 台等作案工具。

10.河南新乡"9·14"非法印刷盗版图书案

2010 年 12 月 27 日，河南省新乡市牧野区人民法院以非法经营罪分别判处贾某某等 6 名"9·14"非法印刷盗版图书案主要涉案人员 14 年 6 个月至 10 年有期徒刑，并处罚金 800 万至 210 万元。

2010 年 9 月 14 日，河南省"扫黄打非"办公室根据举报线索，派员赴新乡市组织当地新闻出版和公安等部门对该市牧野区王村镇大里村成功端掉一长期从事盗印活动的非法印刷厂，查获盗版图书胶片 4 万余张，盗版图书封面 7000 余张，PS 版 100 余张，以及大量生产、销售、财务等单据凭证。全国"扫黄打非"办公室对此案高度重视，专门通报要求河南省"扫黄打非"部门要彻查彻究，严惩犯罪分子，严格追究有关人员责任。经查，该厂从 2009 年 8 月起共非法印刷《专题讲座》、《三校名师讲义》等图书 400 万余册。目前，新乡市有关部门正进一步追究有关管理人员的行政责任。

后　记

　　《2010扫黄打非大扫描》的编选工作在去年年底就开始酝酿，从今年年初开始着手收集各大媒体关于"扫黄打非"的相关报道，旨在从媒体角度全景展示2010年"扫黄打非"斗争的面貌。在收集报道的过程中，得到了人民日报、新华社、中央电视台、中央人民广播电台、光明日报、经济日报、中新社、法制日报、中国青年报、中国国际广播电台、中国新闻出版报、中国文化报、人民网、新华网等媒体的记者朋友大力协助，在此表示由衷的感谢。

　　由于信息技术的飞速发展，媒体传播的讯息海量增长，关于"扫黄打非"的报道也是不可胜数。书名中虽然叫"大扫描"，但不可能有文必录。因此本书在选择相关稿件时，侧重选取传播范围较广、影响力较大的新闻作品。当然，因为篇幅有限，难免挂一漏万，敬请读者多提宝贵意见，以便在编辑"2011年扫黄打非大扫描"中予以改进。

　　全国"扫黄打非"工作小组领导柳斌杰、李长江、蒋建国同志高度重视本书的编辑出版工作，给予有力支持，提出明确要求。全国"扫黄打非"工作小组办公室周慧琳、毛小茂同志亲自担任本书的策划、审核工作。全国"扫黄打非"工作小组办公室信息处王松同志对本书内容进行严格把关，田绍垚、汪强、叶明堂、张姝、刘颖等同志在繁忙的日常工作之外，利用业余时间对相关的新闻报道进行收集。张姝同志对收集的内容进行了认真细致的整理、筛选、分类，并承担后期的校改工作。

　　本书的出版单位人民出版社对这个项目给予了高度重视。出版社有关负责同志及编辑宰艳红为本书的面世尽职尽责、不辞辛劳，在此也一并表示感谢。

本书编写组

二〇一一年十一月十五日